JN289485

Accounting for Intellectual property

知的財産会計

Hirose Yoshikuni
広瀬 義州 著

税務経理協会

まえがき

　自社内に製造設備をもたずに研究開発活動のみに従事し，製造活動は外部にアウトソーシングするＩＴ，コンピュータ関連製造業等のファブレス・カンパニー，バイオ・ベンチャーなどでは，貸借対照表に計上される資産がほとんどない。すなわち，これらの企業のバリュー・ドライバー（企業価値決定因子）は，有形資産でもなければ，金融資産でもなく，ブランド，特許権，コンテンツ，研究開発費，情報ネットワーク，従業員の能力など物的形態をもたない知的財産などのインタンジブルズである。

　かかる傾向は，ファブレス・カンパニーに限ったことではない。タンジブルズがバリュー・ドライバーとみなされている企業でさえ，その価値はタンジブルズに付与されている技術，タンジブルズが有するブランド・イメージなどによって著しく高められている。この点をマクロ・ベースでいえば，アメリカにおけるタンジブルズとインタンジブルズへの最近の年間投資額は，約1.2兆ドル対1兆ドルでほぼ拮抗している。また，*Business Week*誌が公表している株式時価総額上位1,000社（The Global 1000）をみても，インタンジブルズが競争力の源泉として注目されていることがわかる。

　日本でも例外ではない。例えば，2005年３月期連結決算の東証１部上場会社のうち時価総額上位200社（金融，電力・ガスを除く）について調査してみると，タンジブルズとインタンジブルズの比率は328.2兆円対112.9兆円であり，この比率は拮抗する傾向にある。

　このように，今日の経済においては，金融資産，土地，設備資産などのタンジブルは，平均投資利益率を生み出すのがやっとの資産になりつつあるのに対

し，インタンジブルが重要なバリュー・ドライバーになっている。

したがって，企業は「タンジブル（目に見える）戦略」から，ブランド，特許などの「知の創造戦略」へと大きくパラダイム・シフトしつつある。そのなかでも，ヒト，モノ，カネ，情報に次ぐ第5の経営資源であるブランド，特許権，コンテンツなどの知的財産はバリュー・ドライバーとしてとりわけ重要である。

しかし，ブランドなどのインタンジブルの重要性が内外で認識されていても，会計上，その資産計上についてはまだ必ずしも認知されているわけではない。例えば，買入ブランドについては，国内では商標権，意匠権，商法上の商号，広告主名簿等を貸借対照表に計上している事例が数社みられるのにすぎないし，また，海外でも，イギリス，フランスなどの会社がコーポレート・ブランド・ネームなどを貸借対照表に計上しているなどその事例は限られている。

かかる事例は，特許権についても同じであるといってよい。すなわち，現行の会計基準のもとでは，特許権はその取得に要した支出額で計上されるために，自社における研究開発によって取得した特許権も，当該研究開発および特許権取得に要した支出額で計上されるにすぎない。したがって，財務諸表上，かかる特許権は，それが生み出すキャッシュ・フローの公正価値で計上されているわけではない。わずかに他社実施（ライセンス化）によるロイヤリティが特許権収入として財務諸表に計上されているにすぎない。また，他社から譲り受けた特許権も支払対価で評価されるので，多くの場合，財務諸表上の計上額が公正価値を反映しているわけではない。

このように，有償取得または買入のインタンジブルは資産計上されているものの経済的実態から著しく乖離しているし，無償取得または自己創設のインタンジブルは，財務報告の対象外とされ，その情報がほとんど提供されていないのが現状である。

まえがき

　ここから生じる企業会計上の問題は，経済的実態からの乖離に加えて，比較可能性をめぐる情報の非対称性にある。すなわち，有償取得または買入インタンジブルに関する情報は提供されているが，無償取得または自己創設のインタンジブルに関する情報が提供されていないことから生じる情報の非対称性である。

　知的財産などのインタンジブルは，たとえいかに重要なバリュー・ドライバーであるとしても，それが「見えざる」ままでは無価値であり，いわば絵に画いた餅にすぎないことから，知的財産をオンバランスすべしとする意見も少なくない。事実，知的財産などのインタンジブルについては，その資産計上のニーズがある。例えば，経済産業省企業法制研究会（ブランド価値評価研究会）が2001年に実施したアンケート結果によれば，少なくとも企業経営においてブランド価値評価へのニーズまたは関心が高いことが判明している。

　一足飛びにオン・バランスにすることが難しいとしても，知的財産の価値評価は必要である。価値評価されないものは，活用できないし，管理できないし，また管理できないものは保護もできなく，いずれ無価値なものになるからである。「見えざる知的財産」を活用するためには，それを掘り起こし，価値評価し「見える知的財産」にしなければならない。

　本書は，このような問題意識から約6年間の歳月をかけて取り組んできた研究の成果である。もとより，「知的財産会計」といっても，企業会計の分野でも知的財産法の分野でも，必ずしも市民権が得られていない。それどころか，「知的財産会計」の名称で企業会計を軸にして著した書物は，筆者の知る限り，世界で初めてでもある。このような状況にあるにもかかわらず，本書を刊行しようとしたのは，ブランドおよび特許権の価値評価を中心とする知的財産の魅力の虜になり，夢中で研究してきたが，このあたりで一区切りをつけ，次のためのフレッシュ・スタートを切りたいとの思いに他ならない。

思えば，本書を上梓するまでに，多くの方々のご教示とご支援をいただいた。早稲田大学会計学研究室の諸先生からは各種のご示唆をいただいたことをまずは感謝申し上げたい。また，学会，研究会などを通じて畏友，先達その他実に多くの方々から啓発とサポートを受けた。別掲の「謝辞」にお名前を記して，感謝申し上げる。

　本書が知的財産およびその価値評価に関心を持たれている多くの方々に利用され，知的財産価値評価に新しい風を吹き込むことができれば，これ以上の喜びはない。

　最後に，本書の企画草案段階から多くのアドバイスと絶大なる支援を賜った税務経理協会社長大坪嘉春氏，同社常務取締役大坪克行氏，同社税経通信編集長鈴木利美氏，副編集長山本将彦氏および書籍製作部岩渕正美氏に心よりお礼申し上げる。また，本書の作図および校正に尽力してくれた早稲田大学助手海老原諭君にお礼を申し上げるとともに学界人として大成することを願ってやまない。

　　2006年3月　　　　　　　　　　　　桜咲き匂う早稲田の杜にて

　　　　　　　　　　　　　　　　　　　　　　　　広　瀬　義　州

〔付記〕
　本書は，平成16－17年度科学研究費補助金（基盤研究（C）／代表・広瀬義州）の研究成果の一部である。

CONTENTS

まえがき

第1章　知の創造戦略と知的財産会計

1　知的財産の意義 …………………………………………………………1
2　知の創造戦略としての知的財産の保護と活用 …………………3
　2－1　知の創造戦略とバリュー・ドライバーとしての知的財産 ………3
　2－2　知的財産戦略と知的財産関連法……………………………11
3　「知の世紀」における知的財産会計……………………………14
4　知的財産会計の対象 …………………………………………………18
5　知的財産会計と価値評価 ……………………………………………20

第2章　知的財産会計のフレームワーク

1　インタンジブルと知的財産の意義……………………………………29
2　インタンジブルとのれんの概念整理 ………………………………38
3　インタンジブルの資産性 ……………………………………………42
4　インタンジブルの認識規準 …………………………………………45

第3章　知的財産会計の現状

1　アメリカの知的財産会計の現状………………………………………51
2　イギリスの知的財産会計の現状………………………………………60
3　国際会計基準審議会（IASB）の知的財産会計の現状………67
4　日本の知的財産会計の現状……………………………………………69

第4章　ブランド価値評価と知的財産会計

1　知的財産とブランド概念 …………………………………………77
2　経済産業省ブランド価値評価モデル公表の背景 ……………79
3　ブランド価値評価モデル構築のスタンス ……………………81
4　ブランド価値評価の対象 ………………………………………82
5　知的財産を価値評価するためのアプローチ …………………84
　5－1　残差アプローチ ………………………………………………84
　5－2　独立評価アプローチ …………………………………………84
　5－3　インカム・アプローチと期待キャッシュ・フロー・アプローチ ……87
6　ブランド価値評価モデル ………………………………………88
　6－1　価値評価モデルの考え方 ……………………………………88
　6－2　ドライバーの意義 ……………………………………………90
　6－3　ブランド価値評価モデル ……………………………………99

第5章　特許権価値評価と知的財産会計

1　特許権概念 ………………………………………………………101
2　特許権価値評価の意義 …………………………………………103
3　価値評価の意味と特許権価値評価モデル（PatVM）構築の目的 ………105
4　特許権価値評価モデル（PatVM）のアウトライン …………112

第6章　知的財産の価値評価と事業創出利益

1　会計の中心理念と利益 …………………………………………123
2　利益測定の方法──資産負債アプローチ法と収益費用アプローチ法 ……124
3　資産負債アプローチと評価差額 ………………………………131

4　稼得利益と包括利益……………………………………………136
　　　5　知的財産の価値評価と事業創出利益の本質 ………………140

第7章　知的財産の活用と会計

　　　1　知的財産の活用と流動化 ……………………………………155
　　　2　知的財産証券化の法的スキーム……………………………159
　　　　2−1　信託法に基づく証券化のスキーム……………………160
　　　　2−2　資産流動化法に基づく証券化のスキーム……………165
　　　3　知的財産証券化の課題………………………………………170
　　　　3−1　キャッシュ・フローの確保……………………………170
　　　　3−2　リーガル・リスク・ヘッジ……………………………172
　　　　3−3　譲渡益課税問題と会計処理……………………………175

第8章　知的財産のディスクロージャーとＩＲ

　　　1　ディスクロージャーの意義 …………………………………181
　　　2　会計ディスクロージャーのためのフレームワーク………183
　　　3　ディスクロージャーの量的拡充と質的拡充 ………………192
　　　4　知的財産のディスクロージャーとＩＲ……………………198
　　　5　知的財産のディスクロージャーとＩＲの課題……………208

第9章　知的財産会計情報の監査

　　　1　監査証明機能の意義…………………………………………211
　　　2　監査証明の本質………………………………………………214
　　　3　知的財産会計情報の監査のためのアプローチ……………217
　　　4　知的財産会計情報と保証業務概念の具体的吟味…………225

5　知的財産会計情報の監査と保証業務概念の課題……………234

　　第10章　知的財産会計と企業会計の再構築
　　　　　　── 全面公正価値会計構想 ──

　　1　IASB － FASB を中心とする全面公正価値会計構想………239
　　　1 － 1　公正価値測定プロジェクト………………………242
　　　1 － 2　企業結合プロジェクト―フェーズⅡ……………243
　　　1 － 3　収益認識プロジェクト………………………………248
　　　1 － 4　包括利益の報告プロジェクトと営利企業の
　　　　　　　財務業績報告プロジェクト………………………250
　　2　知的財産会計のための全面公正価値会計の意義…………255
　　3　全面公正価値会計導入のための条件………………………261

Epilogue　知的財産会計の課題…………………………………269
引用・参考文献一覧………………………………………………273
INDEX………………………………………………………………285
謝　辞………………………………………………………………293
付　録　修正ＰＢＲ一覧表（時価総額上位 1,000 社）…………295

1 知の創造戦略と知的財産会計

1 知的財産の意義

　知的財産とは，「知的」という形容詞が冠として用いられているだけに，非常に響きのよい言葉である。しかし，知的財産が通常の財産と最も異なるのは，目には見えない点にある。すなわち，知的財産とは，「見えざる国富（Unseen Wealth）」であり，狭義には特許権，商標権，著作権などのインタンジブルズまたは無体財産のうち法律で保護されるものを指すと考えられるが，最近ではインタンジブルズまたは無形資産（ただし，本書でいう無形資産には借地権，地上権，鉱業権，漁業権，入漁権その他人間の創造的活動以外から生み出された権利を除いている。以下，単に「インタンジブルズ」または「インタンジブル」という）と同義にきわめて広い意味で用いられているといってよい。

　事実，政府の知的財産戦略会議が公表した「知的財産戦略大綱」（以下，「大綱」という。知的財産戦略会議［2002］）においても，「物を対象とした所有権法とは異なり，知的財産法は情報を対象としており，所有権法とは異なった情報独自の法体系が必要となりつつある（40頁）」と述べられ，知的財産が広義に用いられているし，また「知的財産基本法」（2002年12月4日公布）でも，知的財産は情報であると，次のように広義に用いられている。

> この法律で「知的財産」とは，発明，考案，植物の新品種，意匠，著作物その他の人間の創造的活動により生み出されるもの（発見又は解明がされた自然の法則又は現象であって，産業上の利用可能性があるものを含む。），商標，商号その他事業活動に用いられる商品又は役務を表示するもの及び営業秘密その他の事業活動に有用な技術上又は営業上の情報をいう。
>
> （「知的財産基本法」2条1項）

したがって，この定義に基づけば，(1)特許権はもとより，実用新案権，デザインその他意匠，バイオテクノジー，ＩＴ分野の技術開発など産業創造物，(2)ブランド，ノウハウ，顧客リストなどの営業秘密，周知・著名商品等表示など営業標識，学術，小説，芸術等の著作権その他文化創造に係る知的財産，さらには(3)映画・ビデオ，放送番組等の映像物，音楽，アニメーション，ゲームソフトその他ソフトウェアなど人々に伝達される映像，音声，文字等の情報内容からなるコンテンツなどが知的財産に含まれることになると解される（**図表1－1**参照）。

図表1－1　知的財産の分類

	インタンジブルズ（広義の知的財産）	
	法によって保護されるもの（狭義の知的財産）	権利未取得の知的財産
知的創造物に関連するもの	特許権 ────	──── 発明
	実用新案権 ────	──── 物品の形状等の考案
	意匠権 ────	──── 物品のデザイン
	著作権 ────	──── 文芸・学術・美術・音楽・プログラム等の精神的作品
		ノウハウ・顧客リスト等の営業秘密
	不正競争防止法 ────	
営業標識に関連するもの	商標 ────	──── 商品表示・形態等（ブランド・ドメインネーム等を含む）
	商号 ────	

（特許庁ウェブサイト「制度の紹介―知的財産権制度について」
[http://www.jpo.go.jp/seido/s_gaiyou/chizai02.htm]を参照して作成）

また、しばしば「知的財産立国」なる用語を耳にするが、これも「大綱」によれば、次のように定義されている。

> 「知的財産立国」とは、発明・創作を尊重するという国の方向を明らかにし、ものづくりに加えて、技術、デザイン、ブランドや音楽・映画等のコンテンツといった価値ある「情報づくり」、すなわち無形資産の創造を産業の基盤に据えることにより、我が国経済・社会の再活性化を図るというビジョンに裏打ちされた国家戦略である。　　　　（知的財産戦略会議 [2002]、1-2頁）

要するに、「知的財産立国」とは、知的財産をバリュー・ドライバーにして、国をあげてわが国経済社会の再活性化を図ろうとする方針といってよい。

2　知の創造戦略としての知的財産の保護と活用

2-1　知の創造戦略とバリュー・ドライバーとしての知的財産

知的財産を用いて経済の活性化を図ろうとする背景として、バリュー・ドライバーとよばれる企業価値の決定因子が、土地、設備資産などのタンジブルから見えざる国富であるインタンジブルにシフトしつつあることを指摘できる。例えば、2005年3月末現在の東証1部上場会社（金融・保険・電気・ガスを除く）のうち時価総額上位200社のタンジブルとインタンジブルの比率を見ると、約3対1である（詳細は第2章「知的財産会計のフレームワーク」参照）。

しかし、注意をしなければならないのは、時価総額はイコール企業評価額ではなく、単に企業評価額のざっくりとした目安にすぎないので、投資意思決定指標としては、必ずしも十分ではない。投資意思決定指標としては、株価の割安観または割高観すなわち値頃感を見ることが必要である。その1つが、株価

純資産倍率（PBR）である。PBRは，株価収益率（PER）に1株当たり株主資本利益率（ROE）を乗じたものであり，含み益の多い企業はこの倍率が高くなるまで買われる傾向にあり，PBRが1を割ると株価が底値に入った[*1]とみなされるので，TOB（株式公開買付）候補銘柄の投資指標として用いられる。逆に，PBRが1を超えている場合には，株価の割高感を示す。しかし，PBRは分母が簿価であることから，含み益およびインタンジブルズが計上されていないこと，計上されていても過小評価されている可能性があることから，実際には株価の値頃感が分かりにくいなどの問題がある。そこで，最近では，PBRの分母の簿価に，インタンジブルズの1つであるブランド価値評価額を加えた修正PBR[*2]が計算されるようになった。これによって株価の値頃感を正確に判断することが可能になり，修正PBRは投資意思決定指標として有用であるといわれている[*3]。

ちなみに，2005年3月末現在の連結ベースのPBRは加重平均で約2.9倍であり，ブランド価値評価額を加味した修正PBRは約1.7倍ということになり，知的財産は投資意思決定指標としても有用であるといえる（**図表1－2参照**）。

---
footnotes

[*1] 1株当たり純資産が会社を清算する場合の，その時点での株主持分，すなわち会社の清算価値を表している。したがって，理論上，株価が清算価値を下回ることはないといえるので，PBRが1を下回ると底値に入ったとみなされる。

[*2] ① PBR＞修正PBR＞1のケース

修正PBRが1を超えているケースは，簿価にブランド価値を加えてもなお株価が割高であることを示す。この場合，株価が割高なのは，ブランド以外の資産，例えば技術力などが評価されている可能性がある（**図表1－2**にみるトヨタ，NTTドコモ，NTT，武田薬品工業など）。

② PBR＞1＞修正PBRのケース

PBRが1を超えているにもかかわらず，修正PBRが1未満であるケースは，PBRで見た場合には，割高に見えた株価が，目に見えない資産を評価してみると，実は割安であったと判断される（**図表1－2**にみる松下電器，ソニー，花王など）。

[*3] 日経金融新聞，2005年1月31日。

第1章　知の創造戦略と知的財産会計

図表１－２　PBRとブランドを加味した修正PBRの比較

(東証1部上場時価総額上位100社)

順位	銘柄名	時価総額 （十億円）	PBR （倍）	修正PBR （倍）
1	トヨタ自動車	18,772	2.075	1.636
2	エヌ・ティ・ティ・ドコモ	9,837	2.517	2.079
3	日本電信電話	8,784	1.298	1.198
4	武田薬品工業	6,011	3.004	1.955
5	本田技研工業	5,960	1.812	0.908
6	日産自動車	5,859	2.376	1.302
7	キヤノン	5,446	2.464	1.171
8	セブン・アンド・アイ・ホールディングス	5,062	—	—
9	松下電器産業	4,717	1.331	0.784
10	ヤフー	4,018	41.826	3.885
11	ソニー	3,720	1.296	0.420
12	日本たばこ産業	3,580	2.390	2.390
13	三菱商事	3,567	2.371	2.366
14	デンソー	2,909	1.770	1.620
15	新日本製鐵	2,900	2.440	2.425
16	ＫＤＤＩ	2,714	2.335	1.851
17	東日本旅客鉄道	2,592	2.190	0.877
18	アステラス製薬	2,443	3.293	1.828
19	日立製作所	2,422	1.049	0.822
20	三井物産	2,250	2.004	1.997
21	ソフトバンク	2,214	12.440	0.966
22	ファナック	2,199	3.238	3.148
23	ジェイ　エフ　イー　ホールディングス	2,167	2.237	2.237
24	信越化学工業	2,137	2.145	2.133
25	ブリヂストン	2,024	2.165	1.302
26	三菱地所	2,024	2.198	2.036
27	東海旅客鉄道	1,980	2.328	0.715

順位	銘柄名	時価総額（十億円）	PBR（倍）	修正PBR（倍）
28	富士写真フイルム	1,925	1.041	0.644
29	住友金属工業	1,913	3.958	3.934
30	任天堂	1,876	2.036	0.822
31	シャープ	1,826	1.818	1.036
32	第一三共	1,709	—	—
33	ＨＯＹＡ	1,694	6.097	3.662
34	国際石油開発	1,691	4.112	3.862
35	イオン	1,654	2.617	1.153
36	東芝	1,610	1.974	1.105
37	三菱電機	1,561	2.166	1.712
38	富士通	1,548	1.807	1.344
39	小松製作所	1,544	3.236	2.903
40	花王	1,536	3.426	0.534
41	京セラ	1,511	1.286	1.134
42	住友商事	1,498	1.603	1.599
43	新日本石油	1,472	1.544	1.455
44	エーザイ	1,438	3.130	0.964
45	村田製作所	1,426	2.002	1.916
46	旭硝子	1,413	2.020	1.763
47	三井不動産	1,406	2.044	1.623
48	大日本印刷	1,373	1.363	0.772
49	三菱重工業	1,356	1.035	0.977
50	リコー	1,321	1.530	1.050

（2004年度財務諸表データにより試算。時価総額は2005年9月末日現在。修正PBRはブランド価値評価額を加味して，

$$\frac{株価}{1株当たりの（純資産簿価＋ブランド価値評価額）}$$ により算定。

セブン・アンド・アイ・ホールディングスおよび第一三共は，2005年度設立のために直近財務諸表データが存在しない）

第1章　知の創造戦略と知的財産会計

　さらに，現行の貸借対照表の純資産額情報および損益計算書の純利益情報から推定される現在価値情報を所与としても，株価や時価総額を純資産と超過利益の二変数だけで説明するよりも，ブランド価値を追加して三変数で説明した方が，株価水準や時価総額の企業間差異を追加的に説明する能力を有しているとのすぐれた実証研究結果もある（桜井［2004］，27－41頁）。

　このようなバリュー・ドライバーである知的財産がわが国で注目されるようになったのは，小泉総理が第154回国会施政方針演説において，「…研究活動や創造活動の成果を，知的財産として，戦略的に保護・活用し，我が国産業の国際競争力を強化することを国家の目標とします[*4]」と知的財産戦略による国際競争力強化を国家目標にする旨を表明したことに端を発する。

　しかし，そのきっかけは，アメリカにある。すなわち，知的財産戦略会議の議事録によると，アメリカでは特許権の取得件数等知的財産と企業の高収益がパラレルに動いていることに着目し，例えばワシントン，トーマス・ジェファーソン，リンカーン，クリントン，ブッシュと歴代の大統領が，不況時の打開策として知的財産戦略に取り組み，産業の競争力強化を図り，成功したことから，日本政府もこれに倣ったようである[*5]。

　ちなみに，1980年代に不況のどん底にあったアメリカは，強いアメリカの復権を目指し，知的財産軽視の方針からプロパテント（特許重視）政策へ大きくシフトしたと伝えられている[*6]。特許権の出願件数についていえば，1990年度の約16万件から2003年度は約34万件と倍増しているばかりではなく，

---
footnotes

[*4] 首相官邸ウェブサイト「第154回国会における小泉内閣総理大臣施政方針演説」2002年2月4日
　　（http://www.kantei.go.jp/jp/koizumispeech/2002/02/04sisei.html）。
[*5] 知的財産戦略会議「第1回議事録」2002年3月20日
　　（http://www.kantei.go.jp/jp/singi/titeki/dai1/1gijiroku.html）。
[*6] 同上。

1990年度には150億ドル（約1兆8千億円）であった知的財産関連収入が，2000年度には，1,300億ドル（約15兆6千億円）に急増したという[*7]。

折しも，日本経済は，「失われた10年」をすぎても，なかなか出口を見通せない不透明な経済不況に陥り，明るい将来へのシナリオがなかなかみえてこない状況下にあった。

具体的にいえば，日本企業は欧米の技術を導入し，改良し，日本型資本主義の1つの特徴であるカンパニー・キャピタリズムの名のもとに低価格戦略による「ものづくり」を軸とした日本企業の成長神話を築き上げてきたが，それも崩れ去り，中国などのかつての発展途上国からの追撃が厳しくなっている。

例えば，中国は，安い人件費を背景に徹底した低価格戦略と生産技術力の向上によりコピー機，プリンターなどのＯＡ機器の生産高が世界の50％以上を占めるようになっているし，また，鉄鋼，セメント，バイク，テレビ，エアコン，冷蔵庫，洗濯機の生産高も世界1位になり，さらに輸出も年間2,000億ドルを突破し機械製品の伸びがめざましいと報じられている。

このように，中国その他アジアの国々は，かつての日本企業が低価格戦略によって競争優位を追求し，国際市場に参入したのと同様の戦略をとっており，逆に日本企業の競争力の低下が目立つようになってきている。したがって，日本企業は，もはや単なる低価格戦略では中国などのアジアの国々には勝てなくなっている。

---

footnotes

[*7] 経済産業省産業構造審議会知的財産政策部会経営・市場環境小委員会（2002），6頁およびアメリカ特許商標局ウェブサイト（U.S. Patent and Trademark Office, *U.S. Patent Statistics Report: U.S. Patent Statistics Chart Calendar Years 1963-2003*, 2004[http://www.uspto.gov/web/offices/ac/ido/oeip/taf/us_stat.htm]）などを参照。

第1章 知の創造戦略と知的財産会計

ちなみに、International Institute for Management Development（2005）[*8]によれば、1993年に1位であった日本の総合競争力は、1998年には20位へ、さらに2002年には27位へと落ち込んだものの、その後、後述する知的財産戦略が功を奏してか、徐々に上昇し、2005年には21位まで回復する兆しがみえるものの、政府の活動効率に至っては、2005年は40位と、いずれもジリ貧傾向にある（図表1－3および図表1－4参照）。

図表1－3　最近5年間の日本の国際的競争力の推移

	2001年	2002年	2003年	2004年	2005年
総合順位	23	27	25	23	21
経済業績	20	28	28	17	—
政府の活動効率	29	35	41	37	40
企業効率	38	37	39	37	35
インフラ整備度	5	6	3	2	3

(International Institute for Management Development [2005], pp.236-237参照)

footnotes

[*8] なお、本年報によれば、競争力を判断するファクターは77規準からなる「経済業績」、73規準からなる「政府の活動効率」、69規準からなる「企業効率」および95規準からなる「インフラ整備度」の4項目314規準からなっている（International Institute for Management Development [2005], pp. 20-21）。

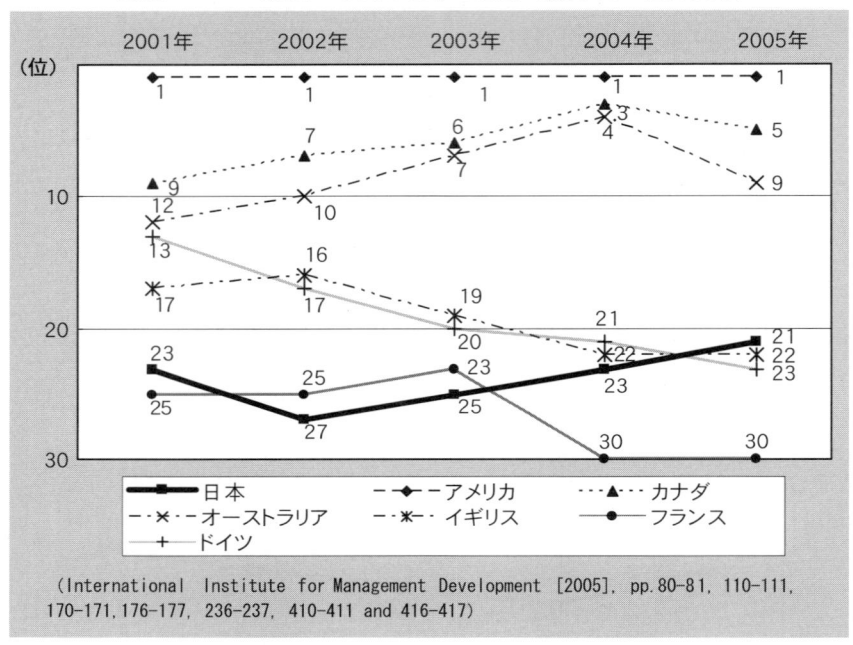

図表1－4　最近5年間の日本の国際的競争力の国際比較

(International Institute for Management Development [2005], pp.80-81, 110-111, 170-171, 176-177, 236-237, 410-411 and 416-417)

　このような低迷状況を打開し，日本経済を活性化するためには，国際的競争力を回復し，強化することが経済政策上の喫緊の課題である。そのための切り札が，伝統的な低価格競争ではなく，他社とは差別化し，よりダイナミズムな競争戦略を行うためのバリュー・ドライバーであるブランド，特許権，コンテンツなどをはじめとする知的財産である。

　したがって，日本企業は，「知の世紀」といわれる21世紀において，経済システムを加工組立大量生産型の従来の「ものづくり」戦略から，付加価値の高い「知の創造」戦略へとパラダイム・シフトを図らなければならず，政府が国をあげて中・長期的に産・学・官・政が連携したゴールデン・カルテットによる知的財産戦略で再生を図ろうとするのは当然の策であるといえそうである。

2－2　知的財産戦略と知的財産関連法

ともかく，2002年2月の小泉総理の施政方針演説以来，国をあげた省庁横断的な知的財産戦略が推進され，2003年3月1日に「知的財産基本法」が施行され，また，知的財産戦略会議に代わり，知的財産戦略本部が発足し，日本経済再生のための知的財産国家戦略の加速度が増すものと思われる。これは，これまでに19の知的財産関連法が成立または国会に提出されていることからも明らかである（**図表1－5参照**）。

図表1−5　知的財産戦略と知的財産関連法

1	知的財産基本法（2002年12月公布）
2	著作権法（最終改正2005年6月）
3	特許法（最終改正2006年3月）
4	実用新案法（最終改正2006年3月）
5	商標法（最終改正2005年6月）
6	意匠法（最終改正2006年3月）
7	種苗法（最終改正2005年6月）
8	不正競争防止法（最終改正2005年7月）
9	関税定率法（最終改正2006年3月）
10	コンテンツの創造，保護及び活用の促進に関する法律（2004年6月公布）
11	民事訴訟法（最終改正2005年10月）
12	信託業法（最終改正2006年3月）
13	知的財産高等裁判所設置法（2004年6月公布）
14	裁判所法（最終改正2005年7月）
15	中小企業経営革新支援法（最終改正2005年4月）
16	中小企業の新たな事業活動の促進に関する法律（最終改正2006年3月）
17	弁理士法（最終改正2006年3月）
18	破産法（最終改正2005年7月）
19	食育基本法（2005年6月公布）

　ちなみに，上記のうち従来から工業所有権法とよばれ知的財産の中心ともいえるいわゆる「特許法」，「実用新案法」，「意匠法」および「商標法」について，「知的財産基本法」成立以降の改正趣旨のみをとりあげると，次のとおりである。

　まず「特許法」については，2003年の改正（第156回国会）において，わが国産業の国際競争力の強化を図ることの必要性が増大していることを考慮し

第 1 章　知の創造戦略と知的財産会計

て，知的財産を迅速かつ適正に保護するために，特許料金体系を見直し，特許審判等の紛争処理制度を改革するとともに，特許制度の国際的調和の推進がすすめられた。次いで，2004年の改正（第159回国会）においては，特許審査の迅速化を図るために，調査業務を登録調査機関等に行わせることができる制度への移行が行われ，また，職務発明の対価を適正に定めるための規定が整備された。

次に，「実用新案法」は，「特許法」（第156回国会），「裁判所法」（第159回国会）等の改正に対応して，実用新案登録出願手続の簡素化，紛争処理制度の改革等が行われた。「意匠法」では，これらの制度整備の他に，知的財産の保護を強化するために，外国での営業秘密の不正使用および開示ならびに他人の製品の形態を模倣する行為等に関する処罰規定の整備および不正競争を行った者への罰則強化，知的財産に係る裁判外紛争手続における弁理士の役割強化等が行われた。

さらに「商標法」については，2005年の改正（第162回国会）において，産業競争力の強化および地域経済の活性化を図る必要性が増大してきたことを踏まえて，地域の名称を含む商標を保護するための措置が講じられた。

一方，知的財産戦略本部も「知的財産基本法」に基づき，「知的財産の創造，保護及び活用に関する推進計画」（以下，「推進計画」という。知的財産戦略本部［2003］）の見直し作業を行い，2004年5月27日には「知的財産推進計画2004」（知的財産戦略本部［2004］）を公表した。見直しに当たっては，既存の施策の一層の具体化を進めるとともに，知的財産戦略全体を俯瞰して，進展が不十分な課題については，施策の追加および新たな課題を盛り込み，この結果，実施すべき施策は約400項目になり，今後も進捗状況をフォローアップし，適宜，追加・拡充を図るとされている（知的財産戦略本部［2004］，12頁）。

さらに，2005年6月10日には「知的財産推進計画2005」（知的財産戦略本

部〔2005〕）を公表し，そこでは，3年間の知的財産戦略の主な成果として，次の5点があげられている。

1　戦後最大の司法改革である知財高等裁判所の発足
2　43大学で知財本部を設置*9
3　ニセモノ対策の強化
4　特許審査官大幅増加
5　コンテンツ振興

3　「知の世紀」における知的財産会計

「知の世紀」といわれる21世紀において，知的財産をバリュー・ドライバーにするためには，「大綱」にも述べられているように，価値を創造し，権利化し，法によって強力に保護することはもとより，裁判等を通じて実効的に保護しなければならないといえる（5頁）。

しかし，知的財産によって国富を生むためには，それを活用することが前提である。すなわち，知的財産は，その創造，権利化，保護だけでは，日本経済活性化のためのバリュー・ドライバーにならない。

知的財産を運用し，その対価を徴収するための適切な評価システムが確立さ

---

footnotes

*9　文部科学省が2003年に公募した「大学知的財産本部整備事業」に採択された34件43大学のことであり，その内訳は国立大学が25件29大学，公立大学が1件3大学，私立大学が7件11大学（これらの他に大学共同利用機関が1件ある）である（文部科学省ウェブサイト『「大学知的財産本部整備事業」の審査結果について』〔http://www.mext.go.jp/b_menu/houdou/15/07/03071501.htm〕参照）。

れなければ，知的財産は絵に描いた餅にすぎず，イノベイティブな知的財産を創造するためのインセンティブが薄れ，結果的に知的財産が活用されないことになり，何ら国富にもつながらないからである。

すなわち，知的財産は，財産といっても無体財産であり，「見えざる資産」であり，価値評価されないかぎり担保財源にもならなければ，適切に流動化することもできず，有効に活用されない。

その意味で，知的財産戦略にとって，知的財産を創造し，権利化し，保護し，その価値を適切に評価し，「見えざる知的財産」を掘り起こし，「見える知的財産」に変えて活用し，企業経営の選択と集中を図ることが重要である。

このコンセプトをIPスパイラルサイクルとよぶことにするが，その確立と実現は，ゴールデン・カルテット知的財産戦略にとって喫緊の課題であり，「大綱」においても，次のように述べられていることからも明らかである。

> 今日，企業の価値評価の対象は，バランスシート等の財務諸表には載らない「見えない資産」に移りつつあるが，特に，知的財産の比重は少なくないと考えられる。……（中略）……
> さらに，金融機関も，土地や設備というバランスシートに記載された，目に見える資産のみで企業の価値を評価するのではなく，知的財産を担保にした資金供給にも積極的に取り組むべきであり，これを推進するため，知的財産の適切な評価手法の確立を急がなければならない。
> 　　　　　　　　　　　　　　　（知的財産戦略会議［2002］，14頁）

この提言は経済産業省から出されたものであるが，経済産業省では資金調達の一環として特許権の証券化のパイロットテストなど知的財産の流動化を推進するとともに，アセット・ファイナンスを推進するためには，知的財産の価値評価の重要性が認識されている。

　また，2003年には学際的な日本知財学会が設立され，知財学の対象領域の中心に知的財産会計・知的財産経営がおかれ，知的財産の創造，保護のフェーズから活用のフェーズにスポットライトがあてられつつある（図表1－6参照）。

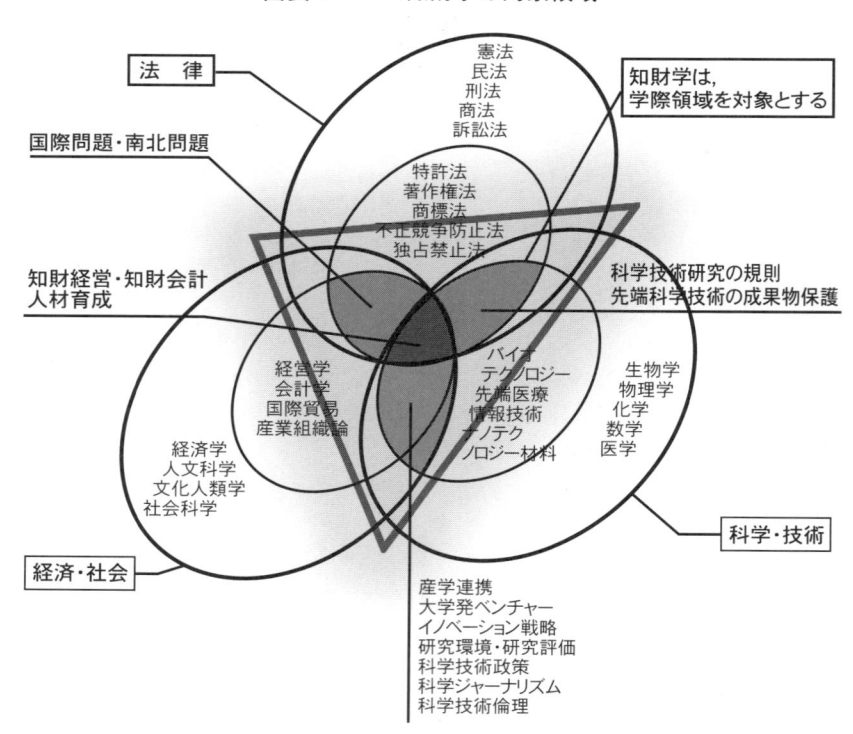

図表1－6　知財学の対象領域

法律
　憲法
　民法
　刑法
　商法
　訴訟法
　特許法
　著作権法
　商標法
　不正競争防止法
　独占禁止法

知財学は，学際領域を対象とする

国際問題・南北問題

知財経営・知財会計
人材育成
　経営学
　会計学
　国際貿易
　産業組織論

経済・社会
　経済学
　人文科学
　文化人類学
　社会科学

科学技術研究の規則
先端科学技術の成果物保護

科学・技術
　バイオテクノロジー
　先端医療
　情報技術
　ナノテクノロジー・材料
　生物学
　物理学
　化学
　数学
　医学

産学連携
大学発ベンチャー
イノベーション戦略
研究環境・研究評価
科学技術政策
科学ジャーナリズム
科学技術倫理

（出典：日本知財学会ウェブサイト[http://www.ipaj.org/about/about_02.html]より）

第1章　知の創造戦略と知的財産会計

　このように，ＩＰスパイラルサイクルのなかでも，Valuation（評価）を中心に据えることがきわめて重要であるが，従来の知的財産戦略では，特許などの優れた技術力，著名なブランドなどの知的財産を活用して産業競争力に結び付けるValuation（評価）が死の谷,すなわちデス・バレー（Death Valley）であった（図表1－7参照）。

図表1－7　V-Less（Death Valley）モデル

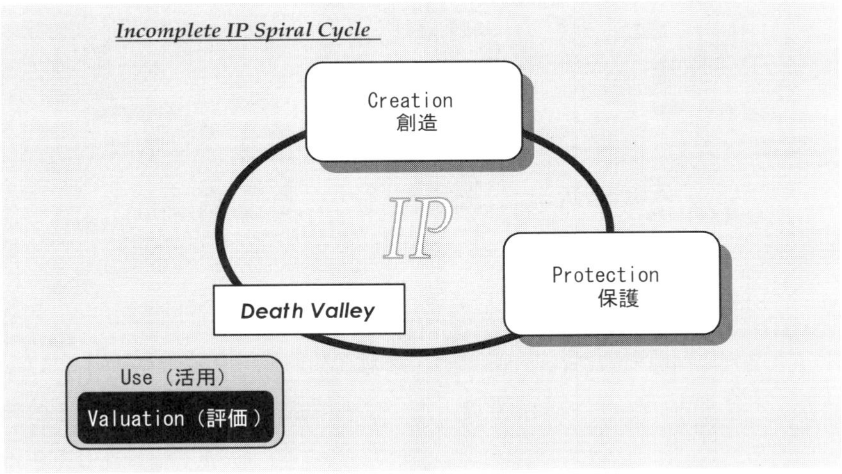

```
Incomplete IP Spiral Cycle

        Creation
         創造

                        Protection
   Death Valley          保護

  Use（活用）
  Valuation（評価）
```

　知的財産のＩＰスパイラルサイクルから死の谷をなくし，これをWin-Winモデルに変えるためには，知的財産の価値評価が必要である（図表1－8参照）。

図表1-8　IPスパイラルサイクル

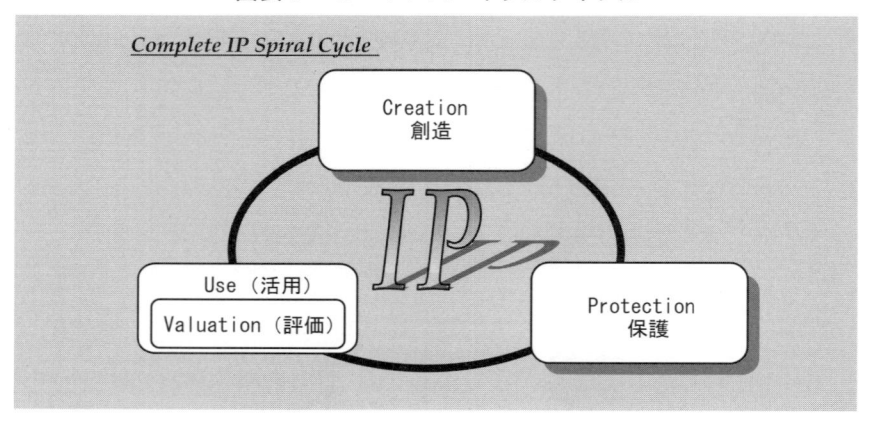

　このことは，産業界でも例外ではない。例えば，2003年10月に公表された花王とカネボウ化粧品部門の買収の際にも，カネボウのブランドからなる企業価値の適正評価の重要性が認識され，その結果，経済産業省企業法制研究会の「ブランド価値評価モデル」によって評価額が約4,000億円と評価された。また，青色LEDをめぐる日亜化学とカリフォルニア大学中村修二教授との職務発明報奨対価についての一連の評価額はもとより，フラッシュメモリーをめぐる東芝と米レキサー・メディア社との特許侵害訴訟額，エレクトロニクス業界，自動車業界などのクロスライセンスの適正評価額など，知的財産の適正な価値評価についての関心がグローバルベースで飛躍的に高まってきている。

4　知的財産会計の対象

　それでは，知的財産会計とは，いったい何であり，どのように定義すればよいのであろうか。もちろん，知的財産会計を「企業の知的財産に関する事象を

測定し，報告する行為」と企業会計の定義に慣らい，通り一遍に定義することはできる。

しかし，この定義では，知的財産自体が無体財産であるだけに，その何を対象とする会計なのかが具体的に分からないといわざるを得ない。

すでに述べたように，知的財産戦略においては，知的財産の創造・権利化・保護に加えて，その価値を適切に評価し，「見えざる知的財産」を掘り起こし，「見える知的財産」に変えて活用し，企業経営の選択と集中を図ることが重要である。その意味では，知的財産を価値評価し，価値評価した知的財産をアセット・ファイナンスなどに活用し，さらにはそのディスクロージャーおよびＩＲを対象とする会計を知的財産会計と位置づけることができる。

従来，企業会計のフィールドでは，ＩＲは企業の広報活動全般を指すところから，俎上に載らないとする見解が有力であるが，知的財産のオン・バランス化を一足飛びに行うことが難しい現状において，知的財産と企業会計の当面の接点は，ＩＲとディスクロージャーである。その理由は，知的財産の価値を企業会計の俎上に直ちに載せられないとしても，発行体とステークホルダー等に情報の非対称性があってよいわけではないからである。しかも，情報の非対称性が増大すれば，逆選択が生じ，優良企業が過小評価されることはもとより，資本コストの増大，ひいては資本市場を停滞させることになり，投資者保護を損なうとの意見もある。

したがって，知的財産情報のＩＲおよびディスクロージャーは，ステークホルダー等を保護するためにも，ブランド，特許権などを活用するための相場を確立するためにも重要であり，知的財産会計の第一歩として充実させる必要がある。

知的財産の価値評価とディスクロージャー，ＩＲについては，第8章「知的財産のディスクロージャーとＩＲ」で詳述する。

また，知的財産会計を俯瞰するニュー・フレームワークについては，第10章「知的財産会計と企業会計の再構築－全面公正価値会計構想－」で詳述するが，企業会計に全面公正価値会計－稼得利益・包括利益計算書などのニュー・アカウンティングが導入されれば，知的財産会計が企業会計の表舞台に登場することになる。そうなれば，知的財産会計のフレームワークはもっと具体的になるといえる。

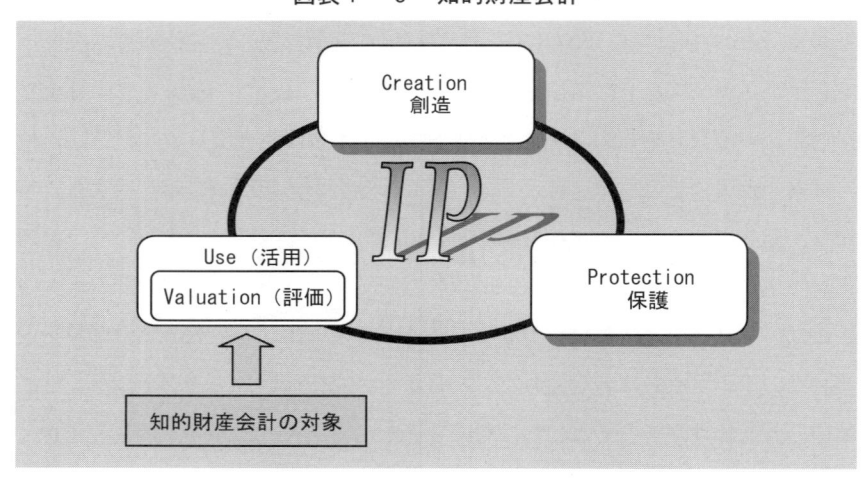

図表1－9　知的財産会計

（図：Creation 創造／Protection 保護／Use（活用）・Valuation（評価）←知的財産会計の対象）

5　知的財産会計と価値評価

　さしあたり，以下，知的財産会計の中心である価値評価と活用のフェーズについて，具体的に述べることにする。
　しばしば，知的財産の評価は難しい，知的財産の価値評価モデルとしてはいまだ受容されているものがない，知的財産の価値評価には恣意性が伴う，客観

性を欠くなどの意見を述べる論者がみられるが，そもそも知的財産はその特徴が唯一無二性であり，それぞれの性質が異なっているために，それらをひとくくりまたは一般論で述べることはできないし，そうしても全く意味がない。さらに，ＤＣＦ法で算定した評価額は恣意的であるなどの意見を述べる論者もみられるが，事後においてその期待値であるキャッシュ・フローが完全に正しいことを証明できないのは，ＤＣＦ法の特徴であって，恣意性の問題ではないし，ＤＣＦ法を一度でも使って計算したことがある者であるならば，このようなことをいわない。要するに，これらの点は，実際に価値評価モデルを構築してみればよくわかる。

したがって，本書は，知的財産一般についての価値評価を行うことは不可能であり，かつ，一般論または総論による価値評価を述べても意味がないとする立場から，以下では筆者が価値評価モデルを構築した経験のあるブランドおよび特許権の価値評価を前提に知的財産の価値評価と活用について議論を展開する。

さらに，知的財産の研究は，その対象が学際的であるところから，学問，論者によって，「評価」の意味も，「評価」のレベルも異なっている。そこで，「価値評価」のフェーズをさしあたりブランドおよび特許権を前提に整理することにする。

まず，「評価」の意味については，辞典によると，「どれだけの価値，価格があるかを見定めること」とある。また，評価の意味に含まれている「価値」も，辞典を引けば，「どれくらい大切か，またどれくらいの値うちがあるか」という意味であるが，主観によって「大切さ」も「値うち」も異なる。

したがって，「評価」には少なくとも２つの意味があるといえる。１つは，定性的な意味での評価であり，もう１つは，定量的な意味での評価である。

定性的な意味での評価は，これが日常生活において一番多い。例えば，ミシュ

ランのレイティング，全国温泉ランキング，歌のベスト・テン，ビルボード・トップ100などである。このようなケースでは，どのような年齢層の，またどのような所得層の誰に，どのような規模でリサーチするのかによって，その評価は著しく異なる。また，定性的評価はその評価基準も情報の受け手にはわからず，いわばブラックボックスになっており，主観的であることが多い。

　これに対して，定量的な評価とは，金額および貨幣額による絶対値による表現であり，それは，誰が計算しても同一の評価額を得ることができる。その意味で，定量的な評価はきわめて客観的であるといってよい。

　それでは，特許権，ブランドなどの知的財産は，定性と定量のいずれで評価すべきなのであろうか。それを考えるキーが，どのような目的で当該知的財産を評価するのかである。評価の目的によって，価値評価モデルの内容も自らと異なり，価値評価額も異なることになるからである。

　例えば，1日に2，3秒の計測誤差は，普通の腕時計をしている者には許容されるが，同じ誤差が，高度の正確性を求められる競技用時計に生じた場合には，その時計は信頼できないと判断される。しかし，その評価の違いは，時計の用途，目的の違いによる。

　かかる理解が正しいとすれば，あるモデルにブラックボックスがあり，定性要因が入っているので主観的であるといっても，モデルの目的がビジネスを行うことにある場合には，これをもってそのモデルが問題であるとは必ずしもいえないように思われる。すなわち，モデルにブラックボックスがなければ，コンサルティングなどのビジネスにはならないし，逆にこのようなモデルは，オン・バランス化には向かないし，もとよりオン・バランスのような標準化を目的にもしていないといえる。したがって，知的財産の評価も例外ではなく，その目的がビジネス目的かオン・バランス目的かによって異なるといえる。

　一般に，ビジネス目的で価値評価をする場合は，当該取引が当事者間の相互

合意額すなわち相対で行われることが多いところから，必ずしも貨幣額のみによる定量的な評価だけではなく，定性要因による評価も加味されることが多い。その結果，ある測定者がその企業の生産設備の性能，従業員の能力などの定性要因を評価して，これに点数をつけるなどの方法で得られたデータは，一般的に主観的であるといわれる。

これに対して，定量的な貨幣額によるスタンダードとしての価値評価は，誰が計算しても同一の結果が得られるところから，客観的であるといわれる。

しかし，重要なのは客観的か主観的かのメルクマールは，定量か，定性かのデータの性質にあるわけではない。とりわけ，企業会計における客観性は，計算結果が検証可能か否かにあり，ひいては財務諸表監査による信頼性を担保できるか否かにこそあると考えられる。多くの場合，定量データは，ブラックボックスを作りにくいから客観的であるといわれるだけであって，計算しても検証不可能にし，同一結果が得られないように操作すれば，客観的ではない（詳細は第9章「知的財産会計情報の監査」参照）。

逆に，定性データは，操作を行いやすくブラックボックスを作りやすいところから主観的であるといわれるが，一定の合理性をもったルールに基づき検証可能性を確保すれば，強力な監査証拠を入手できるので，客観性を担保できるといえる。技術，法律などの定性要因を加味せざるを得ない特許権を価値評価する場合にも，このコンセプトはとりわけ重要である。

要するに，評価目的はビジネスを目的にするか否か，いいかえればオン・バランスを目的にするか否かの2つに大別できる。さしあたり，ここではビジネスを目的にせず，オン・バランスを目的にする価値評価を「スタンダード」とよび，ビジネスを目的にし，オン・バランスを目的にしない評価を「ベンチマーク」とよぶことにしよう。

次に，「活用」のフェーズを整理すると，これには，概ね，次頁のものが考

えられる。

1	オン・バランス
2	関係会社間の特許権等売買に伴う課税標準の算定指標
3	投資意思決定指標
4	証券化
5	信託化
6	担保化（自己実施および投融資先実施の当事者間双方）
7	自社実施・自己利用によるキャッシュ・フローの評価
8	ライセンス（他社実施・他社利用）によるロイヤリティの算定
9	Ｍ＆Ａのタックス・プランニングの際の知的財産の評価
10	知的財産のレイティング（格付）
11	知的財産の売却・譲渡（当事者間双方）
12	職務発明対価
13	特許侵害訴訟，ブランド毀損などの損害賠償額
14	管理戦略（ブランド構築のためのブランディング，ポジショニング等）
15	ＩＲ，ディスクロージャー

　難しいのは，「活用」のフェーズは，「価値評価」のフェーズと密接不可分であることである。その理由は，「価値評価」こそが，会計の中心であるからである。したがって，知的財産会計は，どのような「活用」のフェーズのどのような目的で「価値評価」を行うのかという視点から検討しなければならないといえよう。

　結論からいえば，「スタンダード」としての価値評価と結びつく「活用」のフェーズは，1ないし6であり，また，「ベンチマーク」としての価値評価と結びつく「活用」のフェーズは，4ないし15である。

　しかも，7ないし14は，基本的に相対取引であるので，流通市場における

第 1 章　知の創造戦略と知的財産会計

知的財産の価額を決定するためには，供給サイドと需要サイドごとの価値評価モデルが必要となるケースもあると考えられる。なお，4ないし6が，「スタンダード」としての価値評価と「ベンチマーク」としての価値評価の両者に共通しているのは，「スタンダード」としての価値評価であれば「ベンチマーク」としての価値評価にも十分に適用できるという意味である。以下，順次，これらについて説明しよう。

(1) スタンダードとしての価値評価

ビジネスを目的にせず，知的財産を企業会計上の資産としてオン・バランスすることなど，スタンダードとしての目的から価値評価しようとする場合には，定量的な貨幣額による絶対値による評価が原則である。定量的な貨幣額による評価は，誰が計算しても同一の結果が得られるばかりではなく，検証可能であるところから，客観的である。

したがって，この目的の価値評価は，上記4ないし6の証券化，信託化，担保化にも利用できるのはいうまでもなく，関係会社等間の特許権売買に伴う課税標準額の算定基礎指標としてもきわめて重要であるばかりではなく，市場のモニタリング効果もあるところから3の投資意思決定指標としてもきわめて有用であるといえる。

このような価値評価ができるモデルとしては，例えば，第4章「ブランド価値評価と知的財産会計」で詳述する経済産業省企業法制研究会「ブランド価値評価研究会（委員長：広瀬義州）」が公表した「ブランド価値評価モデル」で計算した価値評価額がこのレベルに該当する。従来の知的財産戦略には，この定量的かつ客観的な「スタンダード」としての価値評価の視点が欠けており，その意味では死の谷になっていたといえる。

(2) ベンチマークとしての価値評価

　まず，ブランドから述べれば，戦略的ポジショニング，すなわちマーケットにおける自社のブランド・ポジショニングを確保するために行われるブランドの評価がベンチマークとしての価値評価の典型である。そこでは，イメージ，安定性，認知度，国際性などの定性要因が重視され，これを指数化し，これにプレミアム利益などを乗じ，さらにこれをブランドの強弱の指数による割引計算することによってブランド価値とされる。例えば，「インターブランド社モデル」などがこれに該当する。なお，正確な計算プロセスが明らかにされていないので断定できないが，おそらく「日経モデル」もこのケースに該当するものと思われる。

　次に，特許権についていえば，自社実施による特許製品キャッシュ・フローの評価，他社実施によるロイヤリティの算定，知的財産の格付け，特許侵害訴訟額の算定，職務発明対価額の算定，M&A戦略におけるタックス・プランニングの際の特許権の評価または買収資産の一部としての特許権の評価はもとより，担保化，証券化などの資金調達の手段として特許権を評価してビジネス目的の価値評価がいわば「ベンチマーク」としての価値評価の典型である。ビジネス目的で価値評価する場合は，取引が当事者間の相互合意額すなわち相対で行われることが多いところから，必ずしも貨幣額のみによる定量的な評価だけではなく，法的要因，技術要因などの定性要因による評価も加味されることになる。

　なお，必ずしも会計上の価値評価の俎上には載らないが，知的財産の創造・保護との関連で評価されるケースがある。いわゆる管理戦略のケースもこの目的の価値評価に属する。

　まず，ブランドから述べれば，パワー・ブランドを構築するためにブランディングを行うケースである。卑近な例でいえば，ブランド牛，ブランド豚などを

作るために，牛または豚のオリンピック（優勝者には内閣総理大臣賞。昔風にいえば，品評会）の審査に出すが，その際に「体型・骨格の美しさ」，「毛並みの美しさ」，「肉質」，「交配率」等の定性要因が評価されるケースである。これらのケースでは，定性要因が点数などで評価されるのが普通であり，貨幣額を用いて評価されることは稀であるといってよい。例えば，電通の「消費者パーセプション調査」などがこれに該当する。

次に，特許権についていえば，プロパテントのレベルはもとより，防衛目的で特許出願したり，また，他社を排除するために周辺特許の出願をし，さらには優先権主張をしたり，無効審判請求，損害賠償請求などを行使するケースである。このようなケースは，自社の特許権が生み出すキャッシュ・フローを評価するというよりも，他社が創出しようとするキャッシュ・フローを排除して，マーケット・アドバンテージを確保するなど，守勢することに主眼があるために，かりに評価するとしても，必ずしも絶対評価ではなく，定性要因などを加味した相対評価で行われるといってよい。

以上述べたことをまとめると，知的財産の価値評価は，どのような目的で行うのかによって大きく異なるといえる。したがって，知的財産の価値評価モデルの是非も，どのような目的でそのモデルを使おうとしているのかによって判断すべきであるといえようが，重要なのは，客観的か主観的かのメルクマールは，定量か，定性かのデータの性質によるのではないことにある。例えば，ある測定者が，その企業の生産設備の性能，従業員の能力などの定性要因を評価して，これに点数をつけるなどの方法で得られたデータは，一般的に主観的であるといわれる。これに対して，会計理論における客観性は，計算結果が検証可能かつ同一結果になるか否かにあり，ひいては財務諸表監査による信頼性を担保できるか否かにこそあると考えられる。多くの場合，定量データは，ブラックボックスを作りにくいから客観的であるといわれるだけであって，計算して

も同一結果が得られないように操作すれば，客観的ではない。逆に，定性データは，ブラックボックスを作りやすいところから主観的であるといわれるのであり，一定の合理性をもったルールに基づき検証可能性を確保すれば，客観性を担保できるともいえる。

Reference

- International Institute for Management Development (2005), *World Competitiveness Yearbook 2005*, IMD.
- 経済産業省産業構造審議会知的財産政策部会経営・市場環境小委員会 (2002)「最適な特許審査に向けた特許制度の在り方（中間とりまとめ案）」経済産業省.
- 桜井久勝 (2004)「知的財産の価値評価と開示」會計，第165巻第2号.
- 知的財産戦略会議 (2002)「知的財産戦略大綱」.
- 知的財産戦略本部 (2003)「知的財産の創造，保護及び活用に関する推進計画」.
- 知的財産戦略本部 (2004)「知的財産推進計画2004」.
- 知的財産戦略本部 (2005)「知的財産推進計画2005」.
- 久貝卓 (2003)「知的財産基本法までの歩みと今後の取り組み」（日本知財学会シンポジウム「知的財産の新展開」配付資料）.

2 知的財産会計のフレームワーク

1 インタンジブルと知的財産の意義

　自社内に製造設備をもたずに，研究開発活動のみに従事し，製造活動は外部にアウトソーシングするＩＴ，コンピュータ関連製造業等のファブレス・カンパニー，バイオ・ベンチャーなどでは，貸借対照表に計上される資産がほとんどない（Leadbeater［2000］, p. 9）。すなわち，これらの企業のバリュー・ドライバー（企業価値の決定因子）は，有形資産でもなければ金融資産でもなく，ブランド，特許権，コンテンツ，研究開発費，情報ネットワーク，従業員の能力など，物的形態をもたない知的財産などのインタンジブルズである。

　かかる傾向は，ファブレス・カンパニーに限ったことではない。タンジブルズがバリュー・ドライバーとみなされている企業でさえ，その価値はタンジブルズに付与されている技術，タンジブルズが有するブランド・イメージなどによって著しく高められている。この点をマクロ・ベースでいえば，例えば，アメリカにおけるタンジブルズとインタンジブルズへの最近の年間投資額は，約1.2兆ドル対1兆ドルでほぼ拮抗している。**図表２－１**は *BusinessWeek* 誌が毎年7月に公表している（2005年度は予定が変更され，2005年12月26日号に掲載されたが，2005年から時価総額のみの公表）株式時価総額上位1,000社（The Global 1000）のうちのベスト10を整理した資料であるが，これを見てもいかにインタンジブルズが競争力の源泉として注目されているのかがわかる。

図表2－1　タンジブルズとインタンジブルズへの投資比率の比較

（世界株式時価総額上位10社）

順位	企業名	時価総額（百万ドル）	タンジブルズ（百万ドル）	インタンジブルズ（百万ドル）	投資比率
1	General Electric	328,110	76,305	251,805	3.3倍
2	Microsoft	284,432	71,108	213,324	3.0倍
3	Exxon Mobil	283,613	91,488	192,125	2.1倍
4	Pfizer	269,663	69,144	200,518	2.9倍
5	Wal-Mart Stores	241,187	43,069	198,118	4.6倍
6	Citigroup	239,435	99,764	139,671	1.4倍
7	BP	193,054	74,252	118,802	1.6倍
8	American International Group	191,183	76,473	114,710	1.5倍
9	Intel	184,661	38,471	146,190	3.8倍
10	Royal Dutch / Shell Group	174,830	―	―	―

("The BusinessWeek Global 1000, *BusinessWeek*," Jul. 26,-Aug. 2, 2004, pp. 62-87参照。)
　入手できるデータに制約があるために，タンジブルズ［純資産簿価］は原典資料をそのまま利用した。インタンジブルズは時価総額とタンジブルズの差額（時価・簿価差額）と想定した。また，投資比率はPBR－1である。
　また，Royal Dutch / Shell Groupの時価総額は，オランダのRoyal Dutchとイギリスの Shell Transport & Trading を合算したものであることから，タンジブルズ以降の数値は算定しなかった。

　さらに，2005年3月期連結決算の東証1部上場会社のうち時価総額上位200社（金融，電力・ガスを除く）について調査してみると，タンジブルズとインタンジブルズの比率は328.2兆円対112.9兆円であり，この比率は拮抗する傾向にある（**図表2－2，図表2－3**参照）。

第2章　知的財産会計のフレームワーク

図表2-2　2005年3月末のタンジブルとインタンジブルの比率

```
2005年3月末　バランスシート              2005年3月末　修正バランスシート
┌─────────────┬─────────┐              ┌─────────────┬─────────┐
│  総資産     │  負債   │              │ 無形資産以外│  負債   │
│  352兆円    │  231兆円│ ┐タンジブルズ│ の総資産    │  231兆円│
│             │         │ │341兆円    │ 341兆円     │         │ ┐
│(うち無形資産)│         │ ┘約         │             │         │ │時
│  11兆円     │ 株主資本│  3          │             │ 株主資本│ │価
│             │ 121兆円 │  :          ├─────────────┤ 121兆円 │ │総
│             │         │  1┐        │ 無形資産11兆円│         │ │額
│             │         │   │インタン │             ├─────────┤ │211
│             │         │   │ジブルズ │時価総額-株主資本│時価総額-株主資本│ │兆
│             │         │   │101兆円 │  90兆円    │  90兆円 │ │円
└─────────────┴─────────┘   ┘        └─────────────┴─────────┘ ┘
```

（2005年3月末現在の東証1部上場［金融，電力・ガスを除く］時価総額上位200社についてタンジブルズとインタンジブルズの比率をみたもの）

図表2-3　タンジブルズとインタンジブルズへの投資比率

（東証1部上場時価総額上位100社）

順位	銘柄名	時価総額（十億円）	タンジブルズ（十億円）	インタンジブルズ（十億円）	投資比率（十億円）
1	トヨタ自動車	18,772	5,796	9,727	1.678
2	エヌ・ティ・ティ・ドコモ	9,837	2,682	6,605	2.462
3	日本電信電話	8,784	10,481	3,665	0.350
4	武田薬品工業	6,011	220	4,018	18.253
5	本田技研工業	5,960	1,584	2,677	1.690
6	日産自動車	5,859	3,797	3,571	0.941
7	キヤノン	5,446	962	3,256	3.386
8	セブン・アンド・アイ・ホールディングス	5,062	—	—	—
9	松下電器産業	4,717	1,658	1,736	1.047
10	ヤフー	4,018	12	3,927	330.718
11	ソニー	3,720	1,372	1,320	0.962
12	日本たばこ産業	3,580	640	2,652	4.145
13	三菱商事	3,567	1,227	2,157	1.758
14	デンソー	2,909	853	1,278	1.498
15	新日本製鐵	2,900	1,674	1,721	1.028

16	ＫＤＤＩ	2,714	1,413	1,750	1.239
17	東日本旅客鉄道	2,592	5,801	1,512	0.261
18	アステラス製薬	2,443	135	1,716	12.738
19	日立製作所	2,422	2,358	600	0.254
20	三井物産	2,250	663	1,232	1.859
21	ソフトバンク	2,214	452	2,140	4.737
22	ファナック	2,199	193	1,521	7.890
23	ジェイ エフ イー ホールディングス	2,167	1,846	1,263	0.684
24	信越化学工業	2,137	448	1,170	2.610
25	ブリヂストン	2,024	744	1,099	1.478
26	三菱地所	2,024	2,101	1,163	0.554
27	東海旅客鉄道	1,980	4,898	1,147	0.234
28	富士写真フイルム	1,925	747	352	0.471
29	住友金属工業	1,913	1,007	1,436	1.426
30	任天堂	1,876	54	955	17.541
31	シャープ	1,826	834	859	1.030
32	第一三共	1,709	—	—	—
33	ＨＯＹＡ	1,694	95	1,422	14.942
34	国際石油開発	1,691	68	1,419	20.784
35	イオン	1,654	946	1,078	1.139
36	東芝	1,610	1,164	894	0.768
37	三菱電機	1,561	571	852	1.493
38	富士通	1,548	728	916	1.258
39	小松製作所	1,544	367	1,114	3.038
40	花王	1,536	260	1,174	4.510
41	京セラ	1,511	259	380	1.469
42	住友商事	1,498	720	677	0.940
43	新日本石油	1,472	1,361	568	0.417
44	エーザイ	1,438	123	1,016	8.263
45	村田製作所	1,426	226	718	3.180

第2章　知的財産会計のフレームワーク

46	旭硝子	1,413	853	808	0.947
47	三井不動産	1,406	1,616	747	0.463
48	大日本印刷	1,373	528	388	0.735
49	三菱重工業	1,356	737	80	0.109
50	リコー	1,321	247	575	2.323
51	キーエンス	1,304	16	998	63.577
52	セコム	1,274	224	859	3.844
53	セガサミーホールディングス	1,264	73	1,015	13.863
54	伊藤忠商事	1,238	497	822	1.653
55	麒麟麦酒	1,231	586	507	0.865
56	エヌ・ティ・ティ・データ	1,229	322	1,079	3.352
57	豊田自動織機	1,228	457	230	0.502
58	日本電気	1,227	726	670	0.922
59	中外製薬	1,205	90	887	9.845
60	ローム	1,170	254	433	1.704
61	住友化学	1,162	516	634	1.228
62	住友電気工業	1,160	471	489	1.037
63	スズキ	1,140	470	402	0.856
64	日東電工	1,110	167	856	5.140
65	商船三井	1,093	665	804	1.209
66	東京エレクトロン	1,089	98	776	7.880
67	ＳＭＣ	1,086	81	687	8.511
68	ＴＤＫ	1,078	217	461	2.124
69	神戸製鋼所	1,027	967	661	0.684
70	クボタ	1,023	220	547	2.487
71	三菱自動車工業	1,009	531	717	1.350
72	積水ハウス	987	184	326	1.771
73	日本電産	964	149	798	5.347
74	アイシン精機	949	627	405	0.645
75	日本郵船	936	701	542	0.773

76	ファーストリテイリング	913	16	757	47.836
77	電通	896	269	443	1.644
78	旭化成	894	420	419	0.998
79	アドバンテスト	878	51	674	13.130
80	ヤマト運輸	876	325	427	1.316
81	西日本旅客鉄道	858	1,983	353	0.178
82	東レ	846	532	405	0.761
83	凸版印刷	837	544	89	0.163
84	松下電工	827	406	262	0.646
85	大和ハウス工業	818	441	303	0.685
86	ダイキン工業	802	170	541	3.181
87	住友不動産	801	1,226	536	0.438
88	丸紅	789	532	409	0.768
89	東燃ゼネラル石油	782	242	538	2.219
90	味の素	776	302	354	1.171
91	テルモ	770	107	573	5.351
92	新日鉱ホールディングス	764	590	475	0.805
93	フジテレビジョン	746	128	311	2.435
94	ヤマダ電機	721	105	548	5.214
95	東京急行電鉄	711	1,289	564	0.438
96	アサヒビール	709	658	310	0.471
97	丸井	707	235	272	1.156
98	資生堂	695	164	391	2.384
99	オムロン	689	155	392	2.531
100	オリンパス	682	120	514	4.284

　2004年度財務諸表データにより試算。時価総額は2005年9月現在。インタンジブルズの金額は時価総額から純資産簿価を控除した金額にオンバランスされている無形固定資産の金額を加えて算定した。
　セブン・アンド・アイ・ホールディングスおよび第一三共は，2005年度設立のために直近財務諸表データが存在しない。

第2章　知的財産会計のフレームワーク

　このように，今日の経済においては，金融資産，土地，設備資産などのタンジブルは，平均投資利益率を生み出すのがやっとの資産になりつつあるのに対し，インタンジブルが重要なバリュー・ドライバーになっている。

　したがって，企業は「タンジブル（目に見える）戦略」から，ブランド，特許などの「知の創造戦略」へと大きくパラダイム・シフトしつつある。そのなかでも，ヒト，モノ，カネ，情報に次ぐ第5の経営資源であるブランド，特許，コンテンツなどの知的財産はバリュー・ドライバーとしてとりわけ重要である。

　しかし，ブランドなどのインタンジブルの重要性が内外で認識されていても，会計上，その資産計上についてはまだ必ずしも一般的ではない。例えば，買入ブランドについては，国内では商標権，意匠権，商法上の商号，広告主名簿等を貸借対照表に計上している事例が数社みられるのにすぎないし，また，海外でも，イギリス，フランスなどの会社がコーポレート・ブランド・ネームなどを貸借対照表に計上しているなど，その事例は限られている。

　さらに，自己創設ブランドに至っては，かつてイギリスの食品メーカーであるRHM（Ranks Hovis McDougall PLC）社がブランド・ネーム，マストヘッドなどを「ブランド」の勘定科目で計上した事例等があるものの，きわめて限られている。

　かかる事例は，特許権についても同じであるといってよい。すなわち，現行の会計基準のもとでは，特許権はその取得に要した支出額で計上されるために，自社における研究開発によって取得した特許権も，当該研究開発および特許権取得に要した支出額で計上されるにすぎない。したがって，財務諸表上，かかる特許権は，それが生み出すキャッシュ・フローの公正価値で計上されているわけではない。わずかに他社実施（ライセンス化）によるロイヤリティが特許権収入として財務諸表に計上されているにすぎない。また，他社から譲り受けた特許権も支払対価で評価されるので，多くの場合，財務諸表上の計上額が公

正価値を反映しているわけではない。

このように，有償取得または買入のインタンジブルは資産計上されているものの経済的実態から著しく乖離しているし，無償取得または自己創設のインタンジブルは，財務報告の対象外とされ，その情報がほとんど提供されていないのが現状である。

ここから生じる企業会計上の問題は，経済的実態からの乖離に加えて，比較可能性をめぐる情報の非対称性にある[*1]。すなわち，有償取得または買入インタンジブルに関する情報は提供されているが，無償取得または自己創設のインタンジブルに関する情報が提供されていないことから生じる情報の非対称性である。

知的財産などのインタンジブルは，たとえいかに重要なバリュー・ドライバーであるとしても，それが「見えざる」ままでは無価値であり，いわば絵に画いた餅にすぎないことから，知的財産をオンバランスすべしとする意見も少なくない。事実，知的財産などのインタンジブルについては，その資産計上のニーズがある。例えば，経済産業省企業法制研究会（ブランド価値評価研究会）が2001年に実施したアンケート結果によれば，少なくとも企業経営においてブランド価値評価へのニーズまたは関心が高いことが判明している（**図表2−4参照**）。

---

footnotes

[*1] イングランド・ウェールズ勅許会計士協会（Institute of Chartered Accountants in England and Wales; ICAEW）は，自己創設のインタンジブルズが適切に評価されていないことから生じる問題として，(1)インサイダー取引が生じるリスクがあること，(2)インタンジブルズを有する企業はそうでない企業よりも資本コストが高い，(3)資源配分の不適切化，(4)知的労働者および起業家のインセンティブの低下，(5)資本市場におけるボラティリティの増加などをあげている（Leadbeater [2000], pp. 13-14）。

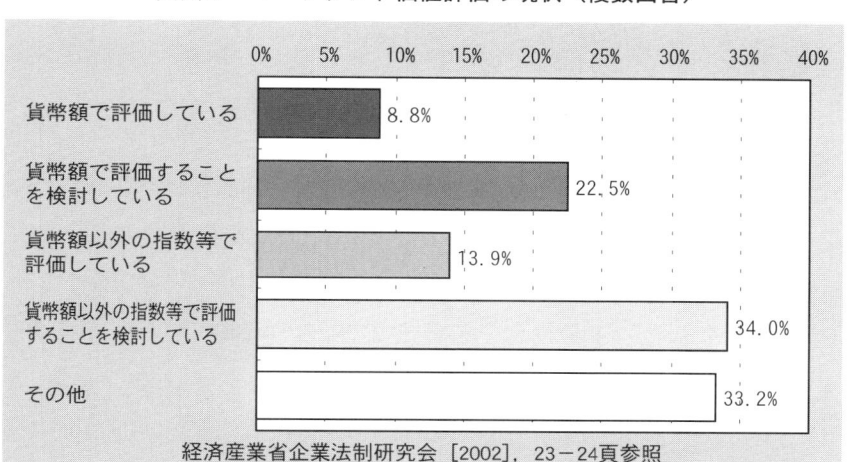

第2章 知的財産会計のフレームワーク

図表2－4　ブランド価値評価の現状（複数回答）

項目	割合
貨幣額で評価している	8.8%
貨幣額で評価することを検討している	22.5%
貨幣額以外の指数等で評価している	13.9%
貨幣額以外の指数等で評価することを検討している	34.0%
その他	33.2%

経済産業省企業法制研究会［2002］，23－24頁参照

　一足飛びにオン・バランスにすることが難しいとしても，知的財産の価値評価は必要である。価値評価されないものは，活用できないし，管理できないし，また管理できないものは保護もできず，いずれ無価値なものになるからである。

　そうしてみると，現在は資産計上されていないが，かりに個々の資産として購入され，または企業結合によって取得されていたならば，認識されていたはずの自己創設のインタンジブルの資産計上およびその公正価値によるディスクロージャーに焦点を合わせることが，情報の非対称性問題を解決し，また経済的実態からの乖離をなくし，ひいては投資意思決定および経営管理意思決定情報としての有用性を確保するための第一歩であるといえよう[*2]。

---

footnotes

[*2] 例えば，自己創設ブランドを資産計上する意義について，経済産業省企業法制研究会（2002）では，次のものをあげている（16頁）。まず，発行体サイドの意義としては，(1)ビジネスにおいてはブランドの重要性が高まり，ビジネスチャンスが増大するとともにブランド使用料の算定根拠も明確にすることができる，(2)潜在的なキャッ

2 インタンジブルとのれんの概念整理

　インタンジブルとは何か。ニューヨーク大学インタンジブル研究プロジェクトのディレクターとしてインタンジブルについて長い間研究を続けているB・レブ教授によれば，「インタンジブルとは，物理的形態または金融商品としての形態（株券または債券）を有しない将来のベネフィットに対する請求権である。コスト削減をもたらす特許権，ブランドおよび独自の組織構造（例えばインターネットによる販売チェーン）は，インタンジブルズである（Lev [2001], p. 5)」という。つづけて，インタンジブルズは会計学の書物で用いられ，知的資産は経済学者によって用いられ，知的資本はマネジメントおよび法律の書物で用いられ，これらは本質的に将来のベネフィットに対する請求権という意味では同じことを指しており，かかる請求権が法により保護されている場合,知的財産（権）とよばれるので，レブ教授自身はこれらの用語とインタンジブルズとを同義語として相互互換的に用いているという（Lev [2001], p. 6)。

　また，民主党の政策提言機関であるブルッキングス研究所のスペシャル・タ

シュ・フロー創出能力（キャッシュ・フローの源泉）を明らかにすることができ，株主価値の増大はもとより，時価総額等の企業価値の増大をもたらし，もって競争力の強化を図ることができ，また資金調達も容易になる，(3)時価総額と簿価ベースの純資産額の差額であるインタンジブルズの適切な分析および適正な企業評価額の算定ができ，株価の過小評価を原因とする敵対的買収を防止することができるようになることをあげている。次に，情報利用者サイドの意義としては，(1)投資先の潜在的なキャッシュ・フロー創出能力である自己創設ブランドが明らかにされることにより，将来のキャッシュ・フローの予測，将来の企業価値の予測，適切な企業評価等が可能になる，(2)自己創設ブランドが資産計上されることによって，情報の非対称性が解消される，(3)自己創設ブランドが客観的な手法によって評価され資産計上されることによって，比較可能性が確保され，その結果投資意思決定情報としての有用性が高まることをあげている。

スクフォースの報告書「見えざる国富（Unseen Wealth）」（Blair and Wallman [2001]）では,「インタンジブルズとは,財の生産もしくはサービスの提供に貢献するかまたはそれに用いられる物的実体を持たない要因またはインタンジブルズの利用をコントロールする個人または企業に対して将来の生産活動による便益をもたらすと期待される物的実体を持たない要因である（p. 10）」と定義されている。

　いずれにせよ,レブ教授は,インタンジブルズには主として3つの関連要素,すなわち,新発見,組織上の慣行および人的資源があり,インタンジブルズをこのような創出要因ごとに分類できれば便利であるが,実際にはこれらの組み合わせによって創出されることも少なくないという（Lev [2001], p. 6）。また,ブルッキングス研究所の報告書でも,インタンジブルズを「組織上の特徴,個人的組織および技能またはビジネス関係のネットワークなどそこに必ずしも明確に財産権を確定し得ない要因を包摂するために,より幅の広い定義を用いることにした（Blair and Wallman [2001], p. 12）」という。

　インタンジブルズをもっと広くとらえるのがアメリカの会計基準設定主体である財務会計基準審議会（FASB）である。FASBによれば,インタンジブルズとは「物的実体をもたない（金融資産以外の）資産（FASB [2001a], Appendix F）」であり,その種類としてFASBは,次の**図表2-5**にまとめた項目を例示列挙している（*ibid.,* par. 14）。

図表2-5 SFAS141号のインタンジブルの種類

マーケティング関連のインタンジブルズ
(1) トレードマーク(商標), トレードネーム(商号)*
(2) サービスマーク(役務標章), コレクティブマーク(団体標章), サーティフィケイションマーク(証明標章)*
(3) 商品包装(独自の色, 形またはパッケージデザイン)*
(4) 新聞のマストヘッド*
(5) インターネット・ドメインネーム*
(6) 競争制限協定*

顧客関連のインタンジブルズ
(1) 顧客リスト▲
(2) 受注残高または生産残高*
(3) 顧客契約およびこれに関連する顧客関係*
(4) 契約によらない顧客関係▲

芸術関連のインタンジブルズ
(1) 演劇, オペラ, バレエ*
(2) 書籍, 雑誌, 新聞その他に係る著作権*
(3) 作曲, 作詞, コマーシャルソングなどに係る音楽著作権*
(4) 絵画, 写真*
(5) 動画, ミュージックビデオ, テレビ番組をはじめとする映像および音響作品*

契約に基づくインタンジブルズ
(1) ライセンス, ロイヤリティ, スタンドスティル契約*
(2) 広告, 請負建設, 管理, 役務提供または商品納入契約*
(3) リース契約*
(4) 建設許認可*
(5) フランチャイズ契約*
(6) 事業権および放映権*
(7) 掘削, 水資源, 大気, 鉱物資源, 森林伐採および道路使用などに係る使用権*
(8) 抵当回収業務契約などの回収契約*
(9) 雇用契約*

技術に基づくインタンジブルズ
(1) 特許権を取得した技術*
(2) コンピュータ・ソフトウェアおよび半導体作製のための遮蔽板*
(3) 特許権を取得していない技術▲
(4) 権原証明書類をはじめとするデータベース▲
(5) 秘密の製造工程, プロセス, レシピなどの取引上の秘密*

* 契約その他法的権利規準を満たすインタンジブルズ
▲ 分離可能性規準を満たすインタンジブルズ

これらの多くは，従来，のれん（Goodwill）とみなされてきたものであるが，FASBはSFAS141号において，インタンジブルを(1)資産の定義は満たすが認識規準を満たさないために計上されてこなかった，(2)資産として認識することを禁止する規定があったために計上されてこなかった，または(3)のれんから切り出すためのコストとベネフィットが見合わないために計上されてこなかった資産として位置づけている（par. B102）。

　結論からいえば，SFAS142号においては，インタンジブルという場合には，のれんは除かれており（par. 4），そのメルクマールとして，「契約その他法的権利」および「分離可能性」（両者を併せて「識別可能性」という）があげられている（FASB［2001a］, par. 39）。

　しかし，「識別可能性」はインタンジブルであるための必要十分条件というよりも，のれんと識別するための十分条件であると解される。すなわち，のれんは契約その他法的権利によって保護されているわけでもなく，また企業を売却しなければのれんを単独で売却することができないことからみて，「識別可能性」の規準を満たさないといえる。

　したがって，「インタンジブルであるための必要十分条件」は，資産の要件と認識規準を満たせばよいといえる。

　そのための手がかりを得るには，**図表２－５**の個々のインタンジブルの会計学的性格を帰納的に詰める必要があるが，**図表２－５**のように，インタンジブルは複雑多岐にわたっており，そのすべてを対象にするのは筆者の能力を超えている。さしあたり，ここではインタンジブルを，現在は資産計上されていないが，キャッシュ・フローを創出する能力をもつバリュー・ドライバーとしての知的財産であると措定したうえで，以下では，マーケティング関連のインタンジブル，契約関連のインタンジブル，および技術に基づくインタンジブルに代表されるブランドおよび特許権に限定し，芸術関連のインタンジブルに代表

されるコンテンツおよび顧客関連のインタンジブルは考慮外として検討を加えることとする。

3 インタンジブルの資産性

インタンジブルがバリュー・ドライバーであるとしても，資産として認識されるためには，方法論的には，まず，資産性テストを行い，これをクリアーしなければならない。

従来，わが国の企業会計制度には，援用すべき確たる資産の概念基準も認識基準も存在しなかったが，最近，日本版概念フレームワークともよびうる「基本概念ワーキング・グループ討議資料『財務会計の概念フレームワーク』」（企業会計基準委員会［2004］）が公表された。しかし，この討議資料は，FASBの概念フレームワークとは異なり，援用しようにも筆者の理解能力を超える箇所が少なくないので，さしあたり，SFAC 6号（FASB［1985］）の資産の定義を援用してインタンジブルの資産性を判断する。

> 資産とは，過去の取引または事象の結果として，ある特定の実体により取得または支配されている発生の可能性の高い将来の経済的便益である。
> （FASB［1985］, par. 25）

この定義では，あるものを資産として計上するための要件として，
1 単独でまたは他の資産と結びつくことによって，直接的または間接的に将来のネット・キャッシュ・インフローに貢献する能力を有する将来の経済的便益であること（「将来の経済的便益」）
2 特定の実体がその経済的便益を取得し，第三者が当該便益にアクセスしな

第2章　知的財産会計のフレームワーク

いように支配すること(「特定の実体による支配」)
3　当該便益に対する実体の権利または支配をもたらす取引その他の事象がすでに発生していること(「過去の取引または事象の発生」)

に求めることができる。

しばしば述べてきたように，インタンジブルまたは知的財産といっても，特徴または特性を異にしている以上，その集合をもって資産性を論じることはできない。以下では，ブランドと特許権をとりあげて，それぞれの資産性を検討する。

資産性の有無を判定するための第1の要件である経済的便益とは，経済的資源に共通する特徴であり，これは市場価格が存在するか否か，有形か無形か，交換可能であるか否かなどは資産性の有無とは関係がなく，営利企業においては最終的にキャッシュ・フローをもたらすものであるとされている(FASB [1985], par. 28)。

ブランドの場合には，その所有，自社利用またはライセンス許諾(ブランド使用)によって，キャッシュ・フローをもたらすので，この第1の要件をクリアーしているといえる。

特許権の場合には，それが設定登録され特許権として取得されただけでは，単なる発明であって，キャッシュ・フローを創出しない。しばしば，この種の特許権が死蔵特許または休眠特許とよばれるゆえんである。特許権は，活用されてはじめて，キャッシュ・フローを創出する。いいかえれば，特許権は，取得され，保有されているだけでは，積極的なバリュー・ドライバーにはならない。この点は，ブランドとは著しく異なるところである。

特許権の活用の典型は，特許権の所有者が当該発明を実施した新製品を製造，販売(自社実施)するか，または他社実施によるライセンス許諾(ライセンス化)によってキャッシュ・フローを独占することにあり，これによってはじめてバ

リュー・ドライバーになる。

　したがって，特許の資産性を認識するためには，特許権が用いられた新製品の販売から生じるキャッシュ・フローから当該特許権からもたらされるキャッシュ・フロー，すなわち特許権の起因分または寄与分を切り出す必要があり，それができたときに第1の要件をクリアーする。

　資産性の有無を判定するための第2の要件は，経済的便益が特定の実体に帰属していることである。経済的便益の帰属性は，しばしば「法的権利を基盤にしているが (*ibid., par. 187*)」，例えば，製法または工程を秘密にするなど別の方法で便益を獲得し，支配する能力を有することもあるので，法的権利の有無は企業が「資産を所有するための不可欠な前提条件ではない (*ibid.*)」といえる。

　ブランドの場合には，コーポレート・ブランドおよびプロダクト・ブランドによって当該企業に帰属し，かつ商標法，意匠法，商法，不正競争防止法等によって保護されているとともに他企業のブランドから識別されているので，この第2の要件もクリアーするといえる。

　特許権の場合には，特許法に基づいて特許権を取得すれば，当該企業に帰属するので，この要件は全く問題にならない。

　資産性の有無を判定するための第3の要件である「過去の取引または事象の発生」とは，「ある実体の現在の資産がもつ将来の経済的便益と将来の資産がもつ将来の経済的便益とを区別 (*ibid., par. 190*)」するための要件であり，次年度以降に取得予定の設備資産のように，「将来にある実体の資産になるかも知れないが，いまだその実体の資産になっていない項目を資産から除外 (*ibid., par. 191*)」するための要件である。

　ブランドは過去の信用，取引等によって，また長い時間をかけて形成され，コーポレート・ブランドにせよ，プロダクト・ブランドにせよ現在のブランドとしてキャッシュ・フローを創出しているので，この第3の要件もクリアーす

るといえる。

　特許権は，過去の取引も蓄積等も関係がなく，自社実施または他社実施されない限り，キャッシュ・フローを創出しないが，キャッシュ・フローを生み出している特許権については，当該企業に帰属する現在の特許権であることには間違いないので，この要件をクリアーする。しかし，現時点での休眠特許は，将来，自社実施または他社実施されることによってキャッシュ・フローをもたらすかもしれないが，現時点では当該企業にキャッシュ・フローをもたらさないので，この要件をクリアーしない。

4　インタンジブルの認識規準

　上記の要件をクリアーしても，ブランドおよび特許権が貸借対照表でオン・バランスされるためには，次の認識規準もクリアーする必要がある（FASB [1984], par. 63）[*3]が，ここではオン・バランスの要件を詰めることが目的ではないので，認識規準とその考え方にとどめ，詳細についてはそれぞれの該当箇所において後述する。

---

footnotes

[*3] SFAC 6号では，第1の認識規準として財務諸表の構成要素の定義を満足しなければならないことがあげられているが，ここでは資産の要件としてすでにあげているので，割愛した。

認識規準を列挙すれば，次のとおりである。
1　十分に信頼しうる貨幣単位でもって数量化されうるものでなければならないとする趣旨の「測定可能性」
2　フィードバック価値または予測価値のいずれかまたは両者の情報特性をもつとともに適時性の情報特性をもつものでなければならないとする趣旨の「目的適合性」
3　指示対象である経済活動および経済事象が情報に忠実に表現されており，またいかなる測定方法が用いられていようとも測定者の偏向がないとする趣旨の「信頼性」

認識規準の第1の「測定可能性」とは，情報が「十分な信頼性をもって測定でき，かつ目的に適合する属性を有すること (*ibid.,* par. 63)」をいい，その情報が財務諸表において認識されるためには，十分に信頼性のある貨幣単位でもって数量化されうるものでなければならないという趣旨である。したがって，貨幣単位でもって測定不可能な情報は財務諸表において認識されないことを意味している。マーケティング・アプローチによるブランド評価モデルにおいてイメージ，安定性，認知度，地域性等の定性要因が指数化されても，制度上，ブランドとしてオン・バランスされていないのは，この「測定可能性」の規準を満足しないためであるといってよい。

測定を行うためには，当該測定対象（認識項目）を数量化するための属性の選択が必要であり，また，当該属性の測定に用いられる測定尺度（測定単位）の選択が必要である (*ibid.,* par. 3)。SFAC 5号の場合，測定の属性については，多くの例外があるとしながらも，現行の会計実務においては，単一の属性ではなく (*ibid.,* par. 70)，歴史的原価（または実際現金受領額），現在原価，現在市場価値，正味実現可能価額（または正味決済価額）および将来のキャッシュ・フローの現在（または割引）価値という5つの異なる属性が用いられているとみてお

り（*ibid.*, par. 67），今後も引き続きこのような異なる属性が用いられるよう提案している（*ibid.*, par. 70）。また，SFAC 7号では，現在市場価値の延長線上にある期待キャッシュ・フローがとりあげられており，経済産業省企業法制研究会（ブランド価値評価研究会）の「ブランド価値評価モデル」および知財評価研究会の「特許権価値評価モデル（PatVM）[*4]」において援用されているところでもある。

認識規準の第2の「目的適合性」は，一般に，会計情報の最も基本的な質的特性であると考えられており，「当該項目に関する情報が情報利用者の意思決定に影響を及ぼしうること（FASB [1984], par. 63）」を意味している。この場合，意思決定に影響を及ぼしうるとは，「情報利用者に過去，現在および将来の事象の成果の予測または事前の期待値の確認もしくは訂正を行わせること（FASB [1980], par. 47）」を意味する。したがって，ある情報が財務諸表において認識されるためには，その情報が情報利用者にとって目的適合性をもつものであることが要件であり，そのためにはかかる情報がフィードバック価値または予測価値のいずれか（または両者）を有するとともに適時性を有するものでなければならない（FASB [1984], par. 73）。

しかし，情報の目的適合性は，単独で判断することが不可能である。なぜならば，目的適合性は，意思決定のために有用な情報の提供という財務報告の主たる基本目的との関連で評価されなければならず，また総合的な意思決定の有用性にとってどのように役立つのかという点を考慮しながら，一組の財務諸表との関連で評価されなければならない（*ibid.*, par. 74）からである。ブランドの場合，経済産業省企業法制研究会［2002］で述べられているように，発行体サイドにとっても利用者サイドにとってもその目的適合性は満足しているといえ

footnotes

*4　PatVMは広瀬義州以下「知財評価研究会」の登録商標（登録番号4886222）である。

る（16頁）。

　第3の「信頼性」とは，目的適合性と対をなす会計情報の基本的質的特性であり，「当該情報が表現上忠実であり，検証可能かつ中立であること（*ibid.*, par. 63）」を意味する。もとより，情報の信頼性を確保するためには会計測定プロセスが信頼し得るものであることが前提である。そのためには，写体である情報と指示対象である経済活動および経済事象とが一致または近似値の関係にあることを検証することが必要であり，さらに同一または類似の測定結果が得られるまで測定を反復し，いかなる測定方法が用いられようとも測定者の偏向がなく適用されていることを検証することが必要である（FASB［1980］, par. 82）。

　一般にかかる「信頼性」は公認会計士または監査法人による財務諸表監査による監査証明によって担保されるといえる。ブランドおよび特許権の場合にも，財務諸表監査の対象になるか否かが「信頼性」の有無の判断基準になるが，経済産業省企業法制研究会の「ブランド価値評価モデル」にせよ知財評価研究会の「特許権価値評価モデル（PatVM）」にせよ，モデル自体がそれを構築するためのデータ，プロセスなどが監査資料として検証可能であり，かつ企業全体のキャッシュ・フローから当該知的財産が生み出すキャッシュ・フローの切り出しの妥当性を検証できるところから，主題情報と価値評価モデルの準拠性を立証でき財務諸表監査による信頼性を担保できるといえる。詳細は第9章「知的財産会計情報の監査」で述べる。

　ブランドが財務諸表において認識されるためには，上記の認識規準をすべて満足することが必要十分条件であるが，「ブランド価値評価モデル」およびそれに基づいて算定されるブランド価値評価額は，少なくとも概念上は，オン・バランスするための要件を満たしていると考える。これに対して，第5章「特許権価値評価と知的財産会計」においても述べるように，特許権はその最大の

特徴が卓越した技術力による発明が法律によって保護されているところにあるので,これらの特徴を直接に貨幣額で測定することは困難である。したがって,特許権は概念的には認識規準を満足するにせよ,特許権の強度でもある卓越した技術力と法律による保護を貨幣額に換算して測定しているという意味で,会計上のオン・バランスには向かないようにも思われる。

Reference

- Blair, M. M. and S. M. H. Wallman (2001), *Unseen Wealth : Report of the Brookings Task Force on Intangibles*, Brookings Institution Press (広瀬義州他訳「ブランド価値評価入門―見えざる富の創造」中央経済社,2002年).
- Financial Accounting Standards Board (1980), *Statement of Financial Accounting Concepts No. 2: Qualitative Characteristics of Accounting Information*, FASB (平松一夫・広瀬義州訳「FASB財務会計の諸概念(増補版)」中央経済社,2002年).
- Financial Accounting Standards Board (1984), *Statement of Financial Accounting Concepts No. 5: Recognition and Measurement in Financial Statements of Business Enterprises*, FASB (平松一夫・広瀬義州訳「FASB財務会計の諸概念(増補版)」中央経済社,2002年).
- Financial Accounting Standards Board (1985), *Statement of Financial Accounting Concepts No. 6: Elements of Financial Statements: a replacement of FASB Concepts Statement No. 3 (incorporating an amendment of FASB Concepts Statement No. 2)*, FASB (平松一夫・広瀬義州訳「FASB財務会計の諸概念(増補版)」中央経済社,2002年).
- Financial Accounting Standards Board (2000), *Statement of Financial Accounting Concepts No. 7: Using Cash Flow Information and Present Value in Accounting Measurements*, FASB (平松一夫・広瀬義州訳「FASB財務会計の諸概念(増補版)」中央経済社,2002年).
- Financial Accounting Standards Board (2001a), *Statement of Financial Accounting Standards No. 141: Business Combinations*, FASB.
- Financial Accounting Standards Board (2001b), *Statement of Financial Accounting Standards No. 142: Goodwill and Other Intangible Assets*, FASB.
- Leadbeater, C. (2000), *New Measure for New Economy*, ICAEW.

- Lev, B.（2001）, *Intangibles : Management, Measurement, and Reporting,* Brookings Institution Press（広瀬義州・桜井久勝監訳「ブランドの経営と会計」東洋経済新報社, 2002 年).
- 企業会計基準委員会（2004）「基本概念ワーキング・グループ討議資料『財務会計の概念フレームワーク』」。
- 経済産業省企業法制研究会（2002）「ブランド価値評価研究会報告書」経済産業省。
- 広瀬義州（2005）「特許権価値評価モデル（PatVM）活用ハンドブック」東洋経済新報社。
- 広瀬義州（2006）「特許権価値評価モデル（PatVM）」東洋経済新報社。

3 知的財産会計の現状

1 アメリカの知的財産会計の現状

アメリカの場合，自己創設のインタンジブルなど知的財産情報の認識と測定を直接に扱った会計基準は，現在のところ存在しないが，注目されるのは，FASB の SFAS141 号「企業結合」および SFAS142 号「のれんその他無形資産」である。

そこにおいては，自己創設のインタンジブルの計上を認めていないものの，自己創設のれん，自己創設ブランドなどのインタンジブルが生じる余地があることを認めている。以下，この点について検討を加えてみよう。

まず，一般に，のれんはインタンジブルであるが，SFAS142号では「インタンジブルという場合には，のれんは含めない (par. 4)」とされ，FASB基準の場合にも例外ではなく，のれんは投資額と受入純資産の差額として計算される。

次に，従来から実務でのれんとして認識されてきた金額には，次の6つの構成要素が含まれるという（FASB [2001a], par. B102）。

> 構成要素1 取得日現在に被取得企業の簿価を超える公正価値の超過額
> 構成要素2 取得日現在に被取得企業が認識しなかった純資産の公正価値
> 　　　　　これらは，（おそらく測定の困難性のために）認識規準を満たさなかったためか，その認識を禁止する規定があったためか，それらを単独で認識する

ためのコストと便益が見合わないと企業が判断したためかのいずれかの理由で認識されなかったといえよう。

> 構成要素3 被取得企業の現行のビジネスの「継続企業」要素の公正価値

これは，純資産を一括りにすることによって，単独で純資産を取得する場合に期待されるよりも高い利益率を上げられる既存（established）事業の能力をいう。かかる価値は，事業の純資産のシナジーはもとより（独占的利益を上げる能力および法的または取引コストのいずれかによる潜在的競争相手による市場参入障壁をはじめ，市場の不完全性に関連する要素など）他の便益からも生じる。

> 構成要素4 取得企業と被取得企業の純資産および事業を結合することから期待されるシナジーその他の便益の公正価値

かかるシナジーその他の便益は，個々の結合ごとに固有であり，別の結合からは異なるシナジーが生み出され，したがって異なる価値が生み出される。

> 構成要素5 譲渡対価を評価する際の誤謬に起因する取得企業の支払対価の過大評価

現金だけの取引による購入価格は測定上の誤謬をもたらさないといえようが，取得企業の持分株式を伴う取引については必ずしも同じことがいえるわけではない。例えば，日常的に取引される株式数が企業結合によって発行される株式数に比べて少ない場合には，かかる企業結合を行うための発行されたすべての株式に現在の市場価値を付すことは，株式を現金で売却し，企業結合を行うためにその現金を用いるよりも高い価値がつけられることになるといえよう。

> 構成要素6 買収企業による過大支払または過小支払

過大支払は，例えば，被取得企業に対する入札過程での価格引き上げの

場合に生じる可能性があり，逆に過小支払は差し押えまたは処分特売の場合に生じる可能性がある。

このうち，のれんとされるのが，構成要素3および構成要素4であり，両者をあわせて「コアのれん」とよばれる。構成要素3は，被取得企業に関連しており，被取得企業の純資産の合計価値からの超過分を表し，これは自社内部で創設したかまたは過去の企業結合において取得したかのいずれかによる既存ののれんを表しているという（FASB[2001a], par. B105）。また，構成要素4は，被取得企業と取得企業があわさって関連するものであり，かかる結合によって創設された合計価値の超過額を表しており，両企業の結合から期待されるシナジーが反映されている（*ibid.*）。

ちなみに，構成要素1は本質的に資産ではなく，被取得企業の認識しなかった利益であり，構成要素2はブランドなどのように個々の資産として認識されるインタンジブルであり，構成要素5は資産またはその一部でさえなく測定上の誤謬であり，構成要素6も資産ではなく買収企業にとっての損失または利得であるという（*ibid.*, pars. B103 − B104）。

すでに述べたように，SFAS142号により，のれんはインタンジブルから除かれているものの，減損の対象とされている。決算時に減損テストを行うにあたっては，のれんの公正価値を算定しなければならないが，その場合にのれんの公正価値は報告単位（いわゆる現金生成単位）の公正価値から次の純資産額を控除すべきであるとのアプローチをとっている（FASB [2001b], par. B124）。

(a) 認識済み純資産（のれんを除く）の公正価値
(b) 認識済み純資産の公正価値と認識されていない純資産（のれんを除く）の公正価値
(c) 認識済み純資産（のれんを除く）の簿価
(d) 簿価と公正価値との差額のうち判明したものをすべて調整した後の認

識済み純資産（のれんを除く）の簿価

ＦＡＳＢは，公開草案の段階では，上記のうち(b)を報告単位の公正価値から控除することによってのれんの公正価値に最も近い数値が得られるとしたうえで，(b)のうち認識されていない純資産を識別し，その公正価値を決定するとしても，そのコストとベネフィットとが見合わないとの判断から，報告単位の公正価値から控除する純資産額は，認識済み純資産（のれんを除く）の公正価値（結局(a)の部分）のみとした。

その結果，残差（residual amount）であるのれんには，取得前と取得後のいずれでも認識できなかった純資産額である自己創設インタンジブルの公正価値が含まれることになる（ibid., par.B126）。残差に自己創設のインタンジブルが含まれ，結果的にこれを含めてのれんと考えられたのは，公開草案ではのれんを直接に独立評価するインカム・アプローチが確立されておらず，いわゆる残差アプローチで計算しているところに原因があるものと考えられる。

インタンジブルの価値を客観的に切り出せる評価システムができたならば，公開草案で残差に含められていたインタンジブルはブランドなど重要なバリュー・ドライバーに該当する知的財産として認識されるようになり，資産計上できるようになるので，結果的に現在のれんとよばれている部分は実体のないわずかな金額にすぎなくなるので，一時償却しても支障がないといえよう（図表３－１参照）。

その後，SFAS142号では，(a)を支持するのが少数であり，(a)であってもコストとベネフィットが見合わないとする意見があり（ibid., par. B127），また減損の兆候のスクリーニングにあまりコストをかけないこととのれんの減損の正確な測定を比較して，前者が優先されるならば，購入価格配分プロセスを用いるのれんの減損を測定するコストは正当化される（ibid., par. B135）などの理由から，減損テストについては２段階アプローチをとることにしたという

第3章　知的財産会計の現状

図表3－1　投資消去差額（買入のれん）と公正価値による受入純資産の分析

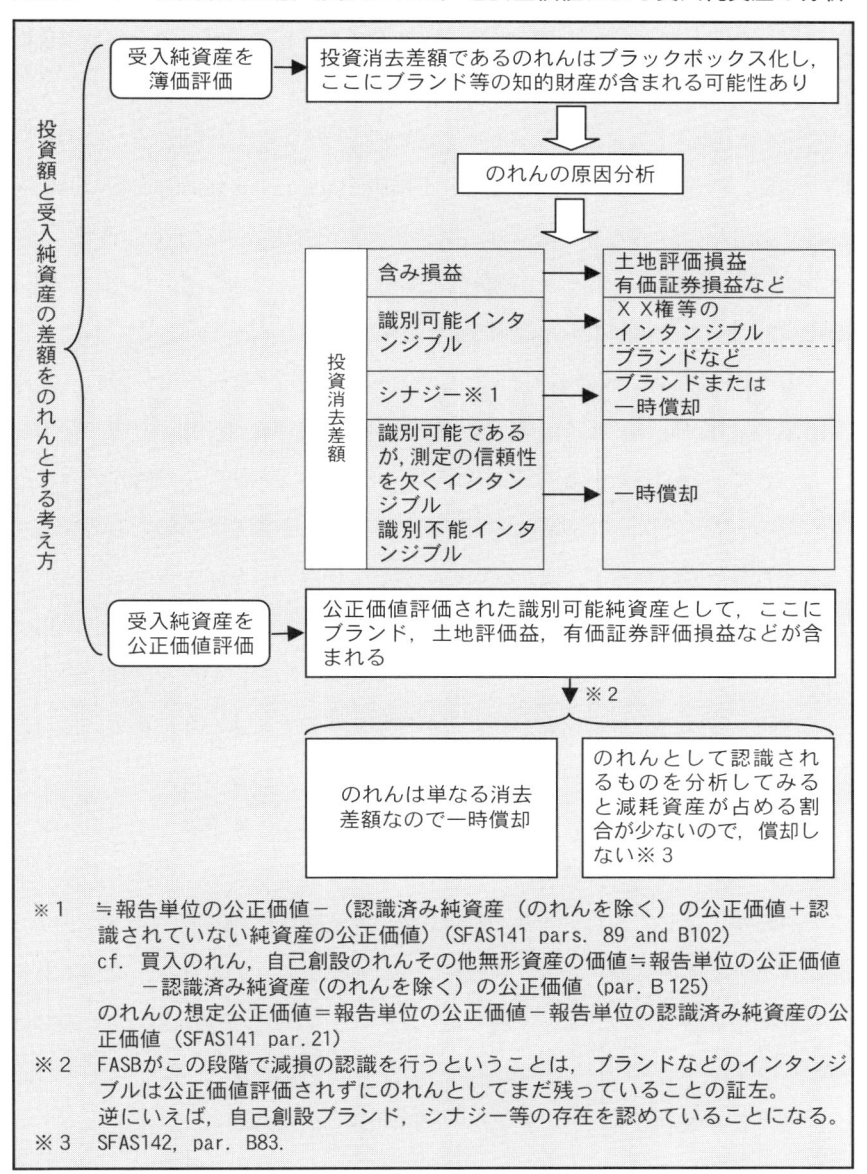

```
                    ┌─受入純資産を──┐  ┌─────────────────────────────┐
                    │　簿価評価　　│  │投資消去差額であるのれんはブラックボックス化し，│
                    └────────┘  │ここにブランド等の知的財産が含まれる可能性あり│
   投                              └─────────────────────────────┘
   資                                           ↓
   額                                  ┌─────────┐
   と                                  │のれんの原因分析│
   受                                  └─────────┘
   入                                           ↓
   純          ┌─────┬──────────┐   ┌──────────┐
   資          │　　　│　含み損益　　│──→│土地評価損益　　│
   産          │　　　│          │   │有価証券損益など│
   の          │　　　├──────────┤   ├──────────┤
   差          │投資  │識別可能インタ│──→│ＸＸ権等の　　　│
   額          │消去  │ンジブル　　　│   │インタンジブル │
   を          │差額  │          │   │ブランドなど　　│
   の          │      ├──────────┤   ├──────────┤
   れ          │      │シナジー※１　│──→│ブランドまたは│
   ん          │      │　　　　　　│   │一時償却　　　│
   と          │      ├──────────┤   │　　　　　　　│
   す          │      │識別可能である│   │　　　　　　　│
   る          │      │が，測定の信頼性│  │　　　　　　　│
   考          │      │を欠くインタン│   │　　　　　　　│
   え          │      │ジブル　　　│──→│一時償却　　　│
   方          │      │識別不能インタ│   │　　　　　　　│
               │      │ンジブル　　　│   │　　　　　　　│
               └─────┴──────────┘   └──────────┘

          ┌─受入純資産を──┐  ┌─────────────────────────────┐
          │　公正価値評価　│  │公正価値評価された識別可能純資産として，ここに│
          └────────┘  │ブランド，土地評価益，有価証券評価損益などが含│
                              │まれる　　　　　　　　　　　　　　　　　　　│
                              └─────────────────────────────┘
                                           ↓※2
                    ┌──────────┐   ┌──────────┐
                    │のれんは単なる消去│   │のれんとして認識さ│
                    │差額なので一時償却│   │れるものを分析してみ│
                    │          │   │ると減耗資産が占める│
                    │          │   │割合が少ないので，償│
                    │          │   │却しない※3　　　　│
                    └──────────┘   └──────────┘
```

※1　≒報告単位の公正価値－（認識済み純資産（のれんを除く）の公正価値＋認識されていない純資産の公正価値）（SFAS141 pars. 89 and B102)
　　　cf. 買入のれん，自己創設のれんその他無形資産の価値≒報告単位の公正価値－認識済み純資産（のれんを除く）の公正価値（par. B 125)
　　　のれんの想定公正価値＝報告単位の公正価値－報告単位の認識済み純資産の公正価値（SFAS141 par.21)
※2　FASBがこの段階で減損の認識を行うということは，ブランドなどのインタンジブルは公正価値評価されずにのれんとしてまだ残っていることの証左。
　　　逆にいえば，自己創設ブランド，シナジー等の存在を認めていることになる。
※3　SFAS142, par. B83.

(*ibid.,* par. B136)。

　減損の兆候テストをするための第１段階のスクーリニングでは，報告単位の公正価値とのれんを含む簿価を比較することにより，後者が前者を上回っている場合に減損の発生を確認し (*ibid.,* par.19)，そのうえで減損テストの第２段階として，報告単位ののれんの想定公正価値（implied fair value）とその簿価を比較する。報告単位の公正価値は，当該報告単位を構成する全ての資産（未認識のインタンジブルを含む）および負債に配分しなければならず，かくして配分した金額を超える額がのれんの想定公正価値である (*ibid.,* par.21)。

　SFAS142号では，減損テストについての２段階アプローチは，のれんの原初認識の処理と同一であるので，すべての企業に受け入れやすいとみている。

　もっとも，FASBは，「配分プロセスは，のれんの減損テスト目的のみに行うのであって，企業は認識済みの資産または負債を評価増することも評価減することも行ってはならず，また従前に認識していなかったインタンジブルを当該配分プロセスの結果，認識してもならない（FASB [2001b]，par. 21)」と自己創設インタンジブルの認識に予防線を張っているものの，のれんの想定公正価値の計算から未認識のインタンジブルを控除することによって，結果的に自己創設のブランドなどの知的財産の存在を認識したことになるといえよう。

　さらに，この２段階アプローチにも別の問題がある。未認識のインタンジブルを除いたコアのれんに資産性を認めることができるかという問題である。コアのれんが主としてシナジーから構成されているとしても，それをインカム・アプローチによって独立評価できない以上，ダストと変わりなく，そうであるならば減損処理するのは論理矛盾であり，一時償却するのが筋といえるのではなかろうか。

　アメリカの場合，インタンジブルの認識および測定問題に加えて，もう１つ注目すべき動向は，インタンジブルの報告問題である。すなわち，ニュー・エ

コノミー時代の復権に向けて，リポーティングも従来のファイナンシャル・リポーティングからビジネス・リポーティングへとパラダイム・シフトすると考えられるところから，ビジネス・リポーティングの研究が進んでいる。

ビジネス・リポーティングとは，従来の財務諸表などによる財務報告でディスクローズされている情報よりももっと広範な情報を提供し，ステークホルダーによる企業の資本配分決定を促進させようとするものであり，FASBの前会長ジェンキンズ（E.L. Jenkins）氏がAICPAの財務報告特別委員会の委員長であった当時に公表した報告書，いわゆる「ジェンキンズ・リポート」（AICPA〔1994〕）において提唱したものである。

また，ＳＥＣの委員長であったアーサー・レビット（Arthur Levitt）氏も，かつて，「今日，われわれは，製造業主体の経済から，よりサービスを重視する経済へと大きくシフトするのを目のあたりにしている。すなわち，煉瓦とモルタルからテクノロジーと知識へのシフトである。このことは，われわれのディスクロージャーおよび財務報告モデルの重大な分岐点である（Upton, Jr.〔2001〕，p. 19）」と述べ，見えざる資産の価値の数量化が，これまで行ってきた数量化よりもはるかに難しい旨を指摘したうえで，ニュー・リポーティング・パラダイムであるビジネス・リポーティングの必要性を説いていた。

ビジネス・リポーティングをもっと具体的に説明すれば，次のとおりである。

ビジネス・リポーティングとは，財務情報はもとより非財務情報，予測情報，会社の基本目的・戦略，財産の範囲と説明，産業構造が企業に及ぼす影響，経営者による説明と分析，年次報告書において提供される情報，アナリストに対するプレゼンテーション，ファクト・ブックおよび会社のウェブサイトにおいて提供される企業情報などきわめて広範なディスクロージャーが想定されるニュー・パラダイム・リポーティングである。

アメリカでは，上述の「ジェンキンズ・リポート」をきっかけに，ビジネス・

リポーティングにスポット・ライトがあてられ，その後も 1998 年 1 月には，FASB がスポンサーになり，「ビジネス・リポーティング研究プロジェクト（BRRP）」に関するステアリング・コミティが作られ，そこでは八大産業におけるブランドなどの見えざる資産情報について調査が行われたり（FASB, [2001d]），2000 年には「ビジネス・リポーティング情報の電磁媒体の伝達」（FASB, [2000]），「ＳＥＣと FASB のディスクロージャーの冗長性（redundancy）に関する調査」(FASB, [2001e]) などが行われた経緯がある。

さらに，FASB の新プロジェクト「財務諸表で認識されていない無形資産に関する情報の開示」(FASB [2001c]) では，その目的の 1 つとして，バリュー・ドライバーとしてきわめて重要である自己創設インタンジブルのオン・バランス化をかかげていたが，現在のところ，審議中断になっている。その理由は，エンロン，ドット・コムなどの粉飾事件をきっかけに，財務報告の目的が情報の有用性よりも信頼性に回帰したために，当面の優先審議事項からはずされたことに原因の 1 つがあると考えられる。

ともかく，「ジェンキンズ・リポート」で提言されていた事項は，その当時にはラジカルであるとされていたが，現在ではそのほとんどが制度化され，その後，例えば，次のような報告書において，多くの情報利用者が「非財務情報」，「予測情報」，「見えざる資産情報」などを必要としているとの認識のもとに，FASB を中心にビジネス・リポーティングの改善・拡張が検討されている。

(1)「コメント要請書・AICPA 財務報告特別委員会および AIMR の勧告（*Recommendations of the AICPA Special Committee on Financial Reporting and the Association for Investment Management and Research*)」(1996 年 2 月公表)
(2)「FASB 運営委員会報告書・ビジネス・リポーティング情報の電磁媒体の伝達（*Electronic Distribution of Business Reporting Information*)」

(2000年1月公表)

(3)「FASB運営委員会報告書・ビジネス・リポーティングの改善：自発的開示の拡大に関する考察 (*Improving Business Reporting: Insight into Enhancing Voluntary Disclosures*)」(2001年1月公表)

(4)「FASB特別報告書・ビジネス・リポーティングおよび財務報告，ニュー・エコノミーからの挑戦 (W. S. Upton, Jr., *Business and Financial Reporting, Challenges from the New Economy*)」(2001年4月公表)

このように，伝統的な貸借対照表において見過ごされてきたブランドなどの知的財産の見えざる価値の測定と報告が，ビジネス・リポーティングの一環として積極的に取り組みはじめられていることは，近未来的には，最も現実的方策と考えられるだけにきわめて興味深いといえる。

事実，ニュー・エコノミー論と見えざる知的財産の関係については，ここで述べたアメリカのほかにも，CICA[*1]，次に述べるICAEW[*2]，オランダの経済省[*3]，デンマークの通商産業開発局[*4]，OECD[*5]など各国の機関，政府などで活発に調査・研究されており，日本も知的財産後進国にならぬように，一足飛びは無理としても，エコノミーのニュー・パラダイム時代が到来していることを認識し，知的財産会計への着手が急がれるところである。

さらに，最近注目されるのは，IASB－FASBを機軸とする会計基準の国際的コンバージェンス (convergence) の一環としてのニュー・プロジェクトであ

---
footnotes

[*1] Canadian Institute of Chartered Accountants (1995), 松井 (2002年) 参照。
[*2] Leadbeater (2000), 蟹江 (2002年) 参照。
[*3] Netherlands Ministry of Economic Affairs (1999), 上妻 (2002年) 参照。
[*4] Danish Agency for Development of Trade and Industry (1997), 渡辺 (2002年), 参照。
[*5] Organization for Economic Co-operation and Development (1999) 参照。

る。これらのプロジェクトの目指すところは，おそらく資産負債アプローチを徹底し，金融商品はもとより事業用資産まで公正価値で評価する全面公正価値会計—稼得利益・包括利益計算書構想にあるものと思われる。この点については，第10章「知的財産会計と企業会計の再構築——全面公正価値会計構想———」で詳述するが，かりにかかる全面公正価値会計—稼得利益・包括利益計算書構想が実現すれば，知的財産会計が企業会計の俎上に載り，飛躍的に現実のものとなるといえよう。

2 イギリスの知的財産会計の現状

　イギリスの場合にも，知的財産情報の認識と測定を直接に扱った会計基準は存在しないが，インタンジブルの認識と測定を扱った会計基準は，ＦＲＳ10号「のれんとインタンジブルズ」である。

　この基準では，買入のれんと買入インタンジブルズは資産計上すべきとし，自己創設ののれんと自己創設のインタンジブルズについては，それらに「容易に確認できる」市場価値がある場合にのみ，資産計上すべきとしている。したがって，「確認できる」とは，いったいどのような状況をいうのかが問題になるので，以下，この点を中心に検討をする。

　まず，インタンジブルズとは，「識別可能な物的実体をもたない金融資産以外の固定資産をいい，それらは法の拘束または法的権利を通じて実体の管理下にある（ASB［1997］，par. 2)」と定義されている。

　この場合に，「識別可能資産」とは，「実体の事業を処分することなく，個別に処分できる資産として会社の定款に定められている資産（*ibid.*)」であり，「管理」とは，「通常，フランチャイズまたはライセンスが一定期間その便益にア

第3章 知的財産会計の現状

クセスする実体に与えられる，特許権または商標権によって他者のアクセスを制限するなど法的権利によって保護される（*ibid.*）」ことである。

次に，「容易に確認できる市場価値」とは，

(a) 当該資産がすべての物質面において同等である同質母集団に属し，かつ
(b) 頻繁な取引によって立証される活発な市場が当該資産の母集団に存在する

場合に，市場で確立されているインタンジブルズの価値であるとされる。

このようにFRS10号では，自己創設のインタンジブルズは，上記の条件を満足しない限り，資産計上できないとし，この条件を満足するインタンジブルズとして，営業免許，フランチャイズ，クオタ（quotas）があげられている。また，この条件を満足しないインタンジブルズとして，ブランド，出版タイトル，特許取得製薬，技術デザイン特許があげられている。

要するに，FRS10号を前提にする限り，唯一無二性の特質をもつ多くの知的財産は，「同質母集団」および「活発な市場」の要件を満足しないために資産計上できないことになる。しかし，この抽象的な2要件が「容易に確認できる市場価値」を立証するための必要十分条件なのか否かについては疑問なしとしない。あまりにも保守的すぎないであろうか。

かかる超保守的な会計処理を求めることになった背景としては，自己創設ブランドを資産計上した事例をあげることができる。それは，イギリスの大手食品メーカーであるRHM社が，1988年9月3日付のバランスシートに，買入ブランドのみならず自己創設ブランドを含めたブランド価値6億7,800万ポンドを「ブランド」の勘定科目で資産計上した事例である。RHM社のかかるブランド価値は，カレントコストで評価したとしているが，SSAP22号「のれんの会計」の定める公正価値評価ではなく，ブランドコンサルティング会社であるインターブランド社と共同開発した利益倍数システム（Earning Multiple

System，以下，「インターブランド社方式」という）で評価したものであった。以下，インターブランド社方式について検討を加えよう*6。

インターブランド社方式の特徴は，次の3つのステップからなっている点にある。

ステップ1　超過利益の推定
ステップ2　推定超過利益のうちブランド貢献部分にブランディング役割指数
　　　　　（Role of Branding Index）を乗じてブランド起因利益を計算
ステップ3　ブランド力スコアで割引率を決定し，これでブランド起因利益の
　　　　　現在価値を算定

次の例を用いてステップ1を説明すると，次のとおりである。

ⅰ）次期の予測売上高は1,000であり，その後は5期先まで毎期10％ずつ増加し，6期先からは成長率はゼロとする。

ⅱ）売上高営業利益率（営業利益÷売上高）は10％であり毎期一定とする。

ⅲ）税率は営業利益に対して42.3％（＝法人税0.3＋住民税（0.3×0.207）＋事業税0.1056）／1＋事業税0.1056）で毎期一定とする。

ⅳ）資本回転率（＝売上高÷投下資本）は1.25で毎期一定（すなわち，投下資本は［売上高×0.8］として算定される）とする。

ⅴ）資本コストは投下資本に対して7％で毎期一定とする。

---

footnotes

*6　インターブランド社方式の詳細については，2000年12月18日に，筆者以下5名がロンドンのインターブランド社を訪問し，ディレクターのリードマン（Lindemann）氏にインタビューした際の配布資料および以下の文献に依拠している。桜井（2002a），桜井（2002b），広瀬他（2003，66-71頁），経済産業省企業法制研究会（ブランド価値評価研究会）第3回研究会議事録および第4回ワーキング・グループ議事録。

以上の前提で計算した将来の各期間の推定超過利益は、**表1**のとおりである。

[表1]

	t_1	t_2	t_3	t_4	t_5	t_6 以降
予測売上高	1,000	1,100	1,210	1,331	1,464	1,464
営業利益	100	110	121	133.1	146.4	146.4
税引後利益	57.7	63.47	69.82	76.8	84.48	84.47
資本コスト	56	61.6	67.76	74.54	81.99	81.98
推定超過利益	1.7	1.87	2.06	2.26	2.49	2.49

次に、推定超過利益のすべてがブランドから生み出されているわけではないので、推定超過利益のうちブランドが生み出している部分を計算する必要がある。すなわち、ステップ2では、推定超過利益に一定のブランディング役割指数を乗じてブランドに起因する利益を算定する。

インターブランド社の場合には、業種別、製品別にブランドの起因分を想定し、例えば香水は95、ソフトドリンク85、エレクトロニクス消費財70、白物家電55などのように製品別のブランディング役割指数を定めているが、その根拠が明らかにされていなく、先験的であるように思われる。したがって、このブランディング役割指数をどう設定するかによってブランド起因利益が異なり、ひいてはブランド評価額が異なることになり、この点がインターブランド社方式の1つの特徴であるとともに大きな限界の1つでもあるといえよう。

ここでは、仮に60％がブランドに起因する部分であるとすると、推定超過利益に0.6を乗じてブランド起因利益（ブランド起因利益＝超過利益×ブランディング役割指数）を算定できる。それが**表2**の数値である。

[表2]

	t_1	t_2	t_3	t_4	t_5	t_6以降
超過利益	1.7	1.87	2.06	2.26	2.49	2.49
ブランド起因利益（超過利益×0.6）	1.02	1.12	1.24	1.36	1.49	1.49

　推定超過利益を現在の評価額に引き直してくるためには，割引率を用いて現在価値を算定する必要がある。それがステップ3である。

　割引率については，超過収益は最終的に株主に帰属するので，株主資本コストをもって割引率とする考え方と将来の超過利益が実現する確実性の程度は，ブランド力の強弱により相違するとする考え方の2通りある。

　したがって，ブランド力が弱ければ，推定超過利益が実現しないリスクがあるために，これを反映して割引利子率を高く設定する必要があることになる。

　インターブランド社の場合には，ブランド力スコア (Brand Strength Scores) に応じて割引率を決定している。これが，ステップ3である。すなわち，次の7つのファクターと配点（カッコ内）より，100点満点でブランド力スコアを採点しているが，配点の根拠についても明らかにされていない。

> 市場性（10），安定性（15），リーダシップ（25），トレンド（10），サポート性（10），展開性（Geography）（25），法律的保護性（5）

　点数に応じて割引率は一義的に決まる。例えば得点50点から導き出される割引率が12％とすると，割引現在価値の計算は，表3のようになる。すなわち，1期先は1.12で割り引き，2期先は1.12の2乗すなわち1.2544で割り引くことになる。

第3章 知的財産会計の現状

[表3]

	ブランド起因利益	割引計算
t_1	1.02	$1.02 \div (1 + 0.12) = 0.91$
t_2	1.12	$1.12 \div (1 + 0.12)^2 = 0.89$
t_3	1.24	$1.24 \div (1 + 0.12)^3 = 0.88$
t_4	1.36	$1.36 \div (1 + 0.12)^4 = 0.86$
t_5	1.49	$1.49 \div (1 + 0.12)^5 = 0.85$
t_6 以降	1.49	$(1.49 \div 0.12) \div (1 + 0.12)^5 = 7.05$
ブランド価値		11.44

　ステップ3の問題は，ブランド力スコアによって割引率が異なり，それがブランド価値に著しく影響を及ぼす点にある。ブランド力スコアが大きければ，割引率が小さくなるので，ブランド価値が大きくなり，逆にブランド力スコアが小さければ，割引率が高くなるので，ブランド価値が低くなる。要するに割引率のブレでいかようにもブランド価値が変わってくる。すなわち，割引率が1％違っても現在価値による評価額が著しく異なることになる。これは企業年金会計でも知られているところである。

　インターブランド社方式の最大の問題点は，桜井久勝教授が詳述しているように，モデルの仕組み自体にあるといえる[*7]。

---
footnotes

[*7] 桜井久勝教授によれば，インターブランド社方式には2つの重要な問題点があるという。第1は，超過利益がマイナスになるとブランド価値もマイナスになる点である。超過利益は営業利益率に依存しており，インターブランド社方式では営業利益率を10％と仮定しているが，多くの日本企業の営業利益率は10％を割り込んでいる。したがって，日本企業にインターブランド社方式を適用すると，ブランド価値がマイナスになるおそれがある。
　第2は，税金・資本コストを控除する点である。有形固定資産に減損を適用する場合に，将来キャッシュ・フローの割引現在価値で使用価値を算定している。例えば，日立は半導体製造工場の減損を行っているが，その場合の将来キャッシュ・フローは，売上によるキャッシュ・フローから原材料，人件費などのキャッシュ・フローを控除して算定しており，税金・資本コストを控除していない。有形と無形の違いはあ

企業会計制度の視点からインターブランド社方式の問題点およびイギリスのインタンジブルに関する会計基準が超保守的になった理由について述べると，ＲＨＭ社が，ブラックボックスが多く，かつモデルの仕組みに問題があるインターブランド社方式でブランド価値を計算し，これをそのまま公表財務諸表におけるブランドの貸借対照表価額としたことにあるといえよう。

　もちろん，ブラックボックスがあるモデルが悪いなどとは，毛頭，述べるつもりもない。それどころか，コンサルティング業務を行うのであれば，ブラックボックスがなければならないともいえよう。

　しかし，ブランドを資産としてオン・バランスさせるためには，ブランド価値評価額がオン・バランスに耐えうる信頼性，すなわち財務諸表監査による信頼性が担保されていることが前提である。そのためには，ブランド価値評価額が検証可能な数値を用いて算定されているという意味での客観性が担保されている必要がある。

　それにもかかわらず，情報の信頼性を欠いたまま，制度の俎上に載せ，しかもＲＨＭ社の監査人が日本流にいえば適正意見の表明に該当する「真実かつ公正な概観（True and Fair View）」を示している旨の意見表明をした点にこの問題の本質があり，それゆえにイギリスの会計基準設定主体も，その後に自己創設インタンジブルをめぐるイギリスの会計基準については，上述のように超保守的にならざるを得なかったように思われる。

ても，資産の現在価値を計算するのであれば，有形資産の現在価値の算定方法と無形資産の現在価値の算定方法は整合させるべきではなかろうか。そうであるならば，無形資産の現在価値の算定においても，税金・資本コストを控除すべきではない。これによって，ブランド価値がマイナスになることを避けられる。

3 国際会計基準審議会（IASB）の知的財産会計の現状

IASBの場合にも，知的財産情報の認識と測定を直接に扱った会計基準は現在のところ存在しないが，インタンジブルの認識と測定については，ＩＡＳ38号「インタンジブル」に基づいて会計処理がなされている。

ＩＡＳ38号では，当初，インタンジブルとは「財・サービスの生産もしくは供給に用いるため，第三者への貸与または管理目的のために保有する物的実体を有さない識別可能な非貨幣資産（IASC［1998］, par.7）」であると定義されていたが，2004年3月の改定で，インタンジブルの定義から前段の「財・サービスの生産もしくは供給に用いるため，第三者への貸与または管理目的のために保有する」という条件が削除された（IASB［2004a］, par. IN5）。旧ＩＡＳ38号では，インタンジブルとして資産計上されるための要件は，「識別可能性」，「支配」，「経済的便益」であるとしていたが，改定ＩＡＳ38号で，「識別可能性」および「経済的便益」についてのより詳細な指針が設けられた。

まず，旧ＩＡＳ38号では，「識別可能性」を定義せずに，「分離可能性」は「識別可能性」の必要条件ではないとしていたが，改定ＩＡＳ38号では，次のように修正された（*ibid.,* par. IN6）。

まず，資産の要件として「識別可能性」規準をあげ，そのうえでインタンジブルが (a) 識別可能（すなわち実体から分離もしくは分割および売却，譲渡，ライセンス・アウト，賃貸または交換されうること）である場合，または (b) 契約もしくは他の法的権利から生じる場合に当該インタンジブルを定義する際にも「識別可能性」規準を満足しなければならないとしている。

次に，原初認識規準にかかわる経済的便益の発生可能性と測定の信頼性についていえば，(a)「発生可能性」の認識規準は，単独で取得されるかまたは企

業結合で取得されるインタンジブルの必要条件とされ，(b) 企業結合において取得したインタンジブルの公正価値が，のれんから分離して認識される場合には，通常，十分な信頼性をもって測定されうるし，かりに企業結合において取得したインタンジブルが明確な有効年数をもっているならば，その公正価値は信頼して測定可能である旨の反証可能な前提があるとされる (*ibid.*, par. IN7)。

かくして，インタンジブルとして資産計上されるための要件は，「識別可能性」，「支配」，「経済的便益」であり，かかる要件を満たす限り，買入ブランドも資産計上できる。

したがって，識別可能なインタンジブルには，特許権，著作権，ブランドネーム，顧客リスト，商標名その他具体的な権利が含められるが，のれんはインタンジブルから除外されている。のれんがインタンジブルから除かれている理由は，他の資産の売却，事業の売却などを行わずに当該のれんを第三者に譲渡できず，いいかえれば識別不可能であるとされるためである。ただし，このような取得とみなされる企業結合において生じる取得額と受入純資産との差額であるのれんは，IFRS 3 号「企業結合」に基づいて資産計上される。

自己創設インタンジブルについては，(a) 期待される将来の経済的便益を創出する識別可能資産であるか，またそうである場合にも，それらを確認する際(b) 自己創設インタンジブルのコストは自己創設のれんのメンテナンス費などと区別できず，資産のコスト算定の信頼性に問題があるために認識規準を満たすか否かを判定することが困難である (IASB [2004a], par.51) と，資産計上については禁止していないものの消極的である。

とりわけ，「自己創設ブランド，マストヘッド，出版権，顧客リストその他実質的に類似する項目はインタンジブルとして認識してはならない (par. 63)」としている。その理由は，これらにかかわる支出額は企業全体の開発費と区別できない (*ibid.*, par. 64) こととされているが，かりにブランドにかかわる支出

額が自己創設ブランドであるとすれば，これを合理的な価値評価モデルで企業全体の価値から切り出すことができれば，計上できるという意味でもあると解される。

しかし，ブランドとマストヘッド，出版権，顧客リストなどとは基本的に全く性質が違うばかりではなく，ここにいうブランドがコーポレート・ブランドなのか，それともプロダクト・ブランドなのか，それとも別の意味なのかが不明であり，加えて自己創設ブランドにかかわる支出額が，ブランディング・コストを指すのか，ブランド管理費用を指すのかも不明であり，さらに致命的におかしいのは，支出したからブランドが形成されるわけではなく，いいかえれば支出額とブランド価値とは無関係であることなどが理解されていない点である。そうしてみると，ＩＡＳ38号の自己創設インタンジブルに関する規定は，世の流れ，時代によってすぐに変わる程度のものであるともいえよう。

さらに，第10章「知的財産会計と企業会計の再構築――全面公正価値会計構想――」で述べるように，IASB－FASBのジョイント・プロジェクトで全面公正価値会計が検討されているので，そのプロジェクトいかんでは，自己創設ブランドなどの知的財産が企業会計制度の俎上に載る可能性は十分にあるといえよう。

4　日本の知的財産会計の現状

日本の企業会計は，連結中心になるとともに，国際財務報告基準（IFRS,旧「国際会計基準」）およびFASB基準がデファクト・スタンダードとなりつつあり，時価・実現可能概念を中心とする公正価値会計へと加速化し，会計がますます多極化し細分化するものと予想される。

いいかえれば，会計の中心が，利害調整機能よりも情報提供機能に著しくシフトしたことにより会計制度上の受け皿または体制が整ったと考えられるところから，近年のバリュー・ドライバーの主役として国をあげて注目されている見えざる知的財産を資産価値評価し，オン・バランス化することも，制度上の障害は少なくともなくなりつつあるといえよう。

　しかし，すでに述べたように，日本の企業会計上は，知的財産は有償取得したものに限り，その支出額（取得原価）で資産計上されるにすぎず，公正価値で評価されることも，自己創設した知的財産の価値が認識されることもない。

　その理由を考えてみると，知的財産の測定上の問題と処分可能性の問題をあげることができる。これがとりもなおさず自己創設の知的財産の資産計上を検討する場合，日本の企業会計上の課題でもある。

　まず，前者の知的財産の測定上の問題については，企業全体の事業価値またはキャッシュ・フローから当該知的財産が生み出す価値またはキャッシュ・フローを切り出す測定手法，ひいては価値評価モデルが存在しないとみなされていることである[*8]。しかし，例えばブランドについていえば，確かにいろい

---
footnotes

[*8] 企業会計基準委員会も企業会計基準適用指針第10号「企業結合会計基準および事業分離等会計基準に関する適用指針」（2005.12.27）において，「いわゆるブランドの取扱い」として，次のように述べ，ブランドの評価が困難なので，無形資産として認識できない旨を述べている。
　「370. 企業結合によって取得した，いわゆるブランドについて，のれんと区分して無形資産として認識可能かどうかという論点がある。これについても法律上の権利又は分離して譲渡可能なものの要件を満たし，かつ，その独立した価額を合理的に算定できる場合には無形資産として取得原価を配分することができる。
　ブランドは，プロダクト・ブランドとコーポレート・ブランド（企業又は企業の事業全体のブランド）に分けて説明されることがある。両者は商標権又は商号として，ともに法律上の権利の要件を満たす場合が多いと考えられるが，無形資産として認識するためには，その独立した価額を合理的に算定できなければならない。このうち，コーポレート・ブランドの場合には，それが企業又は事業と密接不可分であるため，事業から独立したコーポレート・ブランドの合理的な価額を算定することは通常困

第3章 知的財産会計の現状

ろな価値評価モデルがあり混乱を招きかねないところであるが、データベースを正しく処理できる能力がある者であるならば、誰が計算しても同一の測定結果が得られるという意味での客観性と検証可能性を有する経済産業省企業法制研究会「ブランド価値評価研究会」の「ブランド価値評価モデル」が存在する。

また、特許権についても、程度の差はあれ、いろいろな機関が価値評価モデルを開発中である。第5章「特許権価値評価と知的財産会計」で詳述するように、知財評価研究会がアメリカの最大手格付機関であるS&Pも注目する「特許権価値評価モデル（PatVM）」を開発している。

そうしてみると、ブランドについては、少なくともオン・バランスに耐えう

難であると考えられる。」

上記の指摘に対しては、まず、第4章「ブランド価値評価と知的財産会計」で詳述するように、ブランドはその対象範囲によりプロダクト・ブランドとコーポレート・ブランドに分類できるものの、経済産業省企業法制研究会の「ブランド価値評価モデル」では、ブランドの価値評価にあたっては、プロダクト・ブランドとコーポレート・ブランドは、個々のケースごと、時の経過などによっても異なるので、両者を別個に評価できないとする立場から、ブランドの合理的な価値評価額を算定しており、これが評価されている。最近、M＆Aなどの実務でもしばしばこのモデルが用いられるようになってきているのが、その証左の1つである。

次に、適用指針の指摘は、ブランド価値を企業全体の価値と区別して分離測定することが困難であるというものであろうが、この指摘の背景には、企業価値の評価に役立つ情報の提供が財務報告の役割であり、企業評価そのものは投資者等の市場参加者の役割であるとの考えが貫かれていると思われる（桜井［2004］、30頁）。桜井教授は、かりに前者の考えを首肯したとし、企業価値の増進に役立つにもかかわらず、オフバランスになっている知的財産が存在するのであれば、「現行の貸借対照表の純資産情報、および損益計算書の純利益で示されるような収益力情報は、それだけで知的財産を保有する企業を評価するのに十分か」、貸借対照表の純資産額情報と損益計算書の収益力情報を所与としても、知的財産の情報価値が株価形成を追加的に説明する可能性があるならば、会計制度の側でも何らかの対応をすべきであると述べられ（同上、30－31頁）、株価や時価総額を純資産と超過利益の二変数だけで説明するよりも、ブランド価値を追加して三変数で説明した方が、株価水準や時価総額の企業間差異を追加的に説明する能力を有しているとの興味深い実証結果を提示している（同上、31－37頁）。

る程度の測定の信頼性は確保されていると考えられるし，今後も一層のブラッシュアップが図られると思われるところから，測定上の問題はさほど致命的ではないともいえよう。

また，特許権についても，特許製品の販売予測が不可避であるところから，公認会計士監査で担保される合理的保証による信頼性の確保は無理であるとしても，リビューなどによる限定的保証による信頼性は確保できる（第9章「知的財産会計情報の監査」参照）ところから，ディスクロージャーで対応することは十分に可能である。

次に，後者の処分可能性の問題については，従来，企業会計と商法または会社法および法人税法が利益計算を中心に密接に結びついていたところから，会社法上の分配可能額および法人税法上の課税可能所得を構成しない未実現利益は，投資意思決定情報としてたとえ有用であろうとも，その計上については，慎重論が少なくなかった。確かに，知的財産についての客観的な価値評価モデルによって測定の信頼性が担保されるのであるならば，オン・バランスしてもさしつかえないが，その場合であっても借方側の知的財産は資産とはいえ，これに対応する貸方の知的財産から創出される事業創出利益は処分可能利益を構成しない（第6章「知的財産の価値評価と事業創出利益」参照）。

したがって，未実現利益については会社法上および税法上は配当規制，益金算入規制をするなどの措置を講じる必要はあるが，知的財産の価値を認識できないわけではない。しかも，知的財産を資産計上するにしてもまたはその価値のディスクロージャーをするにしても，連結ベースが前提であり，さらには伝統的実現概念を廃棄し，発生主義で収益を認識しようとする動きがあることを考えれば，知的財産の処分可能性の問題もさほどナーバスになる必要がないともいえよう。

それよりも問題なのは，知的財産が重要なバリュー・ドライバーになってい

第3章　知的財産会計の現状

るにもかかわらず，その価値がディスクローズされず，貸借対照表情報をはじめとする各種会計情報がリアリティーを欠き有用性を喪失していることである。その意味では，知的財産会計の確立こそが喫緊の課題である。

　知的財産会計を企業会計の俎上に載せるためのシナリオ案には，次の2つが考えられる。

　第1は，現行の財務報告制度のもとで，主たる知的財産を連結貸借対照表にオン・バランス（注記開示を含む）させるシナリオ案である。

　第2は，現行の財務報告制度にとらわれずに，ＩＲを含め，ビジネス・リポーティングの一環として知的財産をディスクローズさせるシナリオ案である。

　まず，第1のシナリオ案は，上述のように企業会計の受け皿ができつつあることを前提に，知的財産をオン・バランスさせる考え方である。もとより，処分可能利益の算定を重視する従来の単体中心思考の会計を前提にする限り，自己創設の知的財産の資産計上は考えられない。しかし，すでに証券取引法上は連結財務諸表が定着しており，また，会社法上にも連結計算書類が導入されたことにより企業会計が連結中心になり，その機能も利害調整機能よりも情報提供機能へと著しくシフトしつつあることを考えるとき，自己創設の一部の知的財産については，これを連結貸借対照表に計上または注記開示しても企業会計制度上の支障は何らないものと思われる。

　第2のシナリオ案は，第1のシナリオ案があまりにもラジカルであるので，当面は漸進的かつ「ステップ・バイ・ステップ」アプローチをとるべしとする考え方を前提にしている。インタンジブルの測定の信頼性が確保され，また第1のシナリオ案で述べたように企業会計が連結中心になり，従来の企業会計制度上の障害が理論的には解消されたとしても，インタンジブルの種類は，**図表2－5**にまとめたように，きわめて多岐に及んでいる。例えば，知的財産の代表とみなされているブランドと特許権をとりあげても，評価方法，性質などの

点で相当な乖離がみられる。そこで考えられるのが，上述してきたビジネス・リポーティングの一環としてディスクローズさせる構想である。

このような構想は，第8章「知的財産のディスクロージャーとIR」でも述べるように，「推進計画」に基づき経済産業省が中心になり，「知的財産開示指針」などを公表しているところであるが，知的財産のIRまたはディスクロージャーは，それが目的ではなく，あくまでも次善の策である。知的財産の価値評価があって，IRまたはディスクロージャーがある。

確かに，知的財産を企業会計の俎上に載せることは，企業利益に直結し，「切れば血がでる」だけに大変であるとはいえようが，知的財産を国家戦略とし，日本のバリュー・ドライバーにしようとするのであれば，将来的には，IRまたはディスクロージャーでお茶を濁してはならないように思われる。

Reference

- Accounting Standards Board (1984), *Statement of Standard Accounting Practice 22: Accounting for Goodwill,* ASB.
- Accounting Standards Board (1997), *Financial Reporting Standards No. 10: Goodwill and Intangible Assets,* ASB.
- American Institute of Certified Public Accountants (1994), *Comprehensive Report of the Special Committee on Financial Reporting; Improving Business Reporting – A Customer Focus,* AICPA.
- Canadian Institute of Chartered Accountants (1995), *Performance Measures in the New Economy,* CICA.
- Danish Agency for Development of Trade and Industry (1997), *Intellectual Capital Accounts: Reporting and Managing Intellectual Capital,* DADRI.
- Financial Accounting Standards Board (1996), *Invitation to Comment: Recommendations of the AICPA Special Committee on Financial Reporting and the Association for Investment Management and Research,* FASB.
- Financial Accounting Standards Board (2000), *Electronic Distribution of Business Reporting Information,* FASB.
- Financial Accounting Standards Board (2001a), *Statement of Financial Accounting*

第 3 章　知的財産会計の現状

  Standards No. 141: Business Combinations, FASB.
- Financial Accounting Standards Board（2001b）, *Statement of Financial Accounting Standards No. 142: Goodwill and Other Intangible Assets*, FASB.
- Financial Accounting Standards Board（2001c）, *Disclosure of Information about Intangible Assets Not Recognized in Financial Statements*, FASB.
- Financial Accounting Standards Board（2001d）, *Improving Business Reporting: Insight into Enhancing Voluntary Disclosures*, FASB.
- Financial Accounting Standards Board（2001e）, *GAAP-SEC Disclosure Requirements*, FASB.
- International Accounting Standards Board（2004a）, *International Accounting Standards 38 (revised): Intangible Assets*, IASB.
- International Accounting Standards Board（2004）, *International Financial Reporting Standards No. 3: Business Combinations*, IASB.
- International Accounting Standards Committee（1998）, *International Accounting Standards No. 38: Intangible Assets*, IASC.
- Leadbeater, C.（2000）, *New Measure for New Economy*, ICAEW.
- Netherlands Ministry of Economic Affairs（1999）, *Intangible Assets, Balancing Accounts with Knowledge*, NMEA.
- Organization for Economic Co-operation and Development（1999）, *Symposium on Measuring and Reporting Intellectual Capital: Experience, Issues, and Prospects*, OECD.
- Upton, W. S., Jr.（2001）, *FASB Special Report: Business and Financial Reporting, Challenges from the New Economy*, FASB.
- 蟹江章（2002）「ICAEW・ニューエコノミーリポートの概要と課題」税経通信，第57巻第3号。
- 経済産業省企業法制研究会（2002）「ブランド価値評価研究会報告書」経済産業省。
- 上妻義直（2002）「オランダ経済省・インタンジブルリポートの概要と課題」税経通信，第57巻第3号。
- 桜井久勝（2002）「インタンジブルズの会計測定」税経通信，第57巻第3号。
- 桜井久勝（2002）「経済産業省のブランド価値評価モデル」国民経済雑誌，第186巻第5号。
- 桜井久勝（2004）「知的財産の価値評価と開示」會計，第165巻第2号。
- 広瀬義州他（2003）「『ブランド』の考え方」中央経済社。

・松井泰則（2002）「カナダ CICA ／ CPRI の概要と課題」税経通信，第 57 巻第 3 号。
・渡辺剛（2002）「デンマーク通商産業開発局・ＩＣリポートの概要と課題」税経通信，第 57 巻第 3 号。

4 ブランド価値評価と知的財産会計

1 知的財産とブランド概念

　ブランドは，法的側面から見ると商標法，意匠法，会社法，不正競争防止法等の法的権利として保護される対象になりうる識別標章であるといえるが，価値を生むブランドのすべてが必ずしも法的権利として確立されているとは限らない。

　また，ブランドは，特許権などの技術，生産関係の知的財産とは異なり，商標法，意匠法，不正競争防止法などの法律による保護を受ける知的財産のうち販売活動に関するものに限定されている。しかも，特許権などの知的財産権の多くは，単に所有しているだけではキャッシュ・フローを生まないのに対して，ブランドは顧客の愛顧，信頼等を通じて所有しているだけでキャッシュ・フローを生む点に大きな特徴がある。

　それでは，ブランドとはいったい何であろうか。「ブランド(brand)」とは，「焼き印を付けること」を意味する"brand"という古期フリジア語，"brant"という古高地ドイツ語，"brandr"という古期スカンジナビア語等から派生した用語であり，家畜の所有者が自己の家畜と他人の家畜を識別するための印が語源であるといわれている。

　ブランドの特徴が，他社または競合品との「識別化」および「差別化」にあるところから，経済産業省経済産業局長の諮問機関である企業法制研究会「ブ

ランド価値評価研究会（委員長・広瀬義州）」（以下，「研究会」という）は，ブランドを「企業が自社の製品等を競争相手の製品等と識別化または差別化するためのネーム，ロゴ，マーク，シンボル，パッケージ・デザインなどの標章」と定義している。この定義は，ブランドの語源である焼き印の意義が，他者との区別にあるところから，ブランド概念の定義にあたり，競合品との識別化および差別化に着目したものである。

　企業は自社製品等の品質の高さ，デザイン，機能の革新性等を普遍的に表現するために，ブランド標章を統一的に用いて事業活動を行っている。その結果，企業がブランドを通じて製品等に対する顧客の愛顧，信頼を獲得し，継続した顧客関係を維持できるようになると，顧客はもはや製品等の物理的または機能的側面よりも，ブランドを拠り所にして製品等を購入する意思決定を行うようになり，その結果ブランドによる競争優位性がもたらされることになる。

　ブランドの競争優位性は，第１に価格の優位性，第２に高いロイヤルティ，第３に地理的展開，類似業種および異業種展開力等のブランド拡張力として具現化され，企業に現在および将来のキャッシュ・フローの増加をもたらす。

　第１の価格優位性は，品質および機能が全く同一であるとしても，ブランド製品等の方がノン・ブランド製品等よりも高い価格で販売できることを意味し，現在および将来のキャッシュ・フローを増加させる要因となる。いいかえれば，ブランドによる価格の優位性は，他者に対するステータスであり，それがブランドがブランドであるための「ありがたさ」を生み出すと考えられる。

　第２の高いロイヤルティは，当該ブランド製品等を反復，継続して購入することを意味し，現在および将来のキャッシュ・フローの安定的かつ確実な増加をもたらす要因となる。

　第３のブランドの拡張力は，ブランド製品等の市場を海外に拡張するか，または類似業種および異業種市場へ展開することを意味し，現在および将来の

第4章　ブランド価値評価と知的財産会計

キャッシュ・フローの増加をもたらす要因となる。

　以上のことを，いわゆるブランド物の卑近な例を用いて説明すれば，次のとおりである。例えば，なぜ「ＢＭＷ」の車を買うのかといえば，スポーティーで，革新的で，洗練され，高品質であるというステータスがあるからと考えられる。また，なぜ「ブルガリ」の時計を買うのかといえば，ラグジュアリーで伝統があるというステータスがあるからと考えられる。さらに，なぜ「アルマーニ」だとか，「ルイヴィトン」といった製品を買いたい人がたくさんいるのかといえば，ファッション性だとか，誰でもが買えないほど価格が高いなどのステータスがあるからにほかならないと考えられる。顧客がこうしたステータスを得ることによって，夢が実現される。これがブランドが確立される原因であると考えられる。

　それだからこそ，顧客は価格が高くても，値引きがなされなくても，ブランド品を購入するのであろうし，また，同一ブランド品のリピーターが跡を絶たないのであろうし，さらに企業サイドはそういったブランドからもたらされるステータスとロイヤルティをバックにして，類似業種，異業種，さらには海外展開を図れるといえよう。

　このように，ブランドは，その競争優位性およびそれらのシナジー効果によって，ブランドからもたらされるキャッシュ・フローを増大し，企業価値を押し上げるバリュー・ドライバーである。

2　経済産業省ブランド価値評価モデル公表の背景

　経済産業省ブランド価値評価モデルは，平成13年7月より，研究会12回，ワーキング・グループ30回，臨時ワーキング・グループ7回および検討会8

回を開催し, 延べ約 200 時間をかけて「ブランド価値評価研究会報告書」(以下,「報告書」という) としてまとめられたものである。

とりまとめられた背景としては, 概ね, 2点あったといえよう。

第1に, 経済のソフト化, グローバル化, IT技術の発展, 規制改革の進展等の経済環境の変化に伴う, 経営戦略の変革である。すなわち, 企業は巨額の金融資産, 設備資産, 土地等の有形の経営資源 (以下,「タンジブルズ」という) に基づくタンジブル経営戦略から知的財産, 研究開発費, ノウハウなどの無形の経営資源 (以下,「インタンジブルズ」という) を中心とするインタンジブル経営戦略へと大きくパラダイム・シフトしつつあることである。

このように, ブランドなどのインタンジブルズが重要なバリュー・ドライバー (企業価値の決定要因) になっているにもかかわらず, その事実が貸借対照表に示されず, またそのオン・バランス化を図ろうにもそのための客観的な価値評価モデルがなかったことが, 第1の背景である。

また, 不良債権処理, 強制評価減, 減損処理等で傷ついた企業価値を回復させ, ひいては日本経済再生のためのドライバーを探していたこともブランド価値評価のためのインセンティブとして少なからずあったように思われる。

第2に, ブランド使用料徴収のための客観的算定方法がなかったことである。すなわち, 純粋持株会社の解禁, 株式移転制度の導入, M&Aによる企業組織再編成などに伴い持株会社を中心とする連結経営の重要性が増大しているが, かかる連結経営においては子会社が親会社のブランド・ネームなどを使用しているところから, 親会社 (または持株会社) がブランド使用料等の名目で何らかの対価を子会社から徴収する実務がみられたものの, ブランド価値の客観的評価方法が確立されていないために, ブランド使用対価をめぐり, その客観的妥当性, 寄付金課税, 少数株主の権益侵害等の各種の問題が生じ, ブランド価値評価は連結経営にとっても急務であったことが, 第2の背景である。

3 ブランド価値評価モデル構築のスタンス

「報告書」の冒頭でも述べられているように，バリュー・ドライバーとしてブランドが重視されているにもかかわらず，これまで資産計上を中心とするディスクロージャーが図られてこなかったが，その原因を考えてみると，大別して2点ある。

第1は，ブランドの価値評価，そのためのモデルなどについては，従来，マーケティングの分野で活発に検討されてきたものの，そこではイメージ，安定性，認知度，地域性等の定性要因を指数化することがブランドの評価であると考えられてきたことであり，これが逆に貨幣額で測定できる経済事象のみを対象とする会計サイドからは測定の信頼性を欠くために資産計上できないとみなされてきた点である。

第2は，ブランドの価値評価から生じる評価差額は未実現利益であるところから，商法の配当可能利益（現在は会社法の分配可能額）および税法の課税可能所得からなる処分可能利益の算定を目的とする，いわゆる利害調整会計に適合しないばかりではなく，自己創設資産を計上する実務も制度的に考えられてこなかった点である。

「研究会」での審議にあたり，念頭にあったのは，この2つの問題点である。しかし，金融市場改革に伴い企業会計が連結中心になり，時価評価を中核とする公正価値会計が部分的に導入されたことにより，企業会計制度が大きく変革し，いいかえれば利害調整機能よりも情報提供機能が重視されるようになったことで，少なくとも制度上，自己創設ブランドを資産計上するための体制が整ったともいえる。

したがって，「研究会」はかかる認識のもとに，上記の問題点を解決するこ

とを最重要課題とするスタンスで企業会計および税務の視点からブランド価値評価モデルを構築した。すなわち，公認会計士または監査法人の監査証明による信頼性の担保がなされるように，公表財務数値等の客観的財務データのみを用いてブランド価値を算定し，そのモデルを構築した。

以下，「研究会」のブランド価値評価モデルを中心に，ブランド価値評価の考え方について述べる。

4　ブランド価値評価の対象

ブランドは，それが示す対象によって，コーポレート・ブランド（以下，「ＣＢ」という）とプロダクト・ブランド（以下，「ＰＢ」という）とに区分できる。また，ブランドは，ブランド製品の流通範囲によって，ナショナル・ブランドとプライベート・ブランドとに分けることもできる。価値評価は，ブランドの流通範囲によって行うのではなく，ブランドの対象を値踏みすることにあるので，以下では，「研究会」と同様に，ブランドという場合には，ＣＢとＰＢを指すことにする。

ＣＢとは，コーポレート・ネーム，コーポレート・ロゴなどが源泉になってもたらす競争優位性の標章であり，ＰＢとは，製品に付されたネーム，ロゴなどが源泉になってもたらす競争優位性の標章であると措定する。

例えば，ＸＹＺ株式会社の例を用いるならば，ＣＢとは「エックス・ワイ・ズィー」というコーポレート・ネームおよび「ＸＹＺ」というコーポレート・ロゴであり，ＰＢとは，「シリウス」，「ベガ」，「アルタイル」という製品のネームがもたらすブランドの標章である。

各企業集団はＣＢが生み出す価値（以下，「ＣＢＶ」という）もＰＢが生み出

第4章 ブランド価値評価と知的財産会計

す価値(以下,「PBV」という)も有しているので,CBVおよびPBVの関係は,次の式で表すことができる。

$$BV = f(CBV, PBV)$$

上記の式は企業集団のブランド価値(以下,「BV」という)がCBVとPBVとから構成され,両者の関係はある一定の関数で表現できることを示している。すなわち,CBVとPBVは単純な加減算で表現することはできないが,ある一定の相関関係にあると考えられるところから,両者の関係を関数で表現した。

CBVの合計をもってBVとする考え方もあるが,BVを正確に評価するためには,CBVとPBVを識別しておく必要がある。しかし,CBとPBの関係は個々のケースごとに,また時の経過によっても異なるので,CBVとPBVをそれぞれ別個に評価することはできない。

図表4-1 CBとPB

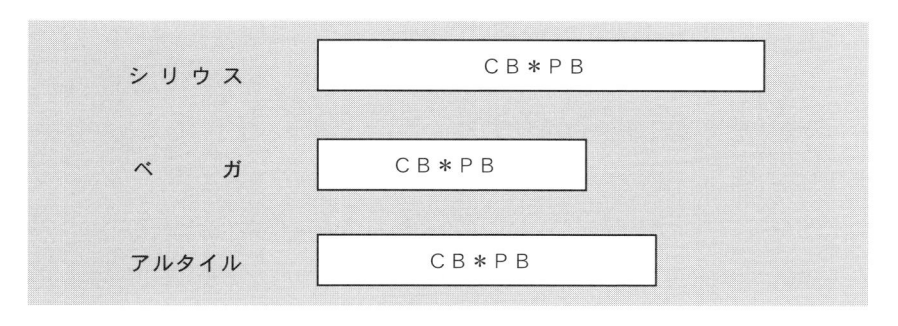

シリウス	CB＊PB
ベ　ガ	CB＊PB
アルタイル	CB＊PB

例えば,XYZ株式会社の各製品(シリウス,ベガ,アルタイル)のBVを,かりに**図表4-1**のように表現できたとする。シリウス,ベガ,アルタイルそれぞれにおける「エックス・ワイ・ズィー」または「XYZ」というCBVと,「シリウス」,「ベガ」または「アルタイル」というPBVとを個別に分けて評価することはきわめて困難であるので,BVとCBVおよびPBVとの関係を,

前頁の式のように表す。

5 知的財産を価値評価するためのアプローチ

ブランドなどの知的財産を価値評価するためのアプローチには，大きく分けると残差アプローチと独立評価アプローチの2つがある。

5－1 残差アプローチ

残差アプローチとは，時価総額などをもって企業全体の推定評価額として，ここからオン・バランスされている簿価ベースの純資産を控除し，残りをブランド価値とする考え方である。

このアプローチは，株価がマーケット参加者による評価のすり合わせによって形成されていることから，きわめて客観的であり，さらには計算が容易であるという長所がある反面，その残差のなかには，ブランドのほか，のれん，ノウハウなど当該評価対象外のその他のインタンジブルズなども含まれており，必ずしもブランド価値のみを計算できないという短所がある。

したがって，新聞記事のように，時価総額から純資産を控除したものがブランド価値であるというラフないい方もできないわけではないが，控除差額がそのままブランド価値であるとはいえないので，この方法をブランド価値評価方法としては採用できない。

5－2 独立評価アプローチ

このアプローチは，ブランドを独立に抽出し，評価するアプローチであり，コスト・アプローチ，マーケット・アプローチおよびインカム・アプローチに

大別できる。

　コスト・アプローチは，アウトフロー資産でインタンジブルを評価する考え方であり，このアプローチにも開発，マーケティング，広告宣伝費・販売促進費など評価対象のブランドを形成するために支出したコストで評価する歴史的原価アプローチと評価対象のブランドと同等または類似する特性を有するブランドを再び創出するのに要すると見込まれる総コストで評価する取替原価アプローチとがある。

　コスト・アプローチは，支払対価またはその取替原価をもってブランドを評価する考え方なので，企業会計上の資産評価方法と整合しているばかりではなく，広告宣伝支出等と企業価値の関連性を立証するマーケティング分野での実証結果とも一致しており，また比較的に評価が容易であるなど実行可能性の面での長所がある。

　反面，このアプローチには，多額のコストをかけてもブランドを形成できないケースもあれば，逆にわずかなコストでブランドを形成できるケースもあるなど，コストとブランド価値の対応関係が不明確であり，支出された歴史的原価も支出の見積もりを行う取替原価もブランド価値とは無関係であるなどタイム・ギャップおよび相関関係ギャップが生じるなどの短所があるところから，「研究会」では，このアプローチを採用しなかった。

　次に，マーケット・アプローチは売買事例比準方式ともよばれ，実際に市場で取引された類似ブランドの価格で当該ブランドを評価しようとする考え方である。この考え方は実際の取引価格に基づいているために合理的な側面もある。しかし，ブランドの本質が他のブランドとの識別性または差別性にあることからすれば，類似ブランドを想定することに合理性を見出しえないことに加えて，比準データの入手困難性，買い手によってブランド取引価格が著しく異なり比準データとしての客観性を欠くなどの問題があるところから，「研究会」では，

このアプローチも採用しなかった。

インカム・アプローチは，ブランドがもたらす超過収益または将来のキャッシュ・フローの割引現在価値をもってブランド価値評価額とする考え方であるところから，経済価値アプローチともよばれ，「研究会」が採用したアプローチである。

このアプローチには，超過利益の測定方法によって，免除ロイヤリティ法，プレミアム価格法等の考え方がある。

免除ロイヤリティ法は，かりにブランドを保有していないとすれば支払わなければならないロイヤリティで超過利益を測定する方法であるが，実際にロイヤリティの授受がなければこの方法を使えないし，またブランドの唯一無二性ゆえに，類似ブランドのロイヤリティを参照してもあまり意味がないなどマーケット・アプローチと同様に実務上の問題がある。

これに対して，プレミアム価格法は，ノン・ブランド製品等を上回ってブランド製品等がもたらす現在および将来の価格プレミアムで超過利益を測定する方法であり，ブランド概念と合致しているので，「研究会」が採用した方法である。

以上，直接的には，ブランドを評価するためのアプローチを検討してきたが，これらのアプローチは，他の知的財産の価値評価にも援用できる。また，これらのアプローチのなかでも，結論的にいえばブランド，特許権などの知的財産の価値評価を行うためには，インカム・アプローチが最も妥当であるように思われる。

しかし，インカム・アプローチは知的財産からもたらされる超過収益またはキャッシュ・フローに着目する点に特徴があるが，逆にこの点に問題があるとの意見もある。すなわち，このアプローチは超過収益または将来のキャッシュ・フローの見積もりが不可欠であるが，ともすれば見積もりに恣意性が介入する

おそれがないわけではないので、見積もりの客観性にどれほどの根拠または合理性を見い出せるのかがポイントになるというものである。しかし、すでに1章「5　知的財産会計と価値評価」で述べたように、事後に期待値の正しさを完全に証明できないのはＤＣＦ法を用いるインカムアプローチの特徴であって、恣意性の問題ではない。

5－3　インカム・アプローチと期待キャッシュ・フロー・アプローチ

インカム・アプローチを適用するためには、キャッシュ・フローを割引率で割り引いて割引現在価値を計算する必要がある。割引現在価値を計算するための要素であるキャッシュ・フローと割引率については、2つの考え方がある。第1は、分子であるキャッシュ・フローにリスクを反映させずに、分母である割引率にリスクを反映させる方法（以下、便宜上、「伝統的アプローチ」という）である。第2は、分子であるキャッシュ・フローにリスクを反映させて、分母である割引率にリスクを反映させない方法（以下、「期待キャッシュ・フロー・アプローチ」という）である。

伝統的アプローチと期待キャッシュ・フロー・アプローチについて、キャッシュ・フロー、割引率および問題点の3つの視点から整理すると、次のとおりである。

伝統的アプローチは、発生する確率または頻度が最も高いと考えられる単一の数値すなわち最頻値を用いる方法であり、最頻値が将来のキャッシュ・フローに関する予測を反映することができるという前提にたっている。

これに対して、期待キャッシュ・フロー・アプローチの場合には、ある事業がもたらす単一のキャッシュ・フローの最頻値を用いるのではなく、可能性のあるキャッシュ・フローに関するすべての予測値の一定の幅のなかで確率を加重した数値の合計額または見積上の平均値を反映した期待現在価値が導出され

る。

　伝統的アプローチの場合には，リスクを反映した割引率を用いるのに対して，期待キャッシュ・フロー・アプローチの場合には，無リスク利子率（リスク・フリー・レート）を用いる。

　いずれのアプローチにおいても，見積もりを伴う割引現在価値を算定するアプローチであるために，主観的要素が介在するなどの問題点が指摘されることがある。

　伝統的アプローチの場合には，キャッシュ・フローにかかるリスクを割引率に反映させているために，リスクの内容が不明瞭になる問題もあるのに対して，期待キャッシュ・フロー・アプローチの場合には，キャッシュ・フローにかかるリスクをキャッシュ・フロー自体に反映させているために，リスクの内容が明瞭であるといえよう（詳しくは，拙著「財務会計（第6版）」中央経済社，2006年，第8章3・4「現在価値基準」を参照されたい）。

　SFAC7号をはじめとして国際的な動向においては，伝統的アプローチから期待キャッシュ・フロー・アプローチに移行しつつある。したがって，「研究会」でも，伝統的アプローチではなく，期待キャッシュ・フロー・アプローチを採用している。

6　ブランド価値評価モデル

6－1　価値評価モデルの考え方

　次に，ブランド価値評価モデルを構築する際の基本的なコンセプトについて述べれば，次のとおりである。すでに第1章「知の創造戦略と知的財産会計」

第4章　ブランド価値評価と知的財産会計

でも述べたように，ブランド価値評価にあたり，これを(1)貨幣額のみで行うのか，それとも(2)貨幣額にアンケート等によるスコアリングを乗じ，これを定性要因すなわちイメージ，安定性，認知度，地域性，リピート率等を指数化して割引率として計算するのかの2通りが考えられる。

　貨幣額で測定できる経済事象のみを対象とする会計サイドからすると，またオン・バランスに耐え得るモデルを構築するとの視点からすると，マーケティング・アプローチでブランドを評価することは，定性要因の指数化，換算化のプロセスに恣意性が介入することになり，測定の信頼性を欠くところから，マーケティング・アプローチを採用できない。マーケティング・データなど非財務定性要因を貨幣額に換算するためには何らかの変換式が必要になり，その妥当性を見出すことの困難さに加えて，その客観性を担保することもきわめて困難であるからにほかならない。

　したがって，「研究会」では，ブランドの算定およびその評価モデルで用いるデータは財務諸表監査の対象である公表財務諸表を中心とする財務データのみとすることにした。

　次に，ブランド価値評価にあたっては，これを連結ベースで行うのか単体ベースで行うのかについても考えなければならない。

　かりに，連結ベースで算定すると，例えばソニーという企業集団内のある1企業のソニーという名称のコーポレート・ブランドが，ソニーグループとしてのプロダクト・ブランドになっているケースもある。また，ソニーという1つの企業集団内にソニー・ピクチャーズ・エンタテイメント，ソニー・ミュージック　エンタテインメントなどの単体の複数のコーポレート・ブランドが存在するケースも考えられる。このような場合には，単体のコーポレート・ブランド間のシナジー効果も生じ得るわけである。

　したがって，モデルの構築にあたっては，企業集団または1企業の複数のコー

ポレート・ブランドのシナジー効果を測定することは困難であるので，企業集団内のすべてのブランド価値を連結財務諸表ベースで算定することにした。

6－2　ドライバーの意義

「研究会」のブランド価値評価モデルは，3つのドライバーでブランド価値を算定する。

まず，ブランドをもっていることの効果，すなわち，価格が高くても，値下げをしなくても，顧客が製品等を購入するという点に着目して，第1のドライバーを価格の優位性を表すプレステージ・ドライバー（Prestige Driver; PD）とした。

また，価格が高くてもリピーターが跡を絶たないということは，すなわち，ロイヤリストが多いことを意味しているので，第2のドライバーをロイヤルティ・ドライバー（Loyalty Driver; LD）とした。

さらには，企業サイドはブランドからもたらされるステータス，認知度をバックにして，異業種，類似業種などのサブ・ブランドに進出し，さらには海外に展開できるところから，ブランドがもっている拡張力に着目して，第3のドライバーをエクスパンション・ドライバー（Expansion Driver; ED）とした。

このようにブランドの本質を表すバリュー・ドライバーのドライバーと，ブランドの3要素といえるようなファクターを組み合わせて3つのドライバーを発案し，ブランド価値評価モデルを構築した。

ブランド価値は，ブランドを使用する企業がブランドによって得られるキャッシュ・フローなので，具体的にはプレステージ・ドライバー，ロイヤルティ・ドライバーおよびエクスパンション・ドライバーの積として計算する。

以下，それぞれのドライバーについて，述べよう。

第4章　ブランド価値評価と知的財産会計

1　プレステージ・ドライバー

まず，第1のドライバーであるプレステージ・ドライバーは，ブランドの信頼性によって同業他社よりも安定した高い価格でもって製品等を販売できることに着目した指標であり，価格優位性を表している。

価格優位性とは，製品等の品質または機能が全く同じであったとしても，ブランド製品等の方がノン・ブランド製品等よりも高い価格で販売できるという意味であり，これはブランドがもたらす現在および将来キャッシュ・フローの増加分である「超過利益」の基礎となる。

超過利益率の算定にあたり，「研究会」では，企業の売上原価1単位当たり売上高を製品等の単価指数とみなしている。

次に，このブランド価値評価モデルは，ブランドがもたらす価格優位性をブランドの主要素として考えているので，自社の単価指数の比較対象となる基準値を決定する必要がある。概念上，これは同品質，同機能をもっているノン・ブランドの製品等の単価指数を意味している。

基準値の選択については，同一業種内の平均値を用いる方法，また最低値を用いる方法などが考えられる。同一業種内の平均値を用いる方法によると，負のブランドが算出されるケースが生じる。企業活動を行っている以上，何らかのブランド価値があるわけであり，これに価値を認めないのはモデルとして適当ではないと考えられるところから，この方法は採用しなかった。

一方，最低値を用いる方法によると，価格優位性のない企業を選択することになる。これは「研究会」のモデルに最も適合したところから，上場企業のうち同一業種内で売上原価1単位当たり売上高が最小である企業を基準企業とすることにした。

要するに，プレステージ・ドライバーについて述べてきたことを端的にいえば，例えば10億円のコストをかけて100億円の売上をあげるA企業と10億

円のコストをかけても10億円の売上しかあげられないB企業とを比較すると，90億円が価格優位性，すなわち超過利益（率）であり，これがブランド価値のベースになっているという考え方をとっている。

しかし，この超過利益率は，製品等の単価差から導かれているので，超過利益のなかには，ブランドの他にも企業の製造ノウハウ，技術力などブランド以外のインタンジブルズおよび土地の含み益などのタンジブルズなどに起因して生じる超過利益部分が含まれており，ここ（超過利益率）からブランドに起因する部分のみを，「ブランド起因率」を用いて切り出す必要がある。

ブランド起因率の計算にあたっては，ブランディング・コスト，販促費，マーケティング・リサーチ費など，ブランドの開発，維持管理等にかかわる，いわゆるブランド管理費用が企業の営業費用に占める割合を用いることが最も望ましい。

しかし，ブランド管理費用には，広告宣伝費のように，財務データとして客観的に把握することが比較的容易なものから，社内的モラール向上のためのコストのような主観的なコストまであり，ブランド管理費用の開示が，企業会計制度上，義務づけられていないので，業種または業態によってそのコストの範囲が異なり，これを画定することはきわめて困難である。

したがって，これらのすべてを無条件にブランド管理費用として認めてしまうことは，客観的財務データのみを用いてブラックボックスをなくし，恣意性の排除されたブランド価値評価モデルを構築しようとする「研究会」の趣旨と矛盾するために適当ではないと考えた。

結局，「研究会」ではブランド起因率の算定にあたり，個々の企業が財務諸表監査による信頼性を担保できるならば，ブランド管理費用を用いるのが望ましいとするコンセプトをとりながらも，公表財務データに制約がある現状においては，その客観的妥当性について立証できる広告宣伝費比率を用いてシミュ

レーションを行った。

以上の結果，プレステージ・ドライバーは，次の式で算定することにした。

```
PD＝ 超過利益率 × ブランド起因率 × 当社売上原価
  ＝ ［｛（当社売上高／当社売上原価－基準企業売上高／基準企業売上原価）
     × 当社広告宣伝費比率｝の過去５期平均］× 当社売上原価
```

$$PD = \frac{1}{5}\sum_{i=-4}^{0}\left\{\left(\frac{S_i}{C_i} - \frac{S_i^*}{C_i^*}\right) \times \frac{A_i}{OE_i}\right\} \times C_0$$

S：当社売上高　　　　　S*：基準企業売上高
C：当社売上原価　　　　C*：基準企業売上原価
A：広告宣伝費　　　　　OE：営業費用

なお，広告宣伝費をかければブランド価値が高くなるとする見方もないわけではないが，必ずしもそうではない。確かに，マーケティングの分野では広告宣伝費支出と企業価値とに関連性があるという実証研究があるらしいが，実際の支出額とブランド価値との間にはタイム・ギャップまたは相関関係ギャップがあり，広告宣伝費とブランド価値とは必ずしも結びつかない。この点は，教育費を多額にかけたからといって，利口になり優秀な人材を育成できるわけではないのと同じであり，コスト・アプローチの限界である。

かりに，広告宣伝費がブランド価値の増大につながるとする考え方が正しいとしても，広告宣伝費比率として過去５期の平均をとっているので，ブランド価値を高めるためには５年間にわたり10倍以上の広告宣伝費支出をしなければならず，その結果，営業利益は著しく減少することになる。資本効率の点からいっても，そのような企業が存在すると考えること自体が非現実的であるといえよう。

なお，超過利益率とブランド起因率とを乗じる際に過去5期平均をとっているのは，期待キャッシュ・フロー・アプローチによって，安定的に得られるキャッシュ・フローを計算しようとしているためである。

　上述のように，期待キャッシュ・フロー・アプローチとは，最近の評価手法であり，SFAC 7号で用いられている方法であり，割引率に主観が入りがちなので，これをリスク・フリーとし，その代わりに分子のキャッシュ・フローに不確実性の程度を反映したリスクを織り込む考え方である。

　リスクの織り込み方として，SFAC 7号のようにシナリオごとの発生キャッシュ・フローと発生確率とを見積もる方法がある。例えば，キャッシュ・フローが10％，60％，30％の確率で100，200，300発生すると仮定すると，期待キャッシュ・フローは220（＝［100 × 10％］＋［200 × 60％］＋［300 × 30％］）と計算される。

　ちなみに，伝統的アプローチによると，最も発生確率が高いと予想されるキャッシュ・フローである最頻値200をリスクに対応する利子率で現在価値に割り引いて計算する。すなわち，これは将来のキャッシュ・フローの不確実性が高いほど大きな割引率で割引計算することになるので，割引現在価値は小さくなるという方法である。

第4章 ブランド価値評価と知的財産会計

図表4-2 期待キャッシュ・フロー・アプローチと伝統的アプローチ

期待キャッシュ・フロー・アプローチ

割引率をリスク・フリーとし，キャッシュ・フローに不確実性の程度を反映したリスクを織り込んで現在価値を求めるアプローチ

伝統的アプローチ

最も発生確率が高いと予想されるキャッシュ・フロー（最頻値）をリスクに対応する利子率で割引計算することで現在価値を求めるアプローチ

キャッシュ・フロー	発生確率
100	10%
200	60%
300	30%

リスク・フリー・レート：2%
最頻値に対応する利子率：6%

$$\frac{(100 \times 10\%) + (200 \times 60\%) + (300 \times 30\%)}{2\%} = 11,000$$

$$\frac{200}{6\%} = 3,333$$

　しかし，期待キャッシュ・フロー・アプローチにしても，リスクの織り込み方は必ずしも一様ではない。また，特定の行動ではなく，企業経営全般についてシナリオごとの発生キャッシュ・フローと発生確率を見積もることは困難であると考えられる。

　すなわち，将来キャッシュ・フローの発生額および発生確率の推定方法については，現状では必ずしも唯一絶対の方法が確立されているわけではない。

　理論的にはいろいろな方法が考えられるが，「研究会」では，とりわけ客観性を重視する立場から，現実的なアプローチとして，過去に生じたキャッシュ・フローの実績値の平均値，すなわち過去の発生キャッシュ・フロー（各期の実際発生額）と発生確率（5期なので各期一定の20%とみなす）をもって分子の将来キャッシュ・フローにリスクを織り込んでいる。

　具体的には，過去のキャッシュ・フローの実績値が100，200，300，

400，500であったすると，将来について，この趨勢をもって右肩上がりになると予測するのではなく，この平均である300（＝［100×20％］＋［200×20％］＋［300×20％］＋［400×20％］＋［500×20％］）が永続的に発生すると保守的に仮定することによりリスクを織り込んでいる。したがって，「研究会」のモデル構築のアプローチも，基本的には，SFAC 7 号と同じであるといえよう。

なお，超過利益率とブランド起因率とを掛けたものに直近期の自社売上原価を掛ける理由は，アウトプットを貨幣額にするためにほかならない。

2　ロイヤルティ・ドライバー

次に，ロイヤルティ・ドライバーは，リピーターまたはロイヤルティの高い顧客であるロイヤリストが安定的に存在することによって長期間にわたり一定の安定した販売量を確保できることに着目した指標である。

顧客との関係で生み出されるキャッシュ・フローを構成する価格の面をプレステージ・ドライバーで，販売量の面をロイヤルティ・ドライバーで表すことによって，ブランドの効果が発現される。

したがって，ロイヤルティ・ドライバーを，プレステージ・ドライバーに乗じることにより，ブランドから得られる現在および将来のキャッシュ・フローのうち，安定的で確実性の高いキャッシュ・フローを算定できることになる。これらのことを考慮して，「研究会」は，ロイヤルティ・ドライバーをブランド価値の強度を示すドライバーであると位置づけた。

ロイヤリストが多くいる企業は，安定的な事業活動を行うことができると仮定できるために，ロイヤルティ，すなわち安定性の度合いを示す指標として，「研究会」は，売上原価の安定性を採用した。また，売上原価は，データの客観性が高く，またマーケットの衰盛も折り込むことができるといえる。

第4章　ブランド価値評価と知的財産会計

具体的には，売上原価の過去5期データから平均値（μ）および標準偏差（σ）を求め，これらを用いてロイヤルティ・ドライバーとした。

標準偏差（σ）は変動の大きさを示しているが，これは金額単位で算定されるので，売上原価の規模が大きければ大きいほどこの値は大きくなる。このために，これを相対化し，売上原価の規模の影響を排除するために，平均値（μ）で割って変動係数（σ/μ）を算定した。変動係数は，売上原価の変動の程度を示す指標であるので，変動が大きければ大きいほど変動係数は高くなる。

ロイヤルティ・ドライバーは，安定性の度合いを示すドライバーであるので，1からこの変動係数を差し引き，ロイヤルティ・ドライバーの式を（$\mu-\sigma$）／μとした。したがって，売上原価の数値が趨勢的に安定していれば標準偏差の値は小さくなるので，$1-(\sigma/\mu)$の値は1に近づくことになる。

以上の結果，ロイヤルティ・ドライバーは，次の式で算定することにした。

LD＝（売上原価μ－売上原価σ）／売上原価μ

$$LD = \frac{\mu_C - \sigma_C}{\mu_C}$$

μ_C：売上原価5期平均　　　σ_C：売上原価標準偏差

3　エクスパンション・ドライバー

第3のエクスパンション・ドライバーは，ステータスの高いブランドは認知度も高く，本来の業種または本来の市場にとどまらずに類似業種，異業種，海外等他の地域へ進出することができるなどのブランドの拡張力に着目した指標である。

ブランドの拡張力を示すエクスパンション・ドライバーをプレステージ・ドライバーとロイヤルティ・ドライバーとに乗じることにより，ブランド拡張に

よるキャッシュ・フローの期待成長を評価することができる。

　これらのことを考慮して、「研究会」は、エクスパンション・ドライバーをブランドの拡張力と、複数のブランドのシナジー効果を表すドライバーであると位置づけた。

　エクスパンション、すなわちブランド拡張力を示す指標として、企業全体の海外売上高成長率と非本業セグメント売上高成長率との平均値を採用することにした。

　以上の結果、エクスパンション・ドライバーは、次の式で算定することにした。

ＥＤ＝海外売上高成長率および本業以外のセグメント売上高成長率の平均

　　　　　　　　　（注）それぞれの指標において、最低値を１とする。

$$ED = \frac{1}{4}\left\{\frac{1}{2}\sum_{i=-3}^{0}\left(\frac{SO_i - SO_{i-1}}{SO_{i-1}} + 1\right) + \frac{1}{2}\sum_{i=-3}^{0}\left(\frac{SX_i - SX_{i-1}}{SX_{i-1}} + 1\right)\right\}$$

ＳＯ：海外売上高　　　　　　　　　　ＳＸ：非本業セグメント売上高

6－3　ブランド価値評価モデル

上記のブランド価値評価モデルの基本概念にそって構築した経済産業省「ブランド価値評価モデル」は，次のとおりである。

$$BV = f(PD, LD, ED, r)$$

$$= \frac{PD}{r} \times LD \times ED$$

$$= \frac{\left[\frac{1}{5}\sum_{i=-4}^{0}\left\{\left(\frac{S_i}{C_i} - \frac{S_i^*}{C_i^*}\right) \times \frac{A_i}{OE_i}\right\} \times C_0\right]}{r} \times \frac{\mu_C - \sigma_C}{\mu_C}$$

$$\times \frac{1}{4}\left\{\frac{1}{2}\sum_{i=-3}^{0}\left(\frac{SO_i - SO_{i-1}}{SO_{i-1}} + 1\right) + \frac{1}{2}\sum_{i=-3}^{0}\left(\frac{SX_i - SX_{i-1}}{SX_{i-1}} + 1\right)\right\}$$

PD＝超過利益率×ブランド起因率×当社売上原価
　　＝[{(当社売上高／当社売上原価－基準企業売上高／基準企業売上原価)×当社広告宣伝費（ブランド管理費用※）比率} の過去5期平均]×当社売上原価

LD＝(売上原価μ－売上原価σ)／売上原価μ
　　　　　　　　（注）μおよびσは，過去5期の売上原価データにより算出。

ED＝海外売上高成長率および本業以外のセグメント売上高成長率の平均
　　　　　　（注）それぞれの指標において，最低値を1とする。

S：当社売上高　　　　　　　S^*：基準企業売上高
C：当社売上原価　　　　　　C^*：基準企業売上原価
A：広告宣伝費（ブランド管理費用※）　OE：営業費用
μ_C：売上原価5期平均　　　σ_C：売上原価標準偏差
SO：海外売上高　　　　　　SX：非本業セグメント売上高
r：割引率

※財務諸表監査による信頼性を担保できるならば，ブランド管理費用を用いるのが望ましい。

Reference

- Financial Accounting Standards Board(2000), *Statement of Financial Accounting Concepts No. 7: Using Cash Flow Information and Present Value in Accounting Measurements,* FASB（平松一夫・広瀬義州訳「FASB財務会計の諸概念（増補版）」中央経済社，2002年）．
- 経済産業省企業法制研究会（2002）「ブランド価値評価研究会報告書」経済産業省。

5 特許権価値評価と知的財産会計

1 特許権概念

　「特許権」とは，「特許法」68条に規定するように，特許請求の範囲（権利範囲）に定められる特許発明を排他的に独占して実施できる知的財産権である。もとより，特許権は発明について認められた権利であるが，この場合の発明とは「自然法則を利用した技術的思想の創作のうち高度のもの（2条1項）」であるが，設定登録するためには2条1項に加えて特許法が規定する要件（特許要件）を満足しなければならない。すなわち，(1)産業上利用することができる発明（29条），(2)世界公知（特許出願前に国内・外国で公然と知られた発明）・公用（特許出願前に国内・外国で公然と実施された発明）ではない新規性のある発明（29条1項1号ないし3号），(3)新規性喪失の例外（30条1項ないし3項），(4)進歩性のある発明（29条2項，30条），(5)先願の発明（39条1項ないし4項）である（工業所有権法研究グループ［2004］，27 − 42 頁参照）。

　かかる特許権を有する者を「特許権者」といい，「特許権者は，その特許権について専用実施権を設定することができる（77条）」ばかりではなく，「その特許権について他人に通常実施権を許諾することができる(78条)」ところから，自社実施はもとより，他社に対して実施許諾する（これを「他社実施」という）ことにより，キャッシュ・フローを得ることができる。

　しばしば，「基本特許」，「改良特許」，「応用特許」，「周辺特許」なる用語を

耳にするが，これらは特許権を技術的視点から分類したものである。特許権のなかでも，基本特許は権利範囲が広く，これが適用される製品等が多岐にわたるところから，当該特許製品ごとのキャッシュ・フローが想定されるが，キャッシュ・フロー自体が当該製品の販売力，製造元・販売元のブランド力，市場規模力，生産能力などによって大きく左右されるので，基本特許であるからといってキャッシュ・フロー創出能力が高いとは必ずしもいえない。ここに，知的財産としての特許権の大きな特徴と難しさがある。

また，特許権は，キャッシュ・フローを創出するか否かによって，上述の意味の特許権と休眠特許（または死蔵特許もしくは未利用特許）とに分けられ，さらに前者は特許発明の実施主体によって，「自社実施」と「他社実施」とに分けられる。なお，「防衛特許」とは，特許戦略の視点から，自ら実施する製品とは直接関係がないものの，他者による類似製品，競合商品の製造・販売等を排除して，より効果的に独占利益を追求する目的のために取得される特許権をいい，キャッシュ・フローを創出していないという意味では，休眠特許に属するといってよい。

これに対して，「特許」とは，特許権によって生み出されるキャッシュ・フローなどの経済的価値のフェーズに着目した知的財産であるといえる。本書では，法的権利のフェーズを重視するときには「特許権」とよび，また経済的価値のフェーズを重視するときには，単に「特許」とよぶが，本書は「会計学」の書物であるので，両者をさほど厳密に区別せず，ほぼ同義として相互互換的に用いる。

2　特許権価値評価の意義

　特許権は，知的財産戦略における最も重要なドライバーである。とりわけ，キヤノンなどのテクノロジー・カンパニーにとっては，特許権は会社の命運を左右する重要な資産である。知的財産を21世紀のわが国のバリュー・ドライバーとするためには，技術等により価値を創造し，法によって権利化して強力に保護することはもとより，裁判等を通じて実効的に保護しなければならないといえる。

　しかし，知的財産によって国富を生むためには，それを会計的・ファイナンス的手法によって価値評価して活用できるようにすることが前提である。なぜならば，知的財産を活用し，その対価を徴収するための適切な評価システムが確立されなければ，知的財産は活用どころか絵に画いた餅にすぎず，ひいてはイノベイティブな知的財産を創造するためのインセンティブが薄れることになり，何ら国富にもつながらないからである。特許権も例外ではない。

　例えば，特許請求の範囲に基づいて定められる特許発明を排他的に実施独占する権利を得て，他者に実施許諾することになったとしても，自社実施によるキャッシュ・フローがわからなければ，適正なロイヤリティも算定できない。さらに，発明を設定登録して権利保護を行い先願主張する行為自体が，他者から権利侵害がある場合に，自己が享受できるはずのキャッシュ・フローの消極的保護または第三者による特許発明の実施を排除できるという意味あいにすぎないとみることもできよう。そうであるからこそ，第三者からの特許侵害がある場合に，差止請求権の行使（「特許法」100条），損害賠償請求権（「民法」709条），不当利得返還請求権の行使（「民法」703条，704条），信用回復措置請求（「特許法」106条）などが特許法および民法で認められていると考えられる。

しかも，特許侵害訴訟が行われても，発明を権利化して法で保護しただけでは適正な損害賠償額がわからない。現状では，裁判所に損害賠償額の決定をゆだねているが，それも過去の損害推定額（「特許法」102条）を単に足し合わせているだけであり，その推定額自体がきわめて不確かであるといわざるを得ない。特許侵害訴訟が跡を絶たないし，民事訴訟法に専門委員制度が設けられたのもその証左の1つであるといえよう。

　また，中村修二教授の青色発光ダイオード（LED）の発明対価が一審の604億円から東京高裁の6億円に変わったように，職務発明対価をめぐる裁判もしかりである。改正「特許法」35条により「合理的」な報償規定の見直しが進められているようであるが，発明対価についての合理的かつ適正な評価額が算定されなければ，従業員との「協議」も不発になるおそれがある。

　さらに，ベンチャーなどがいくら優れた発明をしてもそれを製品化できる資金をもたなければ，宝の持ち腐れである。担保化などで知的財産のファイナンスをするためにも，原資としての特許権を受益証券として発行する証券化のためにも，特許権の適正な価値評価が必要である。以上，述べてきたケースはほんの一例にすぎない。

　このように，特許権などの知的財産は，財産といっても「無体財産」であり，「見えざる資産」であり，価値評価されないかぎり保護はもとより，管理できない。まさしく，「測定できないものは管理できない」のであり，知的財産は価値評価されない限り，経済財としての実体を欠くばかりではなく，適切な資金調達資源にもできず，結果的に有効に活用されない（広瀬［2003］，49頁）。

　その意味で，知的財産を創造し，権利化し，保護し，その価値を適切に評価し，「見えざる知的財産」を掘り起こし，「見える知的財産価値」に変えて活用し，企業経営の選択と集中を図ることこそが知的財産戦略にとって重要，かつ喫緊の課題である（広瀬［2003］，49頁）。

このように，価値評価（Valuation）を知的財産戦略の中心に据えることがきわめて重要であるが，従来の知的財産戦略では，価値評価が死の谷すなわちデス・バレー（Death Valley）であったといってよい。特許権についても例外ではない。現行の会計基準のもとでは，特許権はその取得に要した支出額で資産計上されるとともに，他社実施によるロイヤリティが特許権収入の勘定科目で財務諸表に計上されているにすぎず，自社実施による特許権が生み出す将来のキャッシュ・フローが財務諸表に計上されることは皆無であるのが現状である。その大きな理由は，かかるキャッシュ・フローを財務諸表監査による信頼性を担保しうる評価手法で算定できなかったことにあるといってよい。

3 価値評価の意味と特許権価値評価モデル（PatVM）構築の目的

特許権の評価を行う場合にも，まず考えなければならないのは定性と定量のいずれで評価すべきなのかであるが，それを考えるキーが，どのような目的で特許権を評価するかである。

すでに，第1章「知の創造戦略と知的財産会計」でも述べたように，知的財産の価値評価はスタンダードとしての価値評価とベンチマークとしての価値評価とに分けられる。

特許権の最大の特徴は，卓越した技術力による発明が法律によって強力に保護されている点にある。特許権の価値評価にあたっては，かかる特徴を最大限に考慮しなければならない。しかし，特許権の特徴である技術の卓越性と法的保護の強度を有価証券報告書などの財務データによって表現することは，会計，ファイナンスその他の手法を用いても現状では困難であるし，かりにそうしてもほとんど意味がないといえる。したがって，特許権の場合には，企業会計上

のオン・バランスを前提とするスタンダードとしての価値評価はなじみにくく，それよりもビジネス目的のベンチマークとしての価値評価のほうが適合しているように思われる。この点は，ブランドとは著しく異なるところであるといってよい。

　一般に，ベンチマークとしての価値評価をする場合は，必ずしも貨幣額のみによる定量的な評価だけではなく，定性要因による評価も加味されるところから，その価値評価が主観的であるといわれることが多い。これに対して，定量的な貨幣額によるスタンダードとしての価値評価は，誰が計算しても同一の結果が得られるところから，客観的であるといわれる。

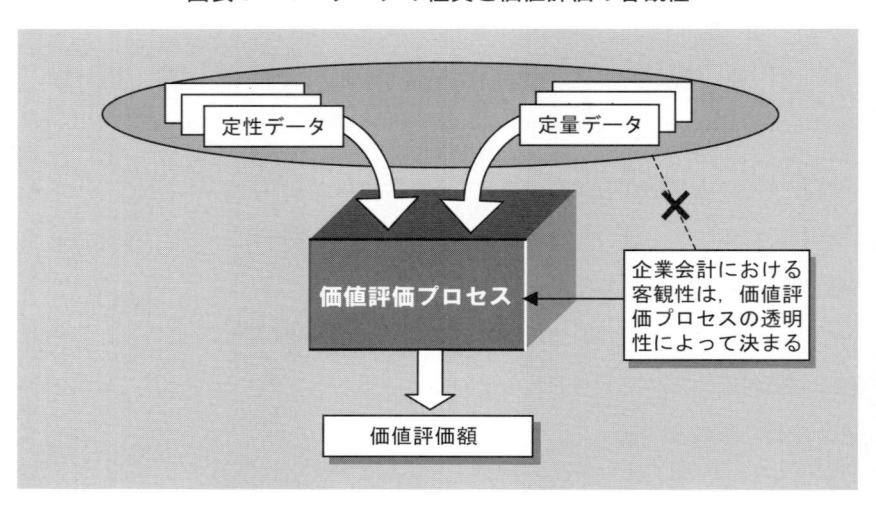

図表5－1　データの性質と価値評価の客観性

しかし，重要なのは客観的か主観的かのメルクマールは，定量か，定性かのデータの性質によるのではなく，計算結果が検証可能か否かにあり，ひいては財務諸表監査による信頼性を担保できるか否かにこそあると考えられる。

　特許権を価値評価する場合にも，このコンセプトは例外ではなく，きわめて重要である。

第5章 特許権価値評価と知的財産会計

図表5-2 特許権の自社実施と他社実施

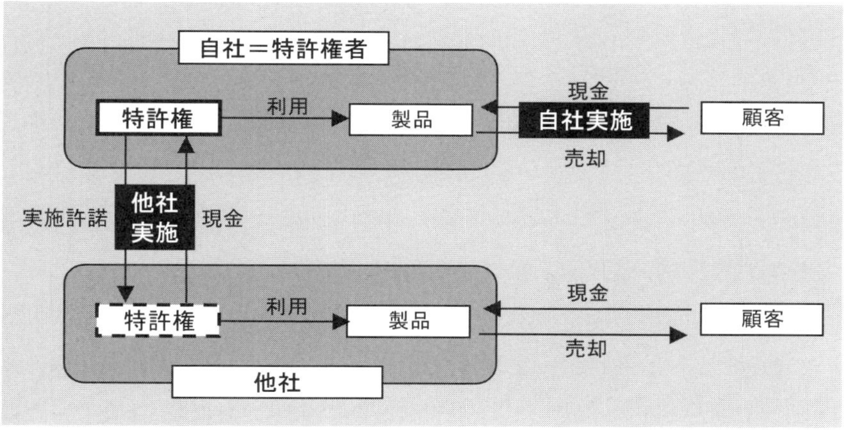

次に，特許権を価値評価するフェーズについて考えてみると，これにはいろいろある。例示的にいえば，自社実施による特許製品キャッシュ・フローの評価，他社実施によるロイヤリティの算定，知的財産の格付，特許侵害訴訟額の算定，職務発明対価額の算定，M&A戦略におけるタックス・プランニングの際の特許権の評価または買収資産の一部としての特許権の価値評価，担保化・証券化などの資金調達の手段として特許権を価値評価するフェーズである。これらは，基本的に，ビジネスを行う目的で価値評価するいわばベンチマークとしての価値評価のフェーズであるといってよい。

このうち，自社実施とは，自社で発明しこれを設定登録した特許権を自社の製品に活用することをいい，この新製品売上を通じて他社よりもキャッシュ・フローを生み出すことができるので，当該特許権はそれを保有する企業にとって重要なバリュー・ドライバーである。また，他社実施とは，自社が保有する特許権を他社にライセンスアウトして，その対価としてロイヤリティ（企業会計上は特許権収入またはライセンス収入という）を得ることをいう。これには，ある会社に対して独占的に特許権をライセンスアウトするか否かによって専用実

施権と通常実施権とに分かれるが，他社実施してロイヤリティを得る点では変わりがない。

　格付といえば，Ｓ＆Ｐ，ムーディーズなどの格付機関がＡＡＡ（トリプルＡ），Ａ（シングルＡ）などの記号を用いて債券の発行体の信用力を評価（格付）するのが一般的であるが，ここにいう知的財産の格付とは資本コストの軽減を図り，知的財産のファイナンスを有利に行うために特許権，ブランドなどの知的財産のみの価値評価額を前提に行う格付を想定している。

　特許侵害訴訟額の算定，職務発明対価額の算定については，すでに説明したので割愛する。Ｍ＆Ａ戦略におけるタックス・プランニングの際の特許権の評価または買収資産の一部としての特許権の価値評価と，Ｍ＆Ａにあたり特許権を買収すべきかまたどの特許権を買収するのが節税効果があるか，さらには適正な買収額を算定するために特許権を価値評価することである。

　これらのベンチマークとしての価値評価に対して，ビジネスを目的にせずに，企業会計上の資産としてオン・バランスすることを目的として特許権を価値評価しようとする場合は，誰が入手しても同一のデータをある一定のルールに基づいて収集，加工し，これを貨幣額でもって評価するいわばスタンダードとしての価値評価が原則である。スタンダードとしての価値評価のフェーズは担保化・証券化にも利用できるのはいうまでもなく，関係会社間の特許権売買に伴う課税標準額の算定基礎指標としても重要であるばかりではなく，市場のモニタリング効果もあるところから投資指標としてもきわめて有用であるといえる。

　しかし，特許権の価値評価モデルの構築にあたり，注意をしなければならないのは，特許権の価値評価がブランドの価値評価とは著しく異なるという点である。

　経済産業省企業法制研究会（ブランド価値評価研究会）でブランド価値評価モ

デルを構築した経験からいえば，次のとおりである。

「ブランド価値評価モデル」は，ブランドが生み出す将来のキャッシュ・フローを評価しようとしたものであるが，それはとりもなおさず，価格差異，安定的売上，異業種・海外展開に起因する競争上の超過収益力を評価しようとしたものであり，いいかえれば企業評価に近い価値を評価しようとしたものなので，必然的にブランドがもたらす高い収益などの財務的価値を評価するスタンスをとった。その意味で，ブランド価値評価の場合には，有価証券報告書などから誰でも入手しうる財務データのみから「ブランド価値評価モデル」を構築することができたし，またブランド使用料の算定または移転価格税制における適正課税額算定はもとより，証券化，担保化のための評価額の算定，オン・バランス化などに耐え得るスタンダードとしてのモデルを構築する目的を達成できたといえよう。

これに対して，特許権の指示対象である発明は，それが設定登録され，特許権として取得されただけでは，単なる特許発明であって，キャッシュ・フローを創出しない。いいかえれば，特許権は，ブランドとは全く異なり，取得され，保有されているだけでは，キャッシュ・フローを創出しないし，バリュー・ドライバーにもならない。

特許権は，その所有者が当該発明を実施した特許製品を製造販売（自社実施）するかまたは他社実施によるライセンス化によってキャッシュ・フローを独占するなどの方法で活用しなければ，キャッシュ・フローを創出できないところから，価値評価の対象になるのはキャッシュ・フローを創出している特許権のみである。しかも，かかる特許権はその存続期間が20年と定められている（「特許法」67条）が，存続期間の満了まで特許権の効力がある場合のほうがきわめて稀であり，極端な場合には，ある日突然効力が失効することもある。この点は，長い間かけて形成されたブランドが，少しくらいのブランド毀損ではブラ

図表5-3　ブランドと特許権との違い

	ブランド	特許権
価値の源泉	企業（集団）の活動	個々の技術・発明
キャッシュ・フローとの関係	超過利益として経常的にキャッシュ・フローを得られる	自社実施または他社実施をしてはじめてキャッシュ・フローを生み出す
存続期間の存在	なし （企業活動が継続している限りなくならない）	あり （最長で出願から20年）

ンド価値がなくならないのとは好対照である。

　したがって，特許権の価値評価にあっては，特許を用いた新製品の販売予測などの要因，技術の卓越性などの要因，法的強度などの要因を考慮しなければならないが，これらの要因の代理変数を財務諸表から入手することはできないし，かりに無理矢理にかかる要因を財務諸表数値に代置させてモデルを構築してみても，そのモデルは特許権の本質から乖離するために意味がないと考えられる。

　そこで，特許権の特質，評価目的および価値評価モデルの目的などいろいろな視点から，特許権価値評価モデル構築の可能性について検討した結果，筆者を座長とする「知財評価研究会」（**図表5-4参照**）は，**図表5-5**にみるように，自社実施による特許製品キャッシュ・フローの評価，他社実施によるロイヤリティの算定，知的財産の格付，特許侵害訴訟額の算定，職務発明対価額の算定，特許権の担保化，証券化，M＆Aにおける買収資産の一部としての特許権評価，タックス・プランニング，関係会社間の特許権売買に伴う課税標準額（移転価格税制）の算定指標，投資指標などのビジネス目的に適合するいわばベンチマークとしての「特許権価値評価モデル（Patent Valuation Model; PatVM[*1]）」を構築するに至った（詳しくは，広瀬［2005］および広瀬［2006］を参照されたい）。

footnotes

[*1]　PatVMは広瀬義州他「知的財評価研究会」の登録商標（登録番号4886222）である。

図表5-4　知財評価研究会（特許権価値評価部会）メンバー

座　　長	広瀬　義州	（早稲田大学教授）
座長代理	桜井　久勝	（神戸大学大学院教授）
専門委員	昼間　文彦	（早稲田大学教授）
	藤田　　誠	（早稲田大学教授）
	鈴木　公明	（東京理科大学大学院助教授）
	北山　弘樹	（関西大学助教授）
	本多　茂幸	（公認会計士）
協力委員	岸田　雅雄	（早稲田大学大学院教授）
	金田堅太郎	（久留米大学助教授）
	海老原　諭	（早稲田大学助手）
	平井　直樹	（野村證券主任研究員）
	前川　武俊	（日・米公認会計士）

図表5-5　PatVM活用のフェーズ

1	自社実施による特許製品キャッシュ・フローの評価
2	他社実施によるロイヤリティの算定
3	知的財産の格付
4	特許侵害訴訟額の算定
5	職務発明対価額の算定
6	M＆A戦略におけるタックス・プランニングの際の特許権評価
7	買収資産の一部としての特許権の評価
8	担保化，証券化などの資金調達の手段としての特許権の評価
9	関係会社間の特許権売買に伴う課税標準額（移転価格税制）の算定指標
10	投資指標

ただし，ベンチマークとしての「特許権価値評価モデル（PatVM）」の構築であっても，価値評価にあたっては，上述のコンセプトに基づき可能な限りの客観性を確保するスタンスをとったので，スタンダードとしての特許権価値評価モデルにも十分耐え得るものであると考える。

4　特許権価値評価モデル（PatVM）のアウトライン

　研究会が特許権の価値評価に際して採用した基本的アプローチは，「ブランド価値評価モデル」と同様に期待キャッシュ・フロー・アプローチである。
　すでに述べたように，「特許権価値評価モデル（PatVM）」構築の目的は，ビジネス目的である。すなわち，本評価モデルは，図表5－5のようなさまざまなビジネスフェーズで価値評価するいわばベンチマークとしての役割を担うものとして構築した。ビジネス目的で価値評価する場合は，取引が当事者間の相互合意額すなわち相対で行われることが多いことに加えて，必ずしも貨幣額のみによる定量的な評価だけではなく，特許の特質を反映した法的要因，技術要因などの定性要因による評価も加味しなければならない。「特許権価値評価モデル（PatVM）」はかかるコンセプトに基づき，現時点で可能な限り検証可能性を担保できる評価方式を採用するように努めたことにより，スタンダードとしての特許権価値評価にも十分に援用できるモデルでもある。
　そこで，「特許権価値評価モデル（PatVM）」の構築にあたり採用した基本的視点およびコンセプトを述べれば，概ね次のとおりである。
　第1の視点は，特許を用いた新製品（以下，「特許製品」という）の販売からもたらされるキャッシュ・フローの額，期間，リスクなどの予測の合理性を可能な限り担保することである。そのための1つの考え方は，まず自社実施の特許

製品の販売から生じるキャッシュ・フロー全体を販売にかかわる定性要因を加味することにより製品別販売予測値の合理性を担保し，次いでそこから特許の貢献分を切り出すことである。このことによって，自社実施の特許のみから生じるキャッシュ・フローを抽出できることになる。

第2の視点は，他社に実施許諾をした特許から生じるキャッシュ・フローを，自社実施から生み出されるキャッシュ・フローに加算して当該特許の価値評価額とすることである。

要するに，特許権の価値評価額は，自社実施と他社実施の両者からもたらされるキャッシュ・フローとすべしとするコンセプトである。

第3の視点は，特許のもつ法的および技術的の保護の強弱を価値評価に加味することであり，これはとりもなおさずキャッシュ・フローを生み出す特許の強度とリスクを加味することにより，第1の視点の特許製品の販売からもたらされるキャッシュ・フローの全体額，期間などの予測の合理性を担保することのみならず，第2の視点までに算定した特許の価値評価額の合理性を確保しようとするものである。

次なる課題は，これらの視点をどのように反映させてモデル構築をするかであるが，これがこの種の価値評価モデルを構築する際に一番の難所であるといってよい。もちろん，価値評価モデルを構築するためのアプローチ，またモデルに用いるためのドライバーとしてはいろいろなものが考えられ，鋭意検討を加えたが，特許権の本質に鑑みて，価値評価の対象をキャッシュ・フローを創出している特許権のみとすることとし，そのためにはファイナンス，会計，技術および法律の手法を重視するコンセプトで本モデルを構築することにした。

その結果，「特許権価値評価モデル（PatVM）」は，特許権の特質を反映する次の3つのドライバーを用いて特許権価値評価額を算定することにした。

1 　自社実施による独占的事業価値（Monopoly Value; MV）を算定するた

めのキャッシュ・ジェネレーション・ドライバー（Cash Generation Driver; CGD）

2　特許権の法的，技術的な強度を表すためのプロテクション・ドライバー（Protection Driver; PD）

3　他社実施特許権によるロイヤリティ収入価値（以下，「他社実施による特許権収入価値（Royalty Value; RV）」という）を算定するためのロイヤリティ・ドライバー（Royalty Driver; RD）

要するに，特許権の価値評価にあたっては，キャッシュ・ジェネレーション・ドライバー（ＣＧＤ），プロテクション・ドライバー（ＰＤ）およびロイヤリティ・ドライバー（ＲＤ）の３つのドライバーを用いて特許権がもたらすキャッシュ・フローである特許権価値評価額（Patent Value; PatV）を計算している。

図表５－６　特許権価値評価モデルのコンセプト

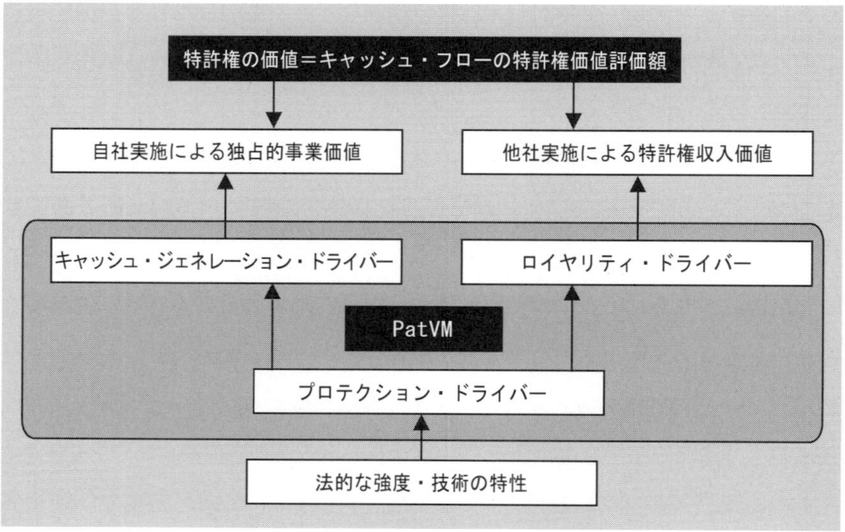

第5章　特許権価値評価と知的財産会計

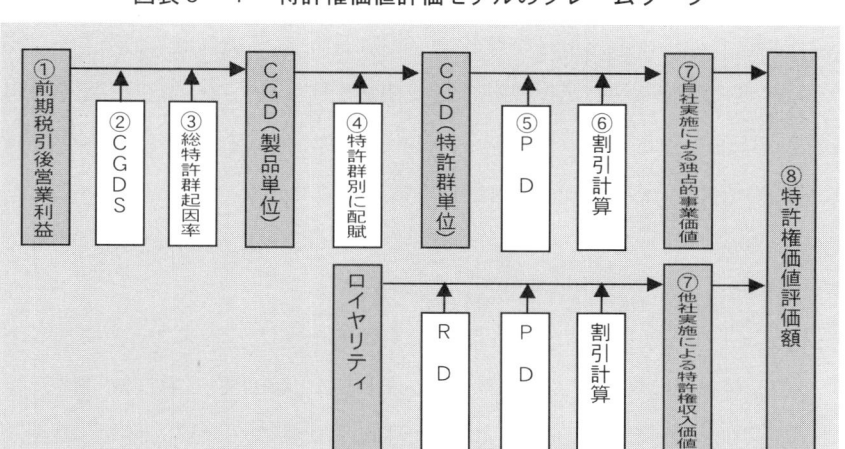

図表5-7　特許権価値評価モデルのフレームワーク

図表5-7に即して特許権価値評価額を算定する具体的プロセスを説明すれば，次のとおりである。

まず，評価対象の特許群をAとして，その価値評価額（Patent Value; PatV）は，特許群Aの自社実施による独占的事業価値（MV）と他社実施による特許権収入価値（ロイヤリティの割引現在価値（RV））からなる。

MVを求める手続は，次のとおりである。まず，特許権が生み出す将来のキャッシュ・フローを見積もるためには，評価対象の特許群が用いられている製品（特許製品）が生み出すキャッシュ・フローを見積もらなければならない。

かかるキャッシュ・フローとして，PatVMでは当該特許群Aが採用されている製品別の前期税引後営業利益（Operating Profits; OP）をベースに，（製品別）営業利益予測値を推定する。その際，予測値の合理性を可能な限り担保するために，営業利益に影響を及ぼすと考えられる6つの定性要因（Cash Generation Driver Score; CGDS）から得られた営業利益調整係数（Operating Profit Adjustment Coefficient; OPAC）によってOPを調整する。

115

そうして得られた予測キャッシュ・フロー（ＯＰ×OPAC）に，総特許群起因率（Patent Contribution Rate）を乗じて，総特許群による貢献分を抽出する。総特許群起因率は，直近５期の研究開発支出総額（Ｒ＆Ｄ）を同時期の営業費用総額（ＯＥ）で除して求めている。さらに，（均等な価値をもつように分類された）特許群の数（ｎ）で総特許貢献分を除することによって，当該特許群Ａの貢献分を求める。それがキャッシュ・ジェネレーション・ドライバー（ＣＧＤ）である。

さらに，本モデルでは，特許群Ａの予測キャッシュ・フロー，すなわちＣＧＤそのものにリスクプレミアムを加味することはせずに，この予測キャッシュ・フローが継続して生じると考えられる特許群Ａの実質的有効存続期間（Patent Driver; PD）を推定，適用することで確実性等価を求めるという手法を用いている。ＰＤは当該特許群Ａの法的強度（Legal Protection Driver Score）と技術特性（Technology Protection Driver Score）をさまざまな側面から検討したうえで推定したプロテクション・ドライバースコア（Protection Driver Score; PDS）に基づいて求められる。

このようにして得られた確実性等価を無リスク利子率（ｒ）で割り引くことによって，最終的に自社実施による特許権Ａの独占的事業価値，すなわちMVを算定する。

他社実施による特許権収入価値（ＲＶ）は，契約他社からの今後のロイヤリティの割引現在価値として算定される。特許群Ａの予測ロイヤリティ・キャッシュ・フロー，すなわちロイヤリティ・ドライバー（ＲＤ）は，細分すれば，他社との契約（ｉ）ごとにおける契約特許（ｊ）ごとのロイヤリティ（Rij）に，そのロイヤリティ・ドライバースコア（Royalty Driver Score; RDS）を加味したうえで，合計して求める。なお，このロイヤリティ・ドライバースコアは，ＭＶを求める際のCGDSに対応する役割を担うものである。

さらに，こうして得られたＲＤが先に求めた実質有効存続期間（ＰＤ）と同期間継続するとしてロイヤリティ・キャッシュ・フローの確実性等価を求め，それを無リスク利子率によって割り引くことで，ロイヤリティの割引現在価値，すなわち他社実施による特許権収入価値（ＲＶ）を算定する。

このように求めた，自社実施による特許権価値を表すＭＶと他社実施による特許権収入価値を表すＲＶを合計したものが，当該特許群Ａの価値評価額（PatV）を示すことになる。

なお，新製品に１特許群しか用いられていなければ，**図表５－７**の④のプロセスは不要となる。しかし，このようなケースは，医薬品業界，素材産業を除き，きわめて稀であるところから，新製品に複数の特許群が用いられている場合には，**図表５－７**の④のプロセスを加味した**図表５－８**のスキームを用いなければなければならない。

図表 5－8　特許権価値評価モデル（PatVM）のスキーム

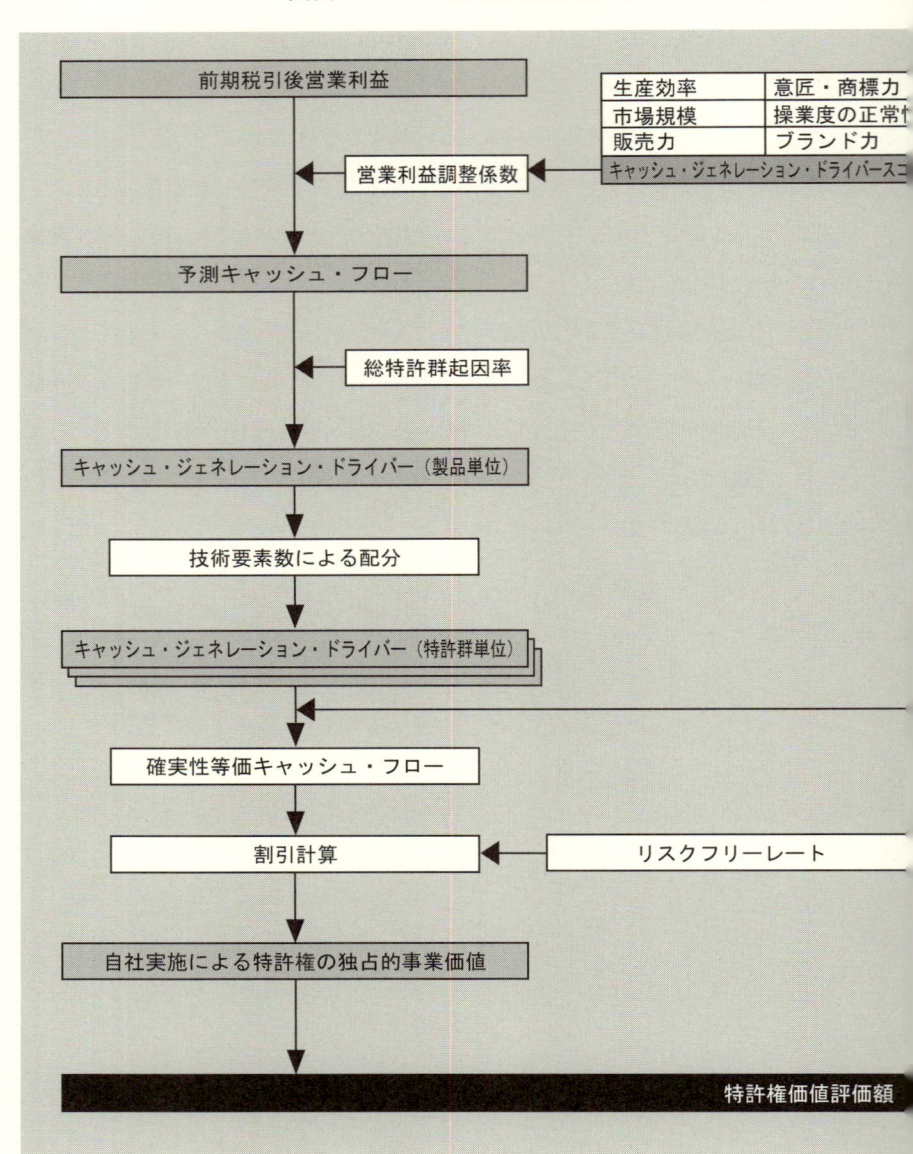

```
前期税引後営業利益                    ┌─────────┬──────────────┐
       │                            │生産効率  │意匠・商標力      │
       │                            │市場規模  │操業度の正常性    │
       │                            │販売力    │ブランド力        │
       ▼                            ├─────────┴──────────────┤
   営業利益調整係数 ◄──────────── キャッシュ・ジェネレーション・ドライバースコ
       │
       ▼
 予測キャッシュ・フロー
       │
       │ ◄── 総特許群起因率
       ▼
キャッシュ・ジェネレーション・ドライバー（製品単位）
       │
       ▼
  技術要素数による配分
       │
       ▼
キャッシュ・ジェネレーション・ドライバー（特許群単位）
       │
       ▼
 確実性等価キャッシュ・フロー
       │
       ▼
    割引計算  ◄──────────── リスクフリーレート
       │
       ▼
自社実施による特許権の独占的事業価値
       │
       ▼
                                              特許権価値評価額
```

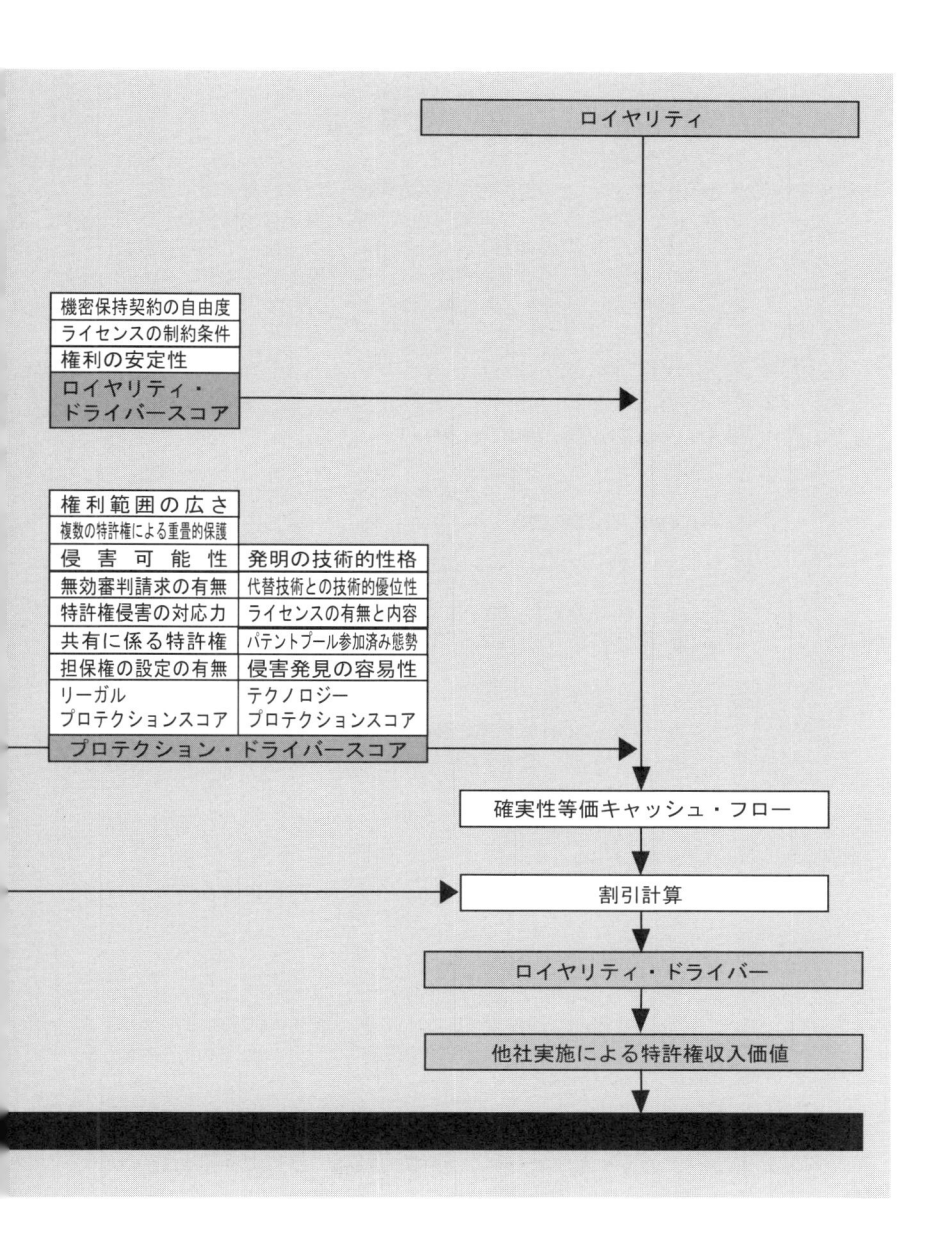

第5章　特許権価値評価と知的財産会計

```
                    ┌──────────────┐
                    │  ロイヤリティ  │
                    └──────┬───────┘
                           │
┌─────────────────┐        │
│機密保持契約の自由度│        │
│ライセンスの制約条件│        │
│権利の安定性      │        │
│ロイヤリティ・    │────────▶
│ドライバースコア  │
└─────────────────┘

┌──────────────────────────────────┐
│権利範囲の広さ                     │
│複数の特許権による重畳的保護         │
│侵害可能性      │発明の技術的性格    │
│無効審判請求の有無│代替技術との技術的優位性│
│特許権侵害の対応力│ライセンスの有無と内容│
│共有に係る特許権 │パテントプール参加済み態勢│
│担保権の設定の有無│侵害発見の容易性    │
│リーガル       │テクノロジー        │
│プロテクションスコア│プロテクションスコア │
│ プロテクション・ドライバースコア    │
└──────────────────────────────────┘
                           │
                           ▼
                ┌─────────────────────┐
                │確実性等価キャッシュ・フロー│
                └──────────┬──────────┘
                           │
──────────────────────────▶┌──────────┐
                           │  割引計算  │
                           └─────┬────┘
                                 ▼
                    ┌──────────────────┐
                    │ロイヤリティ・ドライバー│
                    └─────────┬────────┘
                              ▼
                ┌──────────────────────┐
                │他社実施による特許権収入価値│
                └──────────────────────┘
```

以上述べてきた考え方をまとめたのが，次の「特許権価値評価モデル（PatVM）」である。

特許権価値評価モデル（PatVM）

特許権価値評価額＝自社実施による特許権の独占的事業価値＋他社実施による
　　　　　　　　　特許権収入価値＝［前期税引後営業利益×営業利益調整係数
　　　　　　　　　×｛直近5期の実際研究開発支出の総額÷直近5期の営業費
　　　　　　　　　用の総額｝×｛1÷対象特許製品Pの技術要素の総数｝］の割引
　　　　　　　　　現在価値＋［特許群Aに含まれるすべての特許権の｛ロイヤリ
　　　　　　　　　ティ×（ロイヤリティ・ドライバー÷15）｝の合計］の割引
　　　　　　　　　現在価値

$$PatV = MV + RV$$
$$= MV(CGD, PD) + RV(R, PD, r)$$
$$= OP \times OPAC(CGDS) \times \frac{\sum_{t=-4}^{0} R\&D_t}{\sum_{t=-4}^{0} OE_t} \times \frac{1}{n} \times \sum_{T=1}^{PD(PDS)} \frac{1}{(1+r)^T}$$
$$+ \sum_{i=1}^{I} \sum_{j=1}^{J} \left(R_{ij} \times \frac{RDS_{ij}}{15} \right) \times \sum_{T=1}^{PD(PDS)} \frac{1}{(1+r)^T}$$

PatV	：特許権価値評価額
MV	：自社実施による特許権の独占的事業価値
RD	：ロイヤリティ・ドライバー
PD	：プロテクション・ドライバー
RV	：他社実施による特許権収入価値
OP	：前期税引後営業利益
OPAC	：営業利益調整係数
CGDS	：キャッシュ・ジェネレーション・ドライバースコア
R&D	：実際研究開発支出
OE	：営業費用
n	：特許製品の技術要素の総数
PDS	：プロテクション・ドライバースコア
R_{ij}	：対象特許群Aの第i契約における第j構成特許権のロイヤリティ
RDS_{ij}	：R_{ij}のロイヤリティ・ドライバースコア
r	：リスクフリーレート

最後に，PatVMの特徴をまとめれば，概ね，次のとおりである。

1　特許権の特質を反映し，その価値の正確な評価を行うために必要不可欠と

考えられる定性的な要因については，これを積極的に取り入れたが，その際にも，定量要因と同様に，ブラックボックス化しないように検証可能性を確保し，かつ一定の合理性をもったルールに基づくスコアリングを行うことにより，財務諸表監査による信頼性を担保できるモデルを構築した。

2 PatVM は，さまざまなビジネスフェーズにおけるベンチマークとしての特許権価値評価モデルを志向しているが，上記1のように財務諸表監査による信頼性を担保したことにより，会計，税務などのフェーズにおけるオン・バランス目的，すなわちスタンダードとしての特許権価値評価にも援用できるモデルである。

3 PatVM は，価値評価を行うにあたって必要なさまざま調整要因を，キャッシュ・ジェネレーション・ドライバースコア（CGDS），ロイヤリティ・ドライバースコア（RDS）およびプロテクション・ドライバースコア（PDS）の3種類に分け，ファイナンス，会計，技術，法律その他関連学問の視点から広汎かつ詳細な分析を行ったうえで，客観的なスコアリングメソッドを定式化している。

4 PatVM をすべての業種に適用可能な汎用モデルにするために，上記で定式化されたスコアリングメソッドに基づく具体的な特許群ごとのスコアリングについては，当該技術に最も詳しい鑑定評価人等の専門家に委ねるなどの工夫を講じている。

5 PatVM は期待キャッシュ・フロー・アプローチに基づいているが，予測キャッシュ・フローの存続期間を推定することで，キャッシュ・フローの確実性等価を求めるという新しい手法を採用している点で他には類をみない新規性がある。

Reference

- 工業所有権法研究グループ編（2004）「特許法（14訂版）」国立印刷局。
- 知的財産戦略会議（2002）「知的財産戦略大綱」。
- 広瀬義州（2003）「知的財産の証券化スキーム―ブランドと特許権を中心に―」税経通信，第58巻第9号。
- 広瀬義州（2005）「特許権価値評価モデル（PatVM）活用ハンドブック」東洋経済新報社。
- 広瀬義州（2006）「特許権価値評価モデル（PatVM）」東洋経済新報社。

6 知的財産の価値評価と事業創出利益

1 会計の中心理念と利益

　会計で古くてかつ新しい問題は，利益をめぐるものである。それは，利益こそが企業会計，いや「○○会計」と名のつくすべての会計の一番重要な要素であり，中心理念にほかならないからである。

　いみじくも，「近代会計の父」とよばれているリトルトン（A. C. Littleton）も，約半世紀以上も前に会計の中心理念，いわば心髄（center of gravity）は，「利益」であると述べている[*1]。本章の目的は，知的財産の価値評価に伴って生じる

---
footnotes

[*1] この点につき，リトルトンは次のように述べている。「会計学には，これを他のすべての計量分析手法と区別させる何らかの基礎概念があるに違いない。すなわち，他の手法よりも会計の特徴である目的，効果，結果，結末，目標をより適切に表わす何らかの中心理念，いわば『心髄』があるに違いない。考え方のようなものは，おそらく定義することができない。それが本当に基礎的なものであるならば，いわずもがな会計の多くの諸概念に取り入れられ，そのうちのいくつかは定義そのものに用いられているといえよう。したがって，会計学の心髄という考え方は，定義によって伝えられるのではなく，説明によって伝えられなければならないといえよう。同じような難しさが他の思想分野においてもしばしばみられるので，上述したことは特別なわけではない。すなわち『科学の分野であると哲学の分野であると問わず，すべての基本的研究は，あえて定義しないままでその分野にだけに通用する，少なくとも1つの観念から出発するものである。』この種の特徴的な観念の例をあげると，次のとおりである。数学には数，幾何学には点，物理学には力，天文学には宇宙空間，生物学には生命，心理学には意識，論理学には思考，倫理学には善，美学には美，音楽には協和音，法律学には正義，政治学には公平，経済学には価値である。しかるに，会計学には─？（Littleton［1953］, p. 18）」

評価差額である事業創出利益の本質について論じることにあるが，さしあたり会計上の利益についての論点およびその一般的な考え方について整理しておくことにしよう。

会計上の利益の論点は，少なくとも次の3点があるように思われる。

1　利益とは何か，すなわち利益概念
2　利益はどのように測定するのか，すなわち利益測定
3　利益はどのような性質であり，それはいつ認識するのか，すなわち利益認識

まず，第1の利益概念であるが，素朴に考えると，「ヒックス（John Hicks）流の個人の事前（期待）所得すなわち富裕（1週間の個人所得の増加分）」，「純資産の増加分」，「収益と費用の差額」など，さまざまな考え方がある。しかし，利益概念は，資産概念，負債概念などと異なり，いずれも第2の利益測定を前提にしている点に特徴がある。すなわち，どのような測定方法をとるのかによって，利益概念が異なることである。ここに，利益概念を難しくし，また古くて新しい問題にしているゆえんがある。

しかも，その利益はどのような性質をもち，またその利益をいつ貸借対照表または損益計算書，さらには別の財務表のいずれに計上するかという第3の認識の問題も，第2の利益測定に依拠しており，問題をますます複雑にしているといえる。そうしてみると，利益をめぐる論点の中心は，利益測定にこそあるといえよう。

2　利益測定の方法―資産負債アプローチ法と収益費用アプローチ法

それでは，利益はいったいどのように測定するのであろうか。大別すれば，

ストックで測定する方法とフローで測定する方法とがある。前者の典型は，資産負債アプローチ（Asset-Liability approach）であり，後者の典型は，収益費用アプローチ（Revenue-Expense approach）である。

しかし，資産負債アプローチにせよ，収益費用アプローチにせよ，FASB (1976) によれば，「いずれも単一の統一されたアプローチではなく，利益測定という点で等しく共通のとらえ方をするいろいろな見解からなっている（par. 43）」という。その意味では，財産法も損益法も，資産負債アプローチまたは収益費用アプローチに入れてよいのかもしれない。

かかる理解が正しいとすれば，資産負債アプローチまたは収益費用アプローチは，それぞれのアプローチ自体に確たる定義があるわけではなく，ストックの価値を測定する方法とフローの差額を測定する方法の代名詞にすぎないといえよう。

問題の所在は，いずれのアプローチを選択するのかによって利益$*_2$はもとより，財務諸表項目の構成要素の本質，定義などが異なるために，ストックを中心に会計の考え方を組み立てるのか，それともフローを中心に会計の考え方を組み立てるのかという会計観の違いにまで及ぶ点にある。日本では，この傾向がきわめて強いように思われるので，これらのアプローチの考え方を理解することが重要である。

いずれのアプローチの支持者も，原則として，連繋した財務表を前提にしているので，「両アプローチ間の異同点は連繋という文脈で論じられる（*ibid.*, par. 43）」ことである。

footnotes ───────────────────────────

*2 FASB の概念ステートメントでは，包括利益（comprehensive income）と区別するために稼得利益（earning）が用いられているが，本書では稼得利益を単に純利益ということもある。ただし，累積的会計修正は前者には含まれないが，後者には含まれる（FASB [1984], par. 44）。

ここに,「連繋（articulation）とは,共通する1組の勘定および測定値から生じる稼得利益計算書（およびその他の財務諸表）と財政状態計算書（貸借対照表）の相互関係をいい（*ibid.,* par. 72)」,「複式記入による発生主義会計は連繋を定式化したもの（*ibid.,* par. 82)」であり,「連繋した財務諸表においては,利益は純資産の増加に帰着し,逆に,純資産のある種の増加は利益として表現される（*ibid.*)」。要するに,連携を端的に説明すれば,貸借対照表の構成要素と損益計算書の構成要素（資産・負債と収益・費用）が複式簿記システムにより相互に有機的な関連性をもち,その結果クリーンサープラス関係$_{*3}$が保たれることであるといえよう。

　したがって,連繋を前提にする限り,「貸借対照表は損益計算書の連結環である」という言葉に代表されるように,例えば,損益計算書を重視し,また中心に考えれば,貸借対照表は損益計算書に従属することになり（逆もある),両財務表はその目的をめぐり二項対立的な対峙関係になる。

　資産負債アプローチと収益費用アプローチ問題の端緒であるFASB（1976）によれば,「資産負債アプローチは,利益およびその内訳要素を定義するのに資産・負債の定義を拠り所にする。……（中略）……これに対して,収益費用アプローチは,利益を定義するのに収益・費用の定義,および収益・費用の関連づけまたは『対応』に依存する（そこでは,利得・損失の定義もまた重要となろう)（par. 35)」という。以下,このFASB（1976）に基づいて,本節では両アプローチの特徴,論点などを整理しておこう。

　まず,資産負債アプローチのもとでは,「利益」とは,1会計期間の純資産の増加分の測定値であるとみなされる。すなわち,利益は,経済的資源を財務

footnotes
* 3　クリーンサープラス関係とは,純資産の変動額が損益計算書上の利益を経由しており,したがって剰余金には損益計算書を経由していない項目が混入されていない状況をいう。

的に表現した資産の増加分と経済的資源の引渡し義務を財務的に表現した負債の減少分によって定義される (*ibid.,* par. 34)。

したがって、このアプローチのキー・コンセプトは、資産（経済的便益である純資産の増加分）と負債（経済的便益の犠牲である純資産の減少分）にあり、SFAC6号にみるように資本、利益、収益、費用、利得、損失その他の財務諸表の構成要素の定義はすべて資産および負債の定義から導かれるし、また、かかる構成要素の測定はすべて資産および負債の差額またはその変動額として測定される。例えば、収益は当該期間の資産の増加および負債の減少に基づいて、また費用は当該期間の資産の減少および負債の増加に基づいて、それぞれ定義される (FASB [1985], pars. 78 and 80)。ただし、純資産の増減のすべてが必ずしも利益として定義されるわけではない (FASB [1976], par. 36)。増資、減資その他の資本取引および過年度損益修正が利益として定義されないためである。

以上のことから、資産負債アプローチにおいては、資産および負債の定義こそが、利益を定義するために必要不可欠であるといえるし、「利益」とは、事業活動からのいわゆる業績利益はもとより、資本取引を除く純資産の増加額であると定義できる。

これに対して、収益費用アプローチのもとでは、「利益」とは、「儲けを得てアウトプットを獲得し販売するためにインプットを活用する企業の効率性の測定値 (*ibid.,* par. 38)」であり、通常、アウトプットはその販売価値によって、またインプットはアウトプットを生産するために用いられた原価で測定されるとみなされる (*ibid.,* par. 40)。すなわち、利益とは「期中に企業が財貨の生産および販売または用役の提供を行って得た成果 (*ibid.,* par. 214)」を財務的に表現した収益と当該「収益を得るためにその期中に使用された資源 (*ibid.,* par. 214)」を財務的に表現した費用との差額によって定義される (*ibid.,* par. 38)。すなわち、使い古された言い方をすれば、収益費用アプローチのもとで「利益」

とは，成果と努力（または犠牲）との差額である。

したがって，このアプローチのもとでは，収益と費用が重要であり（*ibid.*, par. 42），これらは現金の収入・支出が生じた期間ではなく，アウトプットとインプットが生じた期間にそれぞれ認識される。そうであるならば，このアプローチのキー・コンセプトは，実現収益と費消された歴史的原価の対応（*ibid.*, par. 44）にあり，その限りにおいては，未実現のストックの増加分（評価増）は期間収益とされないので，「利益」とは実現利益のみということになる。

しかも，このアプローチのもとでは，資産・負債の測定は，一般に利益測定プロセスの条件によって決定されるので，企業の経済的資源を表さない項目または他の実体に資源の引渡し義務を表さない項目が資産・負債またはその他の構成要素とされることがある（*ibid.*, par. 42）。繰延資産，繰延収益，修繕引当金などが，その例である。これらは期間利益を適正に測定するのに必要であると説明されるが，端的にいえば収益費用アプローチが対応と配分の名を借りた利益の平準化を重視していることにほかならないことを意味しているといえよう。ともかく，これらの項目は，これらを資産または負債とよぶか収益または費用とよぶかは別にして，資産負債アプローチと収益費用アプローチの根本的な相違の1つである。

収益費用アプローチの論点は，収益と費用の測定ひいてはそれらの定義にこそある。なぜならば，このアプローチのもとでは，「収益は一般に取得された資産または弁済された負債の価値によって測定され，また，費用は一般に費消された資産または発生した負債によって測定されるので，利益は企業の富の増加の測定値に帰着する（*ibid.*, par. 49）」からである。

要するに，収益費用アプローチの問題は，「成果」も「努力」もこれらを測定するためには別の物差しが必要であり，すなわち収益または費用が資産概念または負債概念を用いなければ，測定も，明確な定義もできない点にある。もっ

とも，このアプローチの支持者は，「利益は基本的には企業の経営成績または利益稼得能力の測定値であって，それが富の増加の測定値になるのは，単なる偶然にすぎない（ibid., par. 49）」と述べ，「利益は実現収益から当該収益に係るすべての費用を控除して測定する（ibid., par. 50）」ことを強調している。

しかし，このアプローチのもとでは，事実として，実現収益にせよ，それは取得した貨幣性資産で測定され，また費用も上述のように純資産の減少分によって測定されている。いいかえれば，「ある項目を資産，負債，収益，費用などとして財務諸表に正式に記録するか記載すること（FASB［1984］, par. 6）」の意味で用いるならば，収益費用アプローチのもとでの収益の認識が純資産の増加に帰着し，費用の認識が純資産の減少に帰着する以上，富の増加の測定値になるのは単なる偶然にすぎないとする収益費用アプローチの支持者の見解は，詭弁にすぎず，説得力を欠くといわざるを得ない。

次に，わが国で古くから利益計算の考え方とされる財産法と損益法について検討を加えよう。財産法と損益法については，しばしば水槽の比喩をもって説明される（岩田［1956］, 6頁）。

1つは財産法といい，t_1 期末の水の量（C'）が t_1 期首にあった水の量（C）に比べてどれだけ増えたか（ΔC）によって利益計算（$P = \Delta C = C' - C$）をする考え方であり，資産負債アプローチと基本的に同一のコンセプトであるといってよい。

これに対して，もう1つは損益法といい，水槽に注入される水の量（R）と水槽から排出される水の量（E）を測定し，その差を求める考え方であるが，この方法は，注水量と排出量とがメーターなどであらかじめ測定されていることが前提になっている。すなわち，損益法のもとでは，注入される水の量（収益）と排出される水の量（費用）のフローがそれぞれ直接に計算されるのではなく，当該注入量と排水量があらかじめメーターなどのストックの手法を用いて計算

されており,その計算済みの注入量と排出量の差額計算していることを意味しており,基本的にストックの価値計算または財産法を前提にしている。

したがって,損益法に基づく損益計算書を中心に考えると,フローである収益と費用が定義できず,結局これらは純資産の増減額によってしか測定できない。その意味で,損益法は基本的に収益費用アプローチと同一のコンセプトであるといえる。勘定理論において,資産,負債が実在勘定といわれ,収益,費用が名目勘定といわれるのも,このことを端的に表しているといえよう。

しかし,上述した貸借対照表と損益計算書の連繋を前提に,財産法と損益法とをまたは資産負債アプローチと収益費用アプローチとを二項対立的に対峙させて,いずれの方法が利益測定として優れているかを概念的に整理することは意味があるとはいえようが,実務上はあまり意味がないように思われる。

連繋問題の本質は,直面する経済事象をストックの価値評価を中心に考えるのか,フローの差額計算を中心に考えるのかにある。すなわち,「収益実現ルールと費用対応ルールは,資産負債アプローチのもとで資産および負債の変動を認識する手段になりうるし,逆に資産および負債のある種の変動の認識は,収益費用アプローチのもとで収益実現の手段または収益費用対応の手段になりうる(FASB [1976], par. 46)」といえる。いいかえれば,前者の思考で作成する貸借対照表と後者の思考で作成する損益計算書が,車の両輪の関係にあり,相互補完的に実務上も機能している[*4]。

論点は,連繋を前提にするにせよ,しないにせよ,それぞれから導き出される利益の本質をどうみるのかにあるように思われる。

---
footnotes

[*4] いみじくも,「利潤計算原理」を著した岩田巌教授も,財産法にも損益法にもそれぞれ致命的な欠陥があることを指摘されたうえで,両方法が補完する関係にあるとして,概ね,次のように述べられている(岩田 [1956], 46 − 51 頁)。

第6章　知的財産の価値評価と事業創出利益

3　資産負債アプローチと評価差額

　資産負債アプローチと収益費用アプローチとの違いは，(1)資産負債アプローチのもとで認識される何らかの評価差額が収益費用アプローチのもとでは期間利益としては認識されず，(2)資産負債アプローチのもとで資産または負債としては認識されない繰延資産，繰延収益，修繕引当金などが収益費用アプローチのもとでは，資産または負債として認識されるところにある[*5]。事業創出利益について論じることを目的にしている本章では，収益と費用を定義できる資産負債アプローチを前提に，以下，(1)の問題について検討を加えよう。

　まず，資産負債アプローチのもとで生じる評価差額については，理論上，

1　すべての貸借対照表項目を時価または現在価値（以下，「公正価値[*6]」という）で評価した結果生じる評価差額
2　一部の貸借対照表項目については原価評価，残りの貸借対照表項目に

　まず，財産法には，少なくとも2つの欠陥がある。1つは，利益に相当する財産の実際在高の確定があるだけで，その原因分析ができないということであり，もう1つは，期中に資本の変動がない，いいかえれば期中に資本取引がない場合に限り，利益を正確に計算できるということである。また，損益法にも，次のような欠陥がある。損益法は，収入－支出＝現金という収支計算を基本にしており，収入があったときに収益を認識し，支出があったときに費用を認識するが，収入と収益，支出と費用が必ずしも同時に発生するとは限らないので，損益法によって計算された利益は必ずしも正確ではない。
　要するに，岩田教授は，「財産法と損益法はいずれも1本立ちができないのであって，結合されてはじめて利潤計算として成立することになる。だから，2つの異なる利潤計算があるのではなくて，利潤計算はひとつしかないといった方がむしろ正確かもしれない（岩田［1956］，49頁）」という。

[*5] もとより，前払費用，前受収益，未収収益および未払費用の経過勘定項目は，権利・義務であるので，資産負債アプローチであれ収益費用アプローチであれ，資産または負債である。

　　　　ついては公正価値で評価した結果生じる評価差額
　　　３　すべての貸借対照表項目を原価評価した結果生じる評価差額
の３種類が考えられる。

　問題の所在は，１および２のように，貸借対照表項目の全部または一部を公正価値で評価するとともに，その評価差額（または評価益）が未実現とみなされるケースをどう考えるかである。

　この場合には，

(1)　評価額を貸借対照表に計上するとともに，かかる評価差額を損益計算書を通さず直接に資本の部に計上する資本直入方式，

(2)　評価額を貸借対照表に計上するとともに，評価差額を実現するまでは包括利益計算書または稼得利益・包括利益計算書のその他の包括利益または損益計算書の欄外のその他の包括利益に計上し，実現したときに包括利益計算書もしくは稼得利益・包括利益計算書または損益計算書の当期利益に計上するいわゆるリサイクリング方式，

(3)　評価額を貸借対照表に計上するとともに，評価差額（実現利益または実現可能利益）を稼得利益・包括利益計算書または損益計算書の当期利益とするいわゆる全面時価評価方式

がある。

---
footnotes

[*6]　ちなみに，SFAS 142 号によれば，「資産（または負債）の公正価値とは，独立した当事者間による競売または清算による処分以外の現在の取引において当該資産（または負債）を購入（もしくは発生）または売却（もしくは決済）する場合の価額をいう（FASB［2001］, par. 23)」とされている。本来，公正価値は第三者との公正な取引を前提に取得原価も時価も包摂する広い概念で用いられていた。例えば，SFAS 107 号などでは，独立した第三者による鑑定，割引キャッシュ・フロー分析その他妥当な手法によって決定された価額を指すときわめて時価に近い概念で用いられているが，最近では，従来，現在価値などは厳密には時価ではないにもかかわらず時価扱いされていたものを公正価値とよび，概念整理をしているとも考えられる。

(1)の資本直入方式には，改定 IAS 38 号の認められる代替処理を採用した場合の評価差額，改定 IAS 39 号の一部（トレーディング目的金融資産および売却可能金融資産）および日本の「金融商品基準」の一部（その他有価証券）に資本直入方式を選択したケースなどが，(2)のリサイクリング方式には，SFAS115 号の一部（売却可能証券），日本の「金融商品基準」の一部（売買目的有価証券），SFAS130 号などが，(3)の全面時価評価方式には，IASC（1997），JWG（2000），FASB（1999）などの金融商品の時価評価がある。

まず，(1)の資本直入方式のように，評価増が生じたならば，借方に資産の増加を認識し，貸方に資本の増加を認識するが，純資産の増加が認められるところから，その本質は利益を源泉とする剰余金であると解される。

しかし，(1)の方式の場合で，日本の「金融商品基準」によるその他有価証券の処理のように，次期に評価損が生じ，これが前期の評価益を上回る場合には，借方が資本の減少となるが，これを取引の8要素から会計学的に合理的に説明するのは難しいと思われる。取引の8要素に照らすと，減資と同様の性質であると説明せざるを得ないからである。

「資本直入」方式の場合の「資本」は，クリーンサープラス関係が保たれていないだけであって，「その他の包括利益」と同様にその本質は利益であることに変わりなく，しかもいずれも未実現利益を措定している会計処理である点で共通している。違いは，評価差額の相手勘定であるストックが費用化するか否かである。すなわち，「資本直入」方式を採用する場合には，「資本」に計上される評価差額の相手勘定である借方のストックは原価配分または償却による費用化によって期間損益計算に算入されない性質のものでなければならないし，逆にかかるストックが原価配分または償却による費用化によって期間損益計算に算入される性質のものであるならば，損益計算書または稼得利益・包括利益計算書におけるその他の包括利益に計上するのが筋であると思われる。

また，資本直入方式は，伝統的会計とは異なり，貸借対照表と損益計算書の連繋が保たれていない。財務諸表が連繋していない場合には，「利益は，資産・負債の測定およびかかる属性の変動とは独立して測定されるので，利益が必ずしも純資産のある種の変動を表すとは限らない（FASB［1976］，par. 72）」といえる。例えば，**図表6－1**にみるように資産負債アプローチで測定した純資産の増加額は株主資本の資本取引を除く当期変動額（利益剰余金）とその他包括利益累積額からなるのに対し，収益費用アプローチで測定した損益計算書上の利益は純利益のみであるので，貸借対照表上の純資産の増加額と損益計算書上の利益額にギャップが生じることになる。

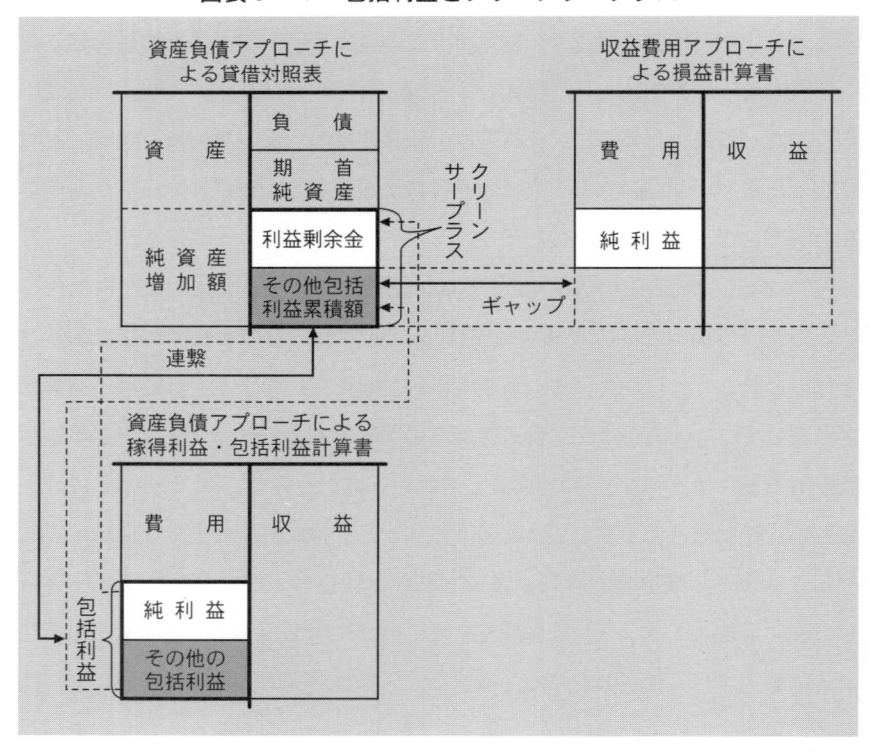

図表6－1　包括利益とクリーンサープラス

第6章　知的財産の価値評価と事業創出利益

　このギャップは,「その他の包括利益 (other comprehensive income)」とよばれ,SFAS130 号では「包括利益」概念を導入（［資産負債アプローチで測定した純資産の増加分＝包括利益］＝［収益費用アプローチで測定した損益計算書上の純利益＋資産負債アプローチで測定したその他の包括利益］）し,リサイクリング（「その他の包括利益」が実現したときに,これを「その他の包括利益」から抜き純利益に計上する）で調整し,連繋を保たせようとしたが,別の問題,すなわち「その他の包括利益」の情報価値問題を新たにもたらすことになった（FASB［1997］, pars. 22 and 66）。

　ここで重要なのは,一方で資産負債アプローチで生じた評価差額をベースに利益概念を考えながら,他方でリサイクリング方式によって連繋を保とうとする考え方の根底には,伝統的な実現概念があり,これに拘束されていることである。すなわち,リサイクリングという思考は収益費用アプローチをベースにしており,資産負債アプローチを厳密に貫徹しようとすれば,リサイクリングの思考をとるのは論理的におかしいことになる。この点については,後述するIASB-FASB のニュー・プロジェクトで資産負債アプローチを厳密に適用し,リサイクリングにこだわっていないことからみても首肯できるところである。

　さらに, (3)の金融商品についての全面時価評価方式にしても,貸借対照表と損益計算書の連繋は保たれているが,貸借対照表上の利益と損益計算書上の利益が一致しない。すなわち,すべての資産・負債が公正価値評価されるわけではないので,損益計算書上には,実現利益,実現可能利益,さらには未実現利益が混在した利益が期間利益として計上されることになる。

4　稼得利益と包括利益

　これまで検討してきたように，利益の本質を純資産の増加額であると措定すれば，次にかかる利益がいかなる企業活動の範囲から生じるのかによって稼得利益概念と包括利益概念に分類することができる。

　稼得利益とは，ＡＰＢステートメント４号[*7]で初めて提唱された考え方であり，SFAC 5号に継承された純利益の類似概念である。

　稼得利益とは，「一会計期間に実質的に完了した（またはすでに完了済みの）営業循環過程に関連する資産流入額が，直接的または間接的であるとを問わず，当該営業循環過程に関連する資産流失額を超過する（または超過しない）程度と密接な関係にある当該会計期間の業績の測定値である（FASB［1984］, par. 36）」と定義される。要するに，正常営業循環過程で生じる利益が稼得利益である。もちろん，営業循環過程のパターンは業種によって異なることはいうまでもない。「営業循環過程の説明は，一般に，その事業が主として財貨および用役の取得，財貨および用役に時間，場所または形態効用を付加することによるそれらの価値の増殖，財貨および用役の売却ならびに売却代金の回収という一連の諸活動からなる製造業，商業，金融業およびサービス業に適合する。しかし，現金収入が現金支出に先行する場合があり，通常，金融業およびサービス業の営業活動において先行する（FASB［1978］, par. 39, footnote 8）」が，正常循環過程が購入活動，生産・製造活動，販売活動からなる当該企業の営業活動である

---
footnotes

[*7]　「稼得とは収益を生み出す諸活動すなわち仕入，製造，販売，用役の提供，財貨の引渡し，他の企業に資産の利用権を与えること，契約によって特定されている事業の発生等を示す専門用語である。収益が稼得されるプロセスを構成する企業の営利活動のすべてを稼得プロセスとよぶことができる（AICPA［1970］, par. 149）」

ことは間違いない。しかも，稼得利益の中心は「企業の産出物の対価として取得したもの取得すると合理的に見込まれるもの（収益）および当該産出物を生産し，分配するために犠牲となるもの（費用）にある（FASB［1984］, par. 38)」という意味で純利益に類似している。事実，SFAS130号においては，「純利益（net income）という用語を本ステートメントで定義したその他の包括利益に該当しない項目である収益，費用，利得，および損失の集合から生じる財務業績の測定値を表すために用いられている。かかる測定値を表すために『純稼得利益または稼得利益（net earnings or earnings）』などの他のいろいろな用語が用いられることがある（footnote 4）」と述べられ，純利益と稼得利益はニア・イコールとされている。

ただし，稼得利益と純利益の違いを厳密にいえば，当期に認識される前期損益修正の累積的影響額が含められるか否かにあり，稼得利益は基本的に他の会計期間に帰属する項目を可能な限り除外した，一会計期間の業績を示す測定値である（FASB［1984］, par. 34）。しかし，SFAS16号において定義されている過年度修正は，現行の会計実務においては純利益に含められていないという意味で，稼得利益と純利益には何ら違いがないといってよい。

一方，包括利益とは，「取引その他の事象が企業に及ぼす影響についての広範な測定値であり，それは出資者による投資および出資者への分配から生じる持分（純資産）の変動を除き，取引その他の事象および環境要因からもたらされる1会計期間の企業の持分について認識されるすべての変動から構成される（FASB［1984］, par. 39）」と定義される。

すでに「3　資産負債アプローチと評価差額」で述べたように，最近では，「包括利益」という用語は純利益はもとより，包括利益のすべての構成要素の総額を表すために用いられ，包括利益には含められるが，純利益から除かれる収益，費用，利得および損失は「その他の包括利益」とよばれる（FASB［1997］, par.

10)。

　かくして，稼得利益は営業循環過程すなわち「当該企業の目下着手中の主たるもしくは中心的な営業活動（FASB［1984］, par. 83b）」から生じる一会計期間における純資産の増加分であり，その他の包括利益は営業循環過程とは無関係，いいかえれば稼得プロセスを伴わずに生じる1会計期間における純資産の増加分であり，両者の違いは純資産の増加分が稼得プロセスから生じたか否かにあるといえよう。

　具体的に，何が稼得利益で何がその他の包括利益に該当するのかを明らかにするために，資産負債アプローチのもとで生じる代表的な評価差額には，いったいどのようなものがあるのかについて例示的に列挙して，検討してみよう（議論を単純にするために，プラスの評価差額すなわち評価益または保有利得のみを検討対象にする）。

　　1　固定資産再評価益および投資不動産評価差額のように，価格変動から生じる保有利得を源泉とする評価差額で，売却するまで未実現のもの
　　2　売買目的有価証券評価差額，その他有価証券評価差額金などのように，需要と供給から生じる評価差額で，売却するまで未実現のもの
　　3　為替換算調整勘定のように，財務諸表の作成に伴う調整項目
　　4　贈与などのように，対価を伴わないで取得した非貨幣性資産から生じる評価差額で，売却するまで未実現のもの
　　5　ブランドなどの知的財産を価値評価した結果，新規に創出される経済的資源に伴い生じる評価差額（事業創出利益）で，伝統的実現概念では必ずしも包摂できないもの

　まず，1の固定資産再評価益および投資不動産評価差額は，エドワーズ＝ベルが原価節約とよぶように（Edwards and Bell［1961］）購入活動と販売活動における経営者の巧妙さまたは経営手腕の巧みさから生じる保有利得であると考

えれば，かかる利得は営業循環過程または稼得プロセスにあるので稼得利益であるし，そうではなくて稼得プロセスとは無関係の価格変動に起因する評価差額と考えるならば，その他の包括利益である。これに対して，2ないし4は，いずれも営業循環過程とは無関係に生じる評価差額であるので，その他の包括利益である。

問題は，5の事業創出利益である。知的財産はそれぞれの性質が全く異なるところから，ブランドと特許権とでも異なり一般論で述べることが困難であるが，結論からいえばブランドから生じる事業創出利益（ブランド価値評価差額）は利益剰余金（資本直入項目）であるし，特許権から生じる事業創出利益（特許権価値評価差額）は稼得利益またはその他の包括利益である[*8]。

次に，しばしば誤解を招くところから解決しなければならない概念上の問題は，稼得利益および包括利益と実現利益の関係である。

「収益は，実体の進行中の主要なまたは中心的な営業活動の結果として発生したかまたは発生する実際のキャッシュ・インフローまたは期待されるキャッシュ・インフロー（または等価額）を表す（FASB［1985］, par. 79）」ので，その事実を認識し測定するための規準が実現である。要するに，稼得利益および包括利益は利益概念であり，しかも包括利益は稼得利益を包摂する概念（*ibid.*, par. 77）であり，それらの認識・測定を包摂する収益の計上基準が実現である。わが国において稼得利益の代表である純利益が実現利益とイコールとされてき

---

footnotes

[*8] 特許権から生じる事業創出利益（特許権価値評価差額）は，キヤノンなどの特許ビジネスを行っている企業の場合には，正常営業循環過程において創出される特許権の価値評価に伴う評価差額であるところから，「稼得利益」に計上するのが妥当であるといえよう。しかし，後述するように，特許権の自社実施をせずに，ライセンスアウトによって得られる使用料（ロイヤルティ）の場合には，正常営業循環過程において創出されたものではないという意味において，かかる事業創出利益は「その他の包括利益」に計上するのが妥当であるといえよう。

た長い歴史があるために，利益概念と収益の計上基準が混同され，実現か未実現かによって稼得利益と包括利益を分けるとする論者がみられるが，おかしいといわざるを得ない。かりに実現か未実現かの違いであるならば，実現利益または未実現利益とよべばよいし，またそうであるならば，それは認識時点の違いにすぎないので，会計制度を揺るがすような本質的には問題にならないからである。

図表6－2　利益概念と利益計上基準との関係

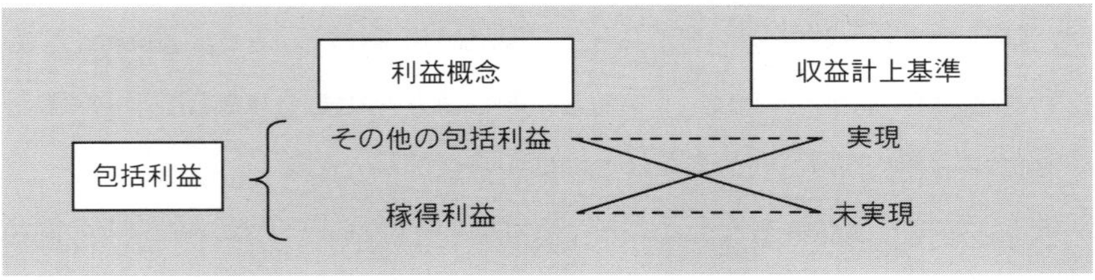

包括利益	利益概念	収益計上基準
	その他の包括利益 ----	実現
	稼得利益 ----	未実現

5　知的財産の価値評価と事業創出利益の本質

　以上，利益概念と利益測定の一般的な考え方についての予備的考察ができたので，次に本論である知的財産，とりわけブランドと特許権の利益測定と利益概念について具体的な考察を加える。

　もちろん，ここでの課題は，知的財産を価値評価した結果，新規に創出される経済的資源に伴う評価差額である事業創出利益であるが，これも厳密には，ブランドと特許権（上述したように本書では，特許権といっても，設定登録され，現在，無形資産に計上されている特許権のみならず，キャッシュ・フローを創出しているすべての特許権を想定している）では異なる。

　両者に共通しているのは，評価対象であるブランドもしくは特許権を期待キャッシュ・フローによる現在価値で評価する点である。かりに，ブランドも

しくは特許権の価格または類似のブランドもしくは特許権の価格が市場で入手することができるのであるならば[*9]，すでに市場における現在価値に対する評価が織り込まれ済みなので，現在価値よる測定をする必要はない（FASB［1997］, par. 17）といえるのかもしれない。しかし，ブランドなどの新規に創出される経済的資源は，売買市場がないために過去または現在の購入市場の価格も販売市場の価格も入手できず，したがって将来の販売市場の価格である割引現在価値で評価せざるを得ないといえよう（広瀬［2004］, 146 — 151 頁）。以下，ブランド，特許権の順に前節5の事業創出利益について検討を加える。

まず，ブランド価値評価益については，経済産業省・ブランド価値評価研究会の「ブランド価値評価モデル」を前提に検討を加える。「ブランド価値評価モデル」の詳細については第4章「ブランド価値評価と知的財産会計」で詳述したので割愛するが，便宜上，借方のブランドを算定する式のみを掲げる。

---

footnotes

[*9] もっとも，ブランドまたは特許権はその性質の唯一無二性ゆえに類似資産の価格を入手しても意味がないといえる。

経済産業省・ブランド価値評価モデル

$$BV = f(PD, LD, ED, r)$$

$$= \frac{PD}{r} \times LD \times ED$$

$$= \frac{\left[\frac{1}{5}\sum_{i=-4}^{0}\left\{\left(\frac{S_i}{C_i} - \frac{S_i^*}{C_i^*}\right) \times \frac{A_i}{OE_i}\right\} \times C_0\right]}{r} \times \frac{\mu_C - \sigma_C}{\mu_C}$$

$$\times \frac{1}{4}\left\{\frac{1}{2}\sum_{i=-3}^{0}\left(\frac{SO_i - SO_{i-1}}{SO_{i-1}} + 1\right) + \frac{1}{2}\sum_{i=-3}^{0}\left(\frac{SX_i - SX_{i-1}}{SX_{i-1}} + 1\right)\right\}$$

PD＝超過利益率×ブランド起因率×当社売上原価
 ＝〔{(当社売上高／当社売上原価－基準企業売上高／基準企業
   売上原価)×当社広告宣伝費(ブランド管理費用[※]比率}の過去5期平均〕
   ×当社売上原価
LD＝(売上原価 μ －売上原価 σ)／売上原価 μ
　　　　　　　　　　　(注) μ および σ は，過去5期の売上原価データにより算出。
ED＝海外売上高成長率および本業以外のセグメント売上高成長率の平均
　　　　　　　　　　(注) それぞれの指標において，最低値を1とする。

S：当社売上高　　　　　　　S＊：基準企業売上高
C：当社売上原価　　　　　　C＊：基準企業売上原価
A：広告宣伝費(ブランド管理費用[※])　OE：営業費用
μ_C：売上原価5期平均　　　　σ_C：売上原価標準偏差
SO：海外売上高　　　　　　SX：非本業セグメント売上高
r：割引率

※財務諸表監査による信頼性を担保できるならば，ブランド管理費用を用いるのが望ましい。

ブランドの価値評価をした段階で，次の仕訳を行う。

（借）ブランド（資産）　×××　　（貸）ブランド価値評価差額　×××

もとより，ブランドの価値評価をするからといって，オン・バランスを想定

第6章　知的財産の価値評価と事業創出利益

しているわけではない。価値評価とオン・バランス化は全く別問題である。この点は，後述する特許権の価値評価についても同じである。

借方のブランドの資産性については，「報告書」で詳述されているところなので（経済産業省企業法制研究会［2002］，67-71頁），これも割愛するが，貸方の「新規に創出される経済的資源に伴う評価差額」であるブランド価値評価差額（⊿BV）は，次式で算定する。

$$BV_{t_1} - BV_{t_0} = \Delta BV$$

ブランド価値評価差額（⊿BV）は，当期を含めて直近5年間の超過利益率の平均値を用いた期待キャッシュ・フロー（超過キャッシュ・フローの割引現在価値）の増加分であり，エドワーズ＝ベルがいう「主観のれん」に近いと解される。

しかし，エドワーズ＝ベルがいう「主観のれん」は，「企業資産の主観価値がその市場価値を超過する分（Edwards and Bell［1961］, p. 55）」であるが，彼らのいう市場価値は，完全市場を前提にすべての項目を公正価値評価した（ibid., p. 27, footnote 2）理論値である。したがって，超過キャッシュ・フローの割引現在価値の増加分であるブランド価値評価差額（⊿BV）は，割引現在価値法という意味では主観価値の算定方法と同じといえようが，主観のれんとは別ものである[*10]。もっとも，ブランド価値評価差額（⊿BV）は主観価値と同様に，事後においてその期待値が完全に正しかったと証明できないという意味では，伝統的会計のフレームワークにおける実現利益ではない。

さればといって，このことは原価（支払対価）─実現主義に立脚して処分可

footnotes

[*10] エドワーズ＝ベルは「のれん」または「客観のれん」を「企業を全体としてみた場合の市場価値が個々の資産の市場価値を超える額」（Edwards and Bell［1961］, p. 30）と定義しており，これも現行会計の「のれん」とは異なり，「全部のれん」に近いといってよい。

能利益の算定を重視する取得原価主義会計システムの俎上に載せにくいという意味であって，新規に創出される経済的資源に情報価値がないというわけではない。しかも，事後においてその期待値が完全に正しかったと証明できないということも，ブランドなどの見えざる知的財産の宿命であり，また割引現在価値法のもつ特徴であるといえよう。

かかる性質のブランド価値評価差額（⊿BV）は，貸借対照表と損益計算書の連繋が保たれないことを前提にすれば，選択肢として「資本に直入」するかまたは「その他の包括利益」に計上するかのいずれしかないといえよう。

「資本に直入」するにせよ，「その他の包括利益」に計上するにせよ，いずれも未実現利益である点で共通している。しかし，「資本に直入」方式の資本は，上述したように利益剰余金であるので，ここに計上される評価差額は原価配分または償却によって費用化しない性質のものでなければならないし，逆にかかる評価差額が原価配分または償却によって費用化する性質のものであるならば，損益計算を通し，その他の包括利益に計上するのが筋であると思われる。

したがって，かかる理解が正しければ，ブランド価値評価差額（⊿BV）は利益剰余金として資本直入すべきであり，またブランドは資産負債アプローチでしか算定できないし，継続企業を前提にする限り基本的にマイナスのブランド価値が生じることがないという点からみても，利益計算を通さないのが理論的であるといえよう。かりに，企業が倒産しブランドが消滅した場合，逆にブランド毀損が生じ企業の継続が困難になった場合には，ブランドの減損処理をすることになるが，その場合であっても減損は損切りであって，費用化ではない。

かりに，ブランド価値評価差額が，SFAS 130号のように，その他の包括利益に計上される場合であるとしても，伝統的な取得原価主義会計を前提にする限り，そのリサイクリングは考えられないといえる。

そうしてみると，知的財産のなかでも，ブランドや特許権のように「見えざ

第6章　知的財産の価値評価と事業創出利益

る経済資源」を価値評価することによって「見える新規の経済資源」として創出され，バリュー・ドライバーとなる資産の貸方を，果たしてリサイクリングを前提とする伝統的な会計のフレームワークの実現概念で論じるのが妥当なのか，それとも資本直入方式または稼得利益・包括利益概念で論じるべきかどうかについては，検討の余地があるように思われる。

まず，包括利益概念は営業活動からの利益のみならず，上述した1ないし5の利得または損失をも包摂する広義の利益概念である。いいかえれば，「資本取引を除き，認識した期の取引その他経済事象から生じる自己資本のすべての変動額の測定値（FASB［1997］，par. 11）」である。

FASB概念プロジェクトの当初においては，利益は包括利益の内訳要素とされ，包括利益には含められるが利益から除外されるものに累積的会計修正および資本取引以外から生じる持分の変動があるとされていた（FASB［1984］，par. 43）。その後，SFAS 130号では，包括利益には含められるが利益から除外されるものを「その他の包括利益」とよび，上記の項目に外貨換算調整勘定，有価証券時価評価差額，最小年金負債調整額が追加例示列挙された（par. 17）。

しかし，SFAS 130号では，純利益と包括利益という2つの財務業績の測定値を報告することは，多くの無用の混乱を招く（par. 60）ところから，FASBは「包括利益の報告をめぐる概念上の問題に取り組むまでは，包括利益を財務業績の測定値として表示することはしない（par. 66）」とし，さらに，「包括利益という用語は純利益を含む包括利益のすべての構成要素の合計額を表すために整合的に用いる（par. 69）」とし，「包括利益を純利益とその他の包括利益に区分（par. 15）」した。

この限りにおいて，「新規に創出される経済的資源に伴う評価差額」は，「その他の包括利益」に該当することになる。しかし，SFAS 130号では，純資産の変動額は包括利益であるとしながらも，資産または負債のなかには十分に信

頼性をもって測定できないものが存在するので，完全には「包括的」ではないとし，例えば「しばしば知的財産とよばれる自己創設の無形資産は，現在，財務諸表で測定も認識もしていない（par. 71）」が，「かかる項目は，包括利益に関するより広範囲のプロジェクトで取り扱われる予定である（par. 71）」とされた。逆にいえば，知的財産は十分に信頼性をもって測定できれば資産として認識されるという意味である。事実，FASB は，2001 年から知的財産のオンバランスも視野に入れた「無形資産に関するディスクロージャー*11」のプロジェクトを立ち上げたし，現在，後述する「営利企業の財務業績報告」プロジェクトなどで，これらの問題が検討されている。

ともかく，一連の FASB 基準をみると，「その他の包括利益」はいわゆる業績利益ではなく，しかも実現利益でもなく，実現可能利益でもなく，未実現利益であると措定されているといえる。したがって，FASB 基準を前提にする限り，「新規に創出される経済的資源に伴う評価差額」は未実現利益であり，しかも業績利益ではないことになる。

確かに，ブランド価値評価差額は「新規に創出される経済的資源に伴う評価差額」であり，上述のように利益計算を通さずに資本直入するのが理論的であると考えるが，はたしてその性質が業績利益を源泉とする剰余金ではないとまでいえるのかは，はなはだ疑問である。バリュー・ドライバーから生じる評価差額が業績利益でなくして，いったい何を業績利益というのであろうか。例えば，ブランド価値が高まったことから生じるブランド資産の増加額は，売上高の増加に起因する事業活動の成功そのものである。

この点は，特許権の価値評価から生じる評価差額を検討すれば，もっとはっ

---

footnotes

*11 このプロジェクトは，その後エンロン事件などが起き，当面は情報の有用性よりも信頼性の重視がさけばれるようになり，現在は審議が中断している。

きりする。次に示す式は，すでに第5章「特許権の価値評価と知的財産会計」でも述べた「知財評価研究会（SGIPV）」が策定した「特許権価値評価モデル（PatVM）」であるが，これも便宜上，掲げる。

特許権価値評価モデル（PatVM）

特許権価値評価額＝自社実施による特許権の独占的事業価値＋他社実施による特許権収入価値＝［前期税引後営業利益×営業利益調整係数×｛直近5期の実際研究開発支出の総額÷直近5期の営業費用の総額｝×｛1÷対象特許製品Pの技術要素の総数｝］の割引現在価値＋［特許群Aに含まれるすべての特許権の｛ロイヤリティ×（ロイヤリティ・ドライバー÷15）｝の合計］の割引現在価値

$$PatV = MV + RV$$
$$= MV(CGD, PD) + RV(R, PD, r)$$
$$= OP \times OPAC(CGDS) \times \frac{\sum_{t=-4}^{0} R\&D_t}{\sum_{t=-4}^{0} OE_t} \times \frac{1}{n} \times \sum_{T=1}^{PD(PDS)} \frac{1}{(1+r)^T}$$
$$+ \sum_{i=1}^{I} \sum_{j=1}^{J} \left(R_{ij} \times \frac{RDS_{ij}}{15} \right) \times \sum_{T=1}^{PD(PDS)} \frac{1}{(1+r)^T}$$

PatV ：特許権価値評価額
MV ：自社実施による特許権の独占的事業価値
RD ：ロイヤリティ・ドライバー
PD ：プロテクション・ドライバー
RV ：他社実施による特許権収入価値
OP ：前期税引後営業利益
OPAC ：営業利益調整係数
CGDS ：キャッシュ・ジェネレーション・ドライバースコア
R＆D ：実際研究開発支出
OE ：営業費用
n ：特許製品の技術要素の総数
PDS ：プロテクション・ドライバースコア
R_{ij} ：対象特許群Aの第i契約における第j構成特許権のロイヤリティ
RDS_{ij} ：R_{ij}のロイヤリティ・ドライバースコア
r ：リスクフリーレート

この「特許権価値評価モデル（PatVM）」の基本的スキームについて簡単に説明すれば，次のとおりである。まず，特許権の価値評価にあたっては，製品別

事業予測値の合理性を担保するキャッシュ・ジェネレーション・ドライバー（Cash Generation Driver; CGD），特許権の法的，技術的な強度を表すプロテクション・ドライバー（Protection Driver; PD）および他社実施の特許権価値を表すロイヤリティ・ドライバー（Royalty Driver; RD）からなる3つのドライバーで計算する。

具体的には，(1)製品別事業予測値（前期税引後営業利益，Operating Profit; OP）から出発し，(2)これにキャッシュ・ジェネレーション・ドライバースコア（Cash Generation Driver Score; CGDS）を加味することで将来の販売予測値の合理性を担保し，(3)これに総特許群起因率（Patent Contribution Rate; PCR）を乗じて総特許群価値部分を抽出し，(4)これを何らかの配賦基準に基づいて当該製品に用いられている技術要素に対応する特許群別の価値に配賦するとともに，(5)プロテクション・ドライバー（PD）をキャッシュ・フローの予測存続年数（割引期間）とした割引計算を行うことによって自社実施による特許群の独占的事業価値（Monopoly Value; MV）を算定し，次いで(6)これとロイヤリティ・ドライバー（RD）で算定される他社実施による特許収入価値を合計して，最終的に特許権価値評価額（Patent Value; PatV）を算定するスキームである。

特許権の最大の特徴は，それが設定登録され，特許権として取得されただけでは，単なる特許発明であって，キャッシュ・フローを創出しない点にある。この点は，保有しているだけでもキャッシュ・フローを創出するブランドとは著しく異なるところである。しばしば，単なる特許発明で，キャッシュ・フローを創出しない特許権が死蔵特許または休眠特許とよばれるゆえんである。

特許権は，活用されて初めて，キャッシュ・フローを創出する。すなわち，自社の新製品は，特許権が用いられる（自社実施）ことによって，高いマーケットシェアを確保し，独占的な高価格設定を可能にし，廉価な製造・販売コストの実現などを通じて，他社よりも多くのキャッシュ・フローがもたらされるこ

とが期待される。しかし，価値評価にあたり難しいのは，この場合のキャッシュ・フローが特許権自体から直接にもたらされるキャッシュ・フローではなく，当該新製品の販売から生じるキャッシュ・フロー全体である点にある。「特許権価値評価モデル」の構築にあたり，キャッシュ・フローを創出している特許権のみを価値評価の対象としているのは，かかる特許権の本質に鑑みたためにほかならない。

したがって，特許権の価値評価にあたっては，特許が用いられた製品の経済価値評価とは別に，それに貢献するブランド力，生産効率，販売力，生産技術，市場規模等，特許の貢献度を考慮して，特許権からもたらされるキャッシュ・フローを算定しなければならない。すなわち，特許権の価値評価に伴う貸方の「新規に創出される経済的資源に伴う評価差額」である特許権価値評価差額（⊿PatV）は，次式で算定するが，新製品の販売から生じる期待キャッシュ・フローの現在価値増加分である。

$$PatV_{t_1} - PatV_{t_0} = \Delta PatV$$

以上のことから，特許権価値評価差額（⊿PatV）は，特許による新製品の独占的販売から生じる業績利益[*12]そのものである。

特許権価値評価差額（事業創出利益；⊿PatV）は，キヤノンなどの特許ビジネスを行っている企業の場合には，正常営業循環過程において創出される特許権の価値評価に伴う評価差額であるところから，「稼得利益」に計上するのが妥当であると考えられる。しかし，特許権の自社実施をせずに，ライセンスアウトによって得られる使用料（ロイヤルティ）の現在価値評価に伴う事業創出利

footnotes

[*12] 本モデルのスタートである製品別事業予測値（前期税引後営業利益，OP）の算定にあたり，他社実施による収益がある場合には，その額を営業利益計算段階であらかじめ控除しているので，売上高の二重計上は生じない。

益（⊿PatV）の場合には，それを営業活動としている企業を除き，正常営業循環過程において創出されたものではないという意味において，かかる事業創出利益は「その他の包括利益」に計上するのが妥当であると考えられる。

　さらに，特許権の価値評価による事業創出利益（⊿PatV）が，ブランドによる事業創出利益（⊿BV）と異なるのは，増分（⊿）となるケースが，製品別事業予測値（前期税引後営業利益；OP）を著しく上回る売上がある場合であり，通常はプロテクション・ドライバー（PD）によって算定されるキャッシュ・フローの予測存続年数（割引期間）が毎年短縮されるので減価償却費を計上しなければならないか，または無効審判請求などで特許権価値がゼロになり評価減で対応しなければならない点である。上述のように，費用化するものを資本直入するのは，論理矛盾であるという意味においては，特許権価値評価における事業創出利益（⊿PatV）は稼得利益に計上するか，または利益計算を通してその他の包括利益に計上するのが筋であるといえよう。

　以上検討してきたように，「新規に創出される経済的資源に伴う評価差額」である事業創出利益のうち，ブランド価値評価差額（⊿BV）は資本直入項目であり，また，特許権価値評価差額（⊿PatV）は稼得利益またはその他の包括利益である。しかし，このような結論はブランドおよび特許権から新規に創出される経済的資源に資産性があることが前提であり，いずれも未実現利益でありしかも事後においてその評価差額の正しさを完全には証明できないという意味では，伝統的会計のフレームワークにおける未実現利益でもない。しかも，ブランドにせよ特許権にせよ，そのうちのごく一部が無形資産として商標権，営業権，特許権等の名称で，その支出額が貸借対照表に計上されているにすぎないのが現状である。したがって，現行の企業会計のフレームワークのもとでは，自己創設ブランド，キャッシュ・フローを生み出す特許権を資産としてはもとより，注記事項としてディスクローズすることも困難であるといえよう。され

第6章 知的財産の価値評価と事業創出利益

ばといって，現行企業会計にみられる情報の非対称性を解消し，透明性を高めるためにも，さらには投資意思決定情報の有用性を高めるためにも，知的財産情報を無視してよいことにはならない。それでは，どのような会計システムであるならば，かかる知的財産情報を包摂できるのであろうか。

その1つの手がかりとして参考になるのは，最近のIASBとFASBのジョイント・プロジェクトなどである。これらのニュー・プロジェクトは，IASB-FASBを機軸とする会計基準の統合化またはコンバージェンス（もしくは収斂ともいう）の一環でもあるが，目指すところは，おそらく資産負債アプローチを徹底し，金融商品はもとより事業用資産まで公正価値で評価しようとする全面公正価値会計―稼得利益・包括利益計算書構想にあるものと思われる。

全面公正価値会計は，全貌が明らかにされていないので推測の域を出ない部分もあるが，さしあたりすべての資産および負債を公正価値で評価し，その評価差額は資本取引によるものを除き，その期の利益として包括利益に計上する会計システムであると措定できよう。

かかる理解が正しいとすれば，知的財産情報が企業会計の俎上に載ることになり，知的財産会計として成立することになる。この点については，第10章「知的財産会計と企業会計の再構築―全面公正価値会計構想―」で検討する。

Reference

- American Institute of Certified Public Accountants (1970), *Statement of the Accounting Principles Board No. 4: Basic Concepts and Accounting Principles Underlying Financial Statements of Business Enterprises,* AICPA（川口順一訳「アメリカ公認会計士協会　企業会計原則」同文舘，1973 年）.
- Edwards E. O. and P. W. Bell (1961), *The Theory and Measurement of Business Income,* University of California Press（伏見多美雄・藤森三男訳編「意思決定と利潤計算」日本生産性本部，1964 年）.
- Financial Accounting Standards Board (1976), *FASB Discussion Memorandum: Conceptual Framework for Financial Accounting and Reporting: Elements of Financial Statements and Their Measurement,* FASB（津守常弘監訳「FASB 財務会計の概念フレームワーク」中央経済社，1997 年）.
- Financial Accounting Standards Board (1977), *Statement of Financial Accounting Standards No. 16: Prior period adjustments,* FASB.
- Financial Accounting Standards Board (1978), *Statement of Financial Accounting Concepts No. 1: Objectives of Financial Reporting by Business Enterprises,* FASB（平松一夫・広瀬義州訳「FASB 財務会計の諸概念（増補版）」中央経済社，2002 年）.
- Financial Accounting Standards Board (1984), *Statement of Financial Accounting Concepts No. 5: Recognition and Measurement in Financial Statements of Business Enterprises,* FASB（平松一夫・広瀬義州訳「FASB 財務会計の諸概念（増補版）」中央経済社，2002 年）.
- Financial Accounting Standards Board (1985), *Statement of Financial Accounting Concepts No. 6: Elements of Financial Statements: a replacement of FASB Concepts Statement No. 3 (incorporating an amendment of FASB Concepts Statement No. 2),* FASB（平松一夫・広瀬義州訳「FASB 財務会計の諸概念（増補版）」中央経済社，2002 年）.
- Financial Accounting Standards Board (1991), *Statement of Financial Accounting Standards No. 107: Disclosures about Fair Value of Financial Instruments,* FASB.
- Financial Accounting Standards Board (1993), *Statement of Financial Accounting Standards No. 115: Accounting for Certain Investments in Debt and Equity Securities,* FASB.
- Financial Accounting Standards Board (1997), *Statement of Financial Accounting Standards No. 130: Reporting Comprehensive Income,* FASB.
- Financial Accounting Standards Board (1999), *Invitation to Comment No. 17: Preliminary Views on Major Issues Related to Reporting Financial Instruments and Certain Related Assets and Liabilities at Fair Value,* FASB.
- Financial Accounting Standards Board (2001), *Statement of Financial Accounting Standards No. 142: Goodwill and other Intangible Assets,* FASB.

第6章 知的財産の価値評価と事業創出利益

- International Accounting Standards Board (2003), *International Accounting Standards No. 39 (revised): Financial Instruments: Recognition and Measurement,* IASB.
- International Accounting Standards Board (2004), *International Accounting Standards No. 38 (revised): Intangible Assets,* IASB.
- International Accounting Standards Committee (1997), *Discussion Paper: Accounting for Financial Assets and Liabilities,* IASC.
- Joint Working Group of Standard-Setters (2000), *Financial Instruments and Similar Items,* JWG.
- Littleton, A. C. (1953), *Structure of Accounting Theory,* American Accounting Association.
- 岩田巌(1956)「利潤計算原理」同文舘。
- 経済産業省企業法制研究会(2002)「ブランド価値評価研究会報告書」経済産業省。
- 広瀬義州(2004)「知的財産会計の意義と現状」(塩原一郎編著「現代会計―継承と変革の狭間で―」創成社,所収)。

7　知的財産の活用と会計

1　知的財産の活用と流動化

　前章までに述べてきたように，知的財産戦略を実効ならしめ，経済の活性化を図るためには，知的財産を最大限に活用しうるビジネス・スキームを作ることである。その方策の１つが，知的財産を原資とする流動化または証券化（知的財産担保証券化）によるアセット・ファイナンスのスキームである。

　「流動化」とは，法律上の用語ではなく，もともと金融機関が貸付金を第三者に売却することによって資金化したように，流動性の乏しい資産に流動性を付与したことがはじまりであり，必ずしも証券の発行を伴うものではない。それがアメリカではじまった住宅ローンの担保証券化のように，流動化にあたり対象資産を原資に証券を発行して一般投資者から資金調達をしたところから，「流動化」という用語よりも「証券化」という用語のほうが一般的になった。このように，「証券化」と「流動化」という用語は，本来は違う意味で用いられていたが，「資産流動化法」２条の定義にみられるように[*1]，最近では同じ

footnotes

[*1] 「一連の行為として，特定目的会社が資産対応証券の発行もしくは特定目的借入れにより得られる金銭をもって資産を取得し，又は信託会社もしくは信託業務を営む銀行その他の金融機関が資産の信託を受けて受益証券を発行し，これらの資産の管理及び処分により得られる金銭をもって，①特定社債，特定約束手形もしくは特定目的借入れ又は受益証券：その債務の履行，②優先出資：利益の配当及び消却のための取得又は残余財産の分配に定める行為を行うことをいう（「資産流動化法」２条２項）」

意味で用いられることが少なくない。しかも，両者を指す用語はいずれもセキュリタリゼーション（Securitization）であるところから，本書でも特段のことわりがない限り，「流動化」と「証券化」を同義に用いる。

「流動化」および「証券化」に加えて，知的財産による資金調達方法を考えるにあたり，さしあたり整理しておかなければならないのは知的財産の「担保化」である。これは知的財産を担保に貸出しを行うことをいうので，これもビジネス・スキーム上は広い意味で「流動化」，「証券化」と同じアセット・ファイナンスであるといってよい。

アセット・ファイナンスは，企業全体の業績が悪くて，コーポレート・ファイナンスで資金調達できなくても，知的財産のように企業が保有している一部の資産に優良な資産があれば，それを活用して有利な資金調達できる仕組みであることから，ストラクチャード・ファイナンス（仕組み金融）ともよばれ，最近注目を集めている（詳しくは，桜井［2005］，109頁を参照されたい）。

しかし，これら「流動化」，「証券化」，「担保化」という3つの概念には，知的財産の価値評価の面で決定的な違いがある。すなわち，第1章「知の創造戦略と知的財産会計」でも述べたように，価値評価は，(1)オン・バランス，(2)課税標準，(3)現物出資，(4)証券化，(5)担保化などの目的で行うか，(6)信託化，(7)ライセンス化（他社実施・他社利用），(8)Ｍ＆Ａ，(9)知的財産の売却（譲渡），(10)職務発明対価，(11)損害賠償額，(12)管理戦略（ブランド構築のためのブランディング，ポジショニング），(13)ＩＲ，ディスクロージャーなどの目的で行うかによって自らと異なる。

オン・バランス，証券化などの場合には，その対象が一般投資者など不特定多数のステークホルダーであるので，制度上または契約上，厳密かつ客観性が求められる評価額でなければならなく，いわばスタンダードとしての価値評価が行われなければならないし，信託化，担保化などの場合には，その対象が特

第7章 知的財産の活用と会計

定されており，基本的に当事者間の相対取引なので，スタンダードとしての価値評価をベースに例えばスタンダードとしての価値評価の80％など相対で決定した評価額を用いるベンチマークとしての価値評価でよい。これを整理したのが，**図表7－1**である。

図表7－1　価値評価の目的と価値評価モデル

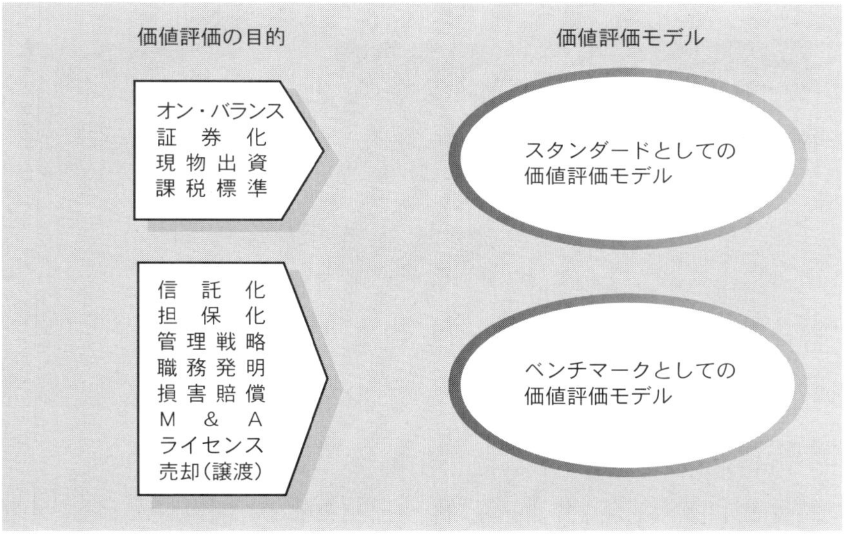

価値評価の目的

- オン・バランス
- 証券化
- 現物出資
- 課税標準

- 信託化
- 担保化
- 管理戦略
- 職務発明
- 損害賠償
- M＆A
- ライセンス
- 売却（譲渡）

価値評価モデル

- スタンダードとしての価値評価モデル

- ベンチマークとしての価値評価モデル

なお，先に引用した「推進計画」によれば，「価値評価は企業の判断や創意工夫に任せる等フレキシビリティをもたせるべきである(42頁)」としているが，ベンチマークとしての価値評価こそが，これに該当するといえよう。

ともかく，知的財産の証券化は，後述するように，英米においてボウイ・ボンド，ボンド・ボンドなどのいわゆるセレブボンド（Celebrity Bonds）など，著作権，コンテンツを原資とする証券化，カルバン・クライン，エリザベス・アーデン，ビル・ブラスなどのブランドを原資とする証券化などを中心に活発に行われている。

他方，わが国においても，東京ディズニーランドの将来のロイヤリティ・

157

フィー（入場料）を原資として証券化を行ったリーディングケースを皮切りに，ときめきメモリアル，最近では，ジャパン・デジタル・コンテンツ（JDC）によるストラクチャード・ファイナンス型の特許権の証券化（**図表7－2**参照）などがみられる。

図表7－2　ジャパン・デジタル・コンテンツによる特許権の証券化事例

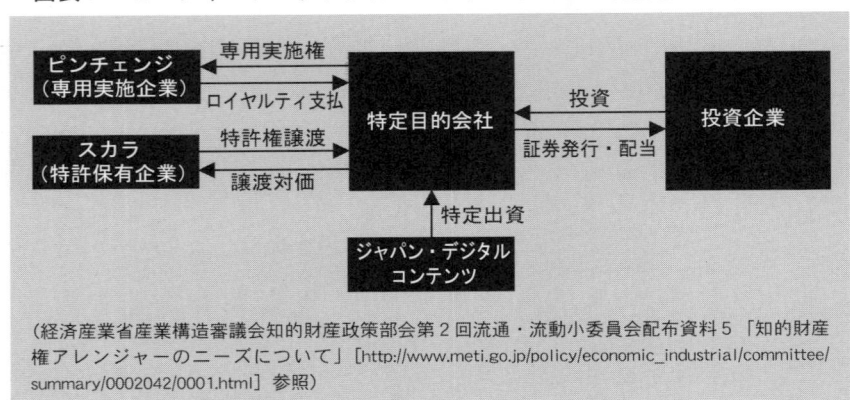

（経済産業省産業構造審議会知的財産政策部会第2回流通・流動小委員会配布資料5「知的財産権アレンジャーのニーズについて」［http://www.meti.go.jp/policy/economic_industrial/committee/summary/0002042/0001.html］参照）

このように，ブランド，特許権，著作権などの知的財産の証券化は，「見えざる資産」を掘りおこし，より低金利で，より低コストでより多くの資金をグローバル・ベースで調達するために有効なビジネス・スキームであり，発行体にとっても，投資者にとっても，次のようなメリットがある。

まず，発行体にとっては，(1)優良な知的財産であれば，高格付が見込めるために，自らの信用力で起債するよりも有利な資金調達ができるし，(2)民事再生法,産業再生機構等に依存するしか会社再建の途が残っていなくコーポレート・ファイナンスに依存できない企業でも，特許権，ブランド，コンテンツなどをもっているならば，これらを原資に資金調達できる，(3)自己創設のブランドおよび自社実施の特許権を公正価値評価しても，証券化自体がオフ・バランスであるので,ROA,ROEなどの財務比率を変動させることがないなどのメリッ

トが考えられる。

次に，投資者にとっては，(1)企業の重要なバリュー・ドライバーである知的財産が証券化されることによって，投資チャンスが拡大するとともに，投資意思決定を適切に行える，(2)ポートフォリオおよびそのリスクの分散を図ることができるなどのメリットが考えられる。

以上のようなメリットのあるブランド，特許権，著作権などの知的財産の証券化は，知的財産をバリュー・ドライバーにするという意味でも，また日本経済再生のための切り札にするという意味でも，きわめて有効な手段である。

問題は，証券化のビジネス・スキームにあり，これが整えば，知的財産の証券化はますます活発になると思われるが，知的財産の証券化スキームを考える場合には，あらかじめ解決しておかなければならないいくつかの課題がある。これは，概ね，次の3点にまとめられる。

1　どのような法律に基づいて知的財産の証券化を考えるかという法的スキームの問題
2　知的財産をSPVなどのビークルに譲渡する際の真正売買，すなわち知的財産を保有している企業全体のキャッシュ・フローと知的財産から生じるキャッシュ・フローとの隔離をめぐる諸問題
3　知的財産の譲渡益課税問題と会計処理

2　知的財産証券化の法的スキーム

どのような法律に基づいて知的財産の証券化を考えるのかという資金調達スキームには，現行法制度上，2つある。1つは「信託法」および「信託業法」ならびに「金融機関ノ信託業務ノ兼営等ニ関スル法律（いわゆる「兼営法」）」に

基づく証券化のスキームであり，もう1つは「資産の流動化に関する法律」に基づく証券化のスキームである。いずれのスキームにおいても，中心的な役割を担うのが「信託」という法形態である。

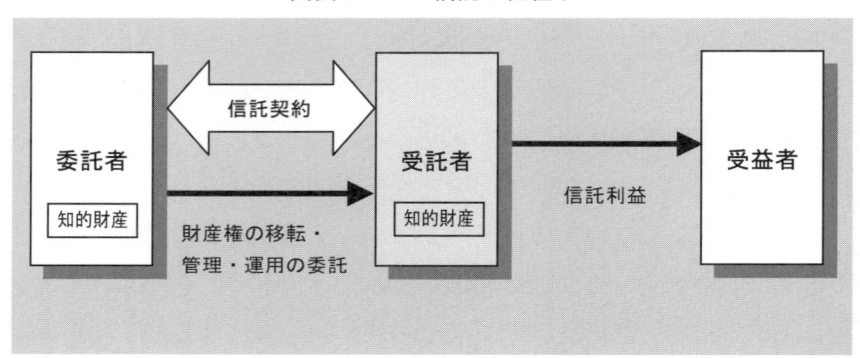

図表7－3　信託の仕組み

[図：委託者（知的財産）⇔信託契約⇔受託者（知的財産）→信託利益→受益者。委託者から受託者へ「財産権の移転・管理・運用の委託」の矢印]

信託とは，自己（委託者）の信頼できる者（受託者）に財産権を引き渡し，一定の目的（信託の目的）に基づいて，ある者（受益者）のために，その財産（信託財産）の管理，運用等を委託する制度であり，企業会計の受託責任遂行状況の報告（広瀬［2005a］, 95 － 98頁）のスキームに類似している（**図表7－3参照**）。

2－1　信託法に基づく証券化のスキーム

「証券化」は，証券というペーパーに表象されることに意味があるのではなく，「資本市場での投資対象となりうる状態に加工されること（神田［1989］, 3頁）」に意味がある。したがって，知的財産の証券化という場合にも，知的財産を投資対象資産として売買できるようにすればよい。それが信託を利用した証券化による資金調達のスキームである（**図表7－4参照**）。

第7章 知的財産の活用と会計

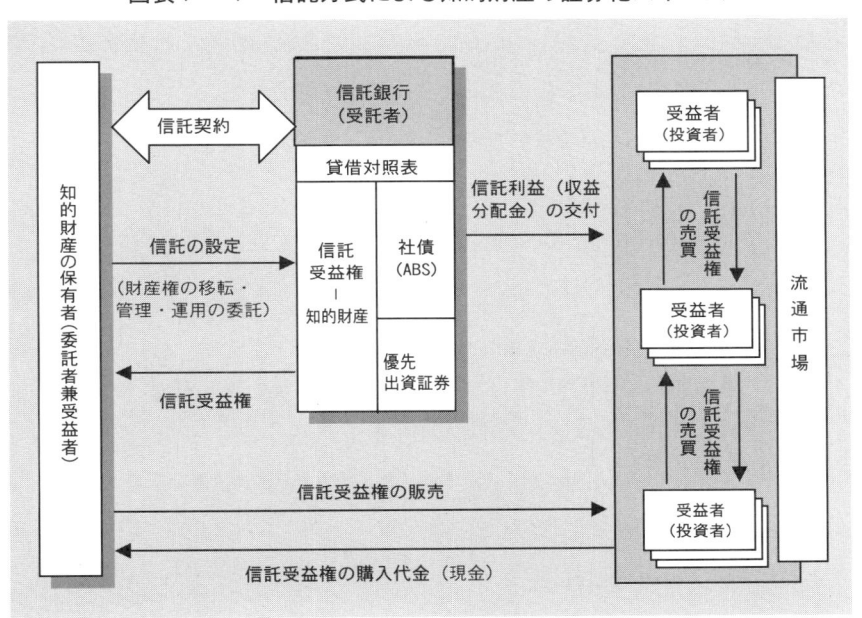

図表7－4 信託方式による知的財産の証券化スキーム

すなわち，企業は，その知的財産に信託を設定してオリジネーターとなり，その見返りとして信託受益権を獲得し，これを分割して投資者に販売する方式のスキームである。しかし，このスキームを利用するために，次のような問題をクリアしなければならない（経済産業省産業構造審議会知的財産政策部会経営・市場環境小委員会［2003］，1－8頁参照）。

　1　知的財産は「信託業法」4条の受託財産に該当するか

　2　信託受益権は「証券取引法」2条の有価証券とすることができるか

以下，これらの問題について考えてみよう。

旧「信託業法」4条によれば，受託財産を「金銭，有価証券，金銭債権，動産，土地及その定著物，地上権及土地の賃借権」の6種類に限定しており，この限りにおいては知的財産は受託財産に該当しない。

それでは，旧「信託業法」4条は，そもそもどのような趣旨で立法されたのであろうか。「信託業法」は，大正11年に制定されたが，それ以来2004年まで，永らく改正されていなく，立法当時の帝国議会における大蔵省の答弁によれば，受託財産を限定列挙する理由として，次のように述べられている。

> （イ）　今日我国ニ於テ信託行為ニ対スル一般ノ観念及信託業務ノ発達ノ程度ニ照シ信託関係ヲ設定スルニ便宜ニシテ且ツ信託ノ目的ヲ達スルニ適スルモノ
> （ロ）　営業者ノ引受ニ依リ比較的完全ニ信託ノ目的ヲ達シ得ルモノ
> （ハ）　信託ノ設定比較的多カルヘク従テ営利事業トシテ之ヲ為スニ適スルモノ
> （ニ）　信託財産ノ管理処分ノ方法比較的複雑ナラス会社ノ営業ニモ危険ヲ及ホスノ虞少キモノ……（以下省略）……　　　　（山田［1986］，544頁）

　本答弁の趣旨は，信託業の健全性を確保し，受益者の保護を図るためには，受託財産は安全かつ確実に管理し得ると認められるものでなければならないとする点にあるものと思われる。

　しかし，「信託法」の規定する信託は，「財産の存在」を要件としている民事信託を前提に立法しているので，これをメルクマールに商事信託である信託銀行の信託業務の性格を判定するのは理論的には誤りであり（神田［1998］，53頁参照），「商事信託においては，信託財産が中心ではなく，アレンジメントが中心である（神田［1995］，599頁）$_{*2}$」との見方が有力である。

　要するに，かかる問題の所在は，旧「信託業法」4条の「限定列挙性」にあるのではなく，受託財産の本質ひいては信託行為の本質をどうみるのかにあるように思われる。ともかく，「信託法」の業法である旧「信託業法」4条は，時代のニーズに合っていなかったのは確かである。

---
footnotes

*2　なお，アレンジメントとは，「多数の投資者から資金を集め，第三者であるプロが市場で運用・管理する仕組み（田邊［2001］，39頁）」である。

第7章　知的財産の活用と会計

　事実，経済産業省は，知的財産を「信託可能ならしめるには，現在の『信託業法』4条における受託財産の種類に知的財産権を追加するか，その制限を撤廃する必要がある（経済産業省産業構造審議会知的財産政策部会経営・市場環境小委員会［2003］，5頁）」と提言している。また，金融庁は知的財産を信託の対象に加えられるよう，信託で運用できる財産の制限を原則として撤廃する「信託業法」の改正案を平成16年通常国会（第159回国会）に提出したが，会期切れのために閉会中審査となり，平成16年2回目の臨時国会（第161回国会）で可決・成立し，2004年12月3日に「信託業法（平成16年法律第154号）」として公布された。

　「信託業法」が改正され，受託財産の種類に知的財産が追加されたことによって，信託方式による知的財産の証券化が一気に加速化するものと思われる。例えば，特許を保有する企業は，特許権を信託銀行に信託し，特許権価値評価額または他社実施から得られるロイヤリティに基づく信託受益権を発行して容易に資金調達できる。ブランド，著作権等についても基本的に同じであり，知的財産戦略に弾みがつくといえよう。

　次に，信託方式に基づく知的財産の証券化スキームのもう1つの前提は，信託受益権を表象する受益証券を「証券取引法」2条の有価証券として流通させることである。信託方式でも，後述する「資産流動化法」のもとでの受益証券は，「証券取引法」2条1項7の4号の有価証券であるが，「信託法」のもとでの信託受益権を有価証券であると認める規定はない。

　したがって，「信託法」のもとで知的財産を証券化し，資金調達を実効ならしめるためには，現在は指名債権（「民法」467条）として位置づけられている信託受益権を「証券取引法」上の有価証券[*3]とするか，「有価証券とならしめ

footnotes
―――――――――――――――――――――――――――――――――
*3　「証券取引法」上の有価証券の内容については，岸田（2002），30頁以降を参照。

163

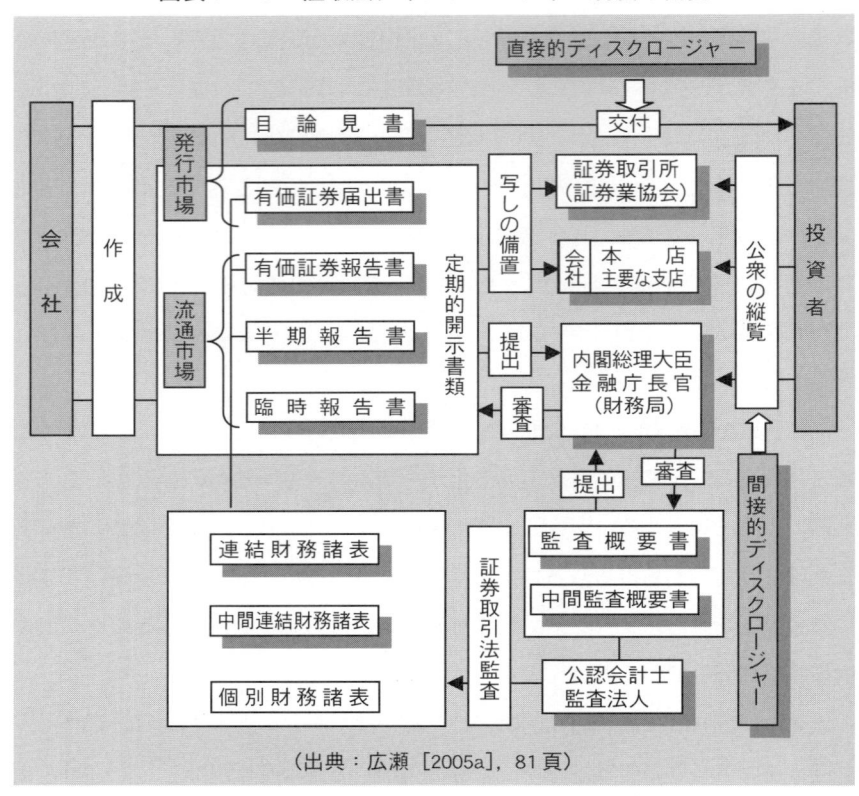

図表7-5 証取法ディスクロージャー制度の概要

（出典：広瀬［2005a］，81頁）

るよう，信託法に所定の規定を設ける必要がある（経済産業省産業構造審議会知的財産政策部会経営・市場環境小委員会［2003］，6頁）」といえよう。

それでは，信託受益権を表象する受益証券を有価証券として位置づける意義は，いったいどこにあるのであろうか。もちろん，知的財産をバリュー・ドライバーとして日本経済の再生を図るためには，知的財産の流通市場を確保し，知的財産の市場性を高め，もって資金調達を有効に行わせることが必要不可欠であり，そのためには，受益証券を「証券取引法」上の有価証券とする意義は大きいといえよう。

しかし，それにもまして「証券取引法」上の有価証券とする意義は，民法および会社法上の「有価証券」とは異なり，**図表7－5**にみるような「証券取引法」に基づくディスクロージャー制度（以下，「証取法ディスクロージャー制度」という）が適用されることにあるといえる。受益証券を資本市場で効率的に流通させるためには，当該証券をめぐる情報が証取法ディスクロージャー制度によって完全かつ適時に開示（有価証券届出書および有価証券報告書制度）され，等しく公平に開示（開示情報の公衆縦覧制度）されるとともに，開示情報の信頼性が担保（証取法監査制度）されてはじめて可能になるからである。

いいかえれば，投資者保護を目的とする証取法ディスクロージャー制度のフィルターを通さなければ，受益証券は投資対象たる投資上の地位を確保できないし，真の意味で知的財産を証券化することにならないといえよう（**図表7－6**参照）。その意味で，受益証券を「証券取引法」上の有価証券として位置づける意義はきわめて大きいといえよう。

図表7－6　証取法ディスクロージャー制度と基本理念

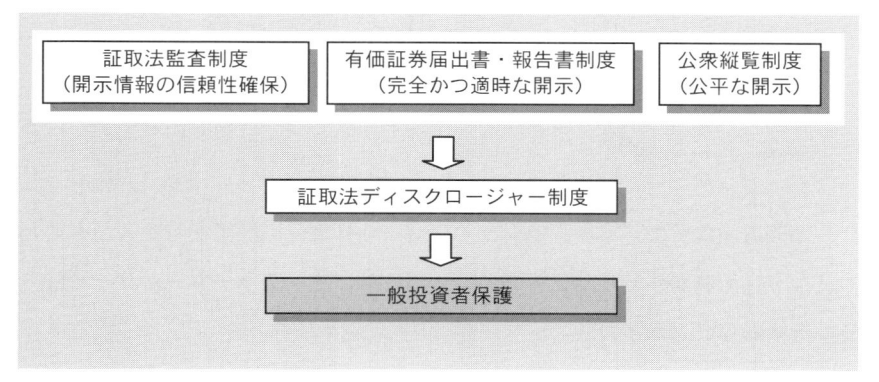

```
┌──────────────┐ ┌──────────────┐ ┌──────────────┐
│ 証取法監査制度   │ │有価証券届出書・報告書制度│ │ 公衆縦覧制度    │
│(開示情報の信頼性確保)│ │ (完全かつ適時な開示) │ │ (公平な開示)    │
└──────────────┘ └──────────────┘ └──────────────┘
                        ⇩
              ┌──────────────────┐
              │ 証取法ディスクロージャー制度 │
              └──────────────────┘
                        ⇩
              ┌──────────────────┐
              │    一般投資者保護       │
              └──────────────────┘
```

2－2　資産流動化法に基づく証券化のスキーム

知的財産を受託財産として認めるとともに，信託受益権を表象する受益証券

を「証券取引法」上の有価証券（特定有価証券）として位置づけ，「信託法」に基づく知的財産のスキームの問題点を解消するのが，「資産流動化法」に基づく知的財産の証券化スキームである。

これは，オリジネーターである企業が，知的財産の信託をビークル（Special Purpose Vehicle; SPV, 特別目的媒体）を用いて証券化するスキームである。

このスキームも信託方式であり，プレイヤーも信託法に基づくスキームのプレイヤーと同じであるので，ここでプレイヤーについて説明しておこう。

> (1)オリジネーター

流動化の対象となる資産の保有者をいい，知的財産の証券化であれば，ブランド，特許権，著作権などを保有している企業である。

> (2)ＳＰＶ（特別目的媒体）

オリジネーターから信託された知的財産を受益証券として投資者等に販売する媒体をいい，倒産隔離を法的に確実にするために必要不可欠な媒体であるが，いわゆるペーパーカンパニーである。ＳＰＶの形態としては，任意組合および匿名組合，信託銀行，特別目的会社（Special Purpose Company; SPC），特定目的信託（Special Purpose Trust; SPT）制度などがある。

> (3)サービサー

証券の発行主体であるＳＰＶは導管体であり，ペーパーカンパニーであるために，業務遂行機能を有していない。したがって，知的財産から生じるキャッシュ・フローの管理，回収等を行う者が必要となり，それがサービサーである。一般には，オリジネーターがサービサーを兼ねることが多い。

> (4)アレンジャー

ＳＰＶが発行する有価証券を資本市場で投資者に販売する仕組みを担当する機関をいい，一般的には信託銀行，証券会社などである。

> (5)信用補完

発行する証券のクレジット・リスクを低減することを

いい，これには内部信用補完と外部信用補完とがある。前者はＳＰＶが発行する証券に優先・劣後構造を施すことでクレジット・リスクを低減させる方法であり，後者は損保，銀行等に保険料・保証料を支払って信用力を担保する方法である。

⑹格付機関　　ＡＡＡ（トリプルＡ）とかＡ（シングルＡ）などの記号を用いて債券の発行体の信用力を評価することを業務としている機関。代表的な格付機関として，ムーディーズ，Ｓ＆Ｐなどがあり，日本の格付機関としては，日本格付研究所（ＪＣＲ），日本格付投資情報センター（Ｒ＆Ｉ）などがある。

例えば，ブランドを用いて証券化のスキームをもっと具体的に説明すれば，ブランドを保有している企業はビークルに自社のブランドを信託し，自社使用する場合には，ブランド価値評価額に裏づけられた信託受益権を獲得して，また他社に自社ブランドの使用許諾をしている場合には，そのブランド使用料に裏づけられた信託受益権を獲得し，これらを分割して，流通市場で受益証券として投資者に売買することによって資金調達するスキームである。

この場合，信託受益権をビークルに移転（販売）し，受益証券を発行して資金調達するケース（**図表７－７参照**）と，信託受益権を受益証券とし，投資者に直接販売して資金調達するケース（**図表７－８参照**）がある。

ここに，受益証券とは，信託受益権を表象する証券である（「資産流動化法」２条15項）。受益証券として「資産流動化法」に定める「資産対応証券」には，優先出資証券，特定社債券および特定約束手形がある（「資産流動化法」２条11項）。優先出資証券または特定社債券とは，ＳＰＣが優先出資につき発行する出資証券または特定社債につき発行する債券をいい（「資産流動化法」２条９項），オリジネーター，アレンジャーなどの発起人が全額引き受ける場合には「特定資本」および「優先資本」（「資産流動化法」19条）という。

図表7-7　SPT（SPV）を利用したブランドの証券化スキーム（1）

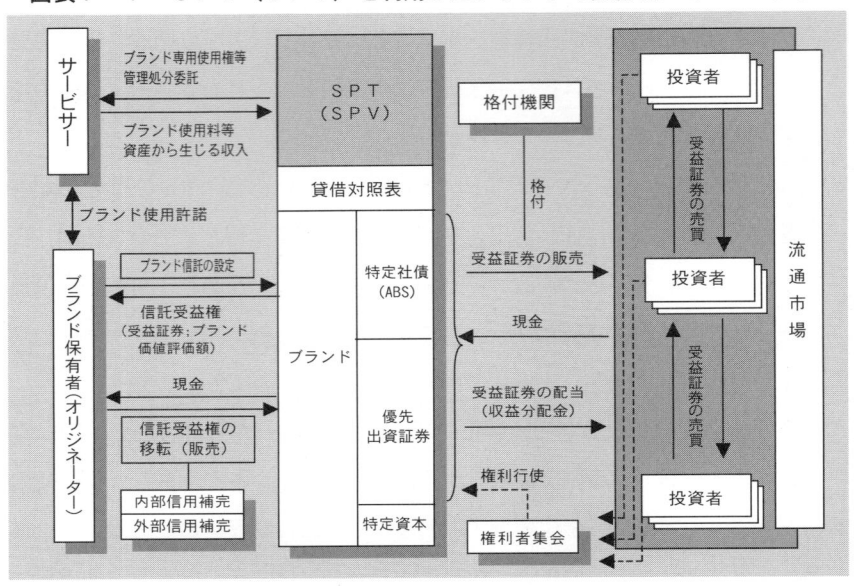

図表7-8　SPT（SPV）を利用したブランドの証券化スキーム（2）

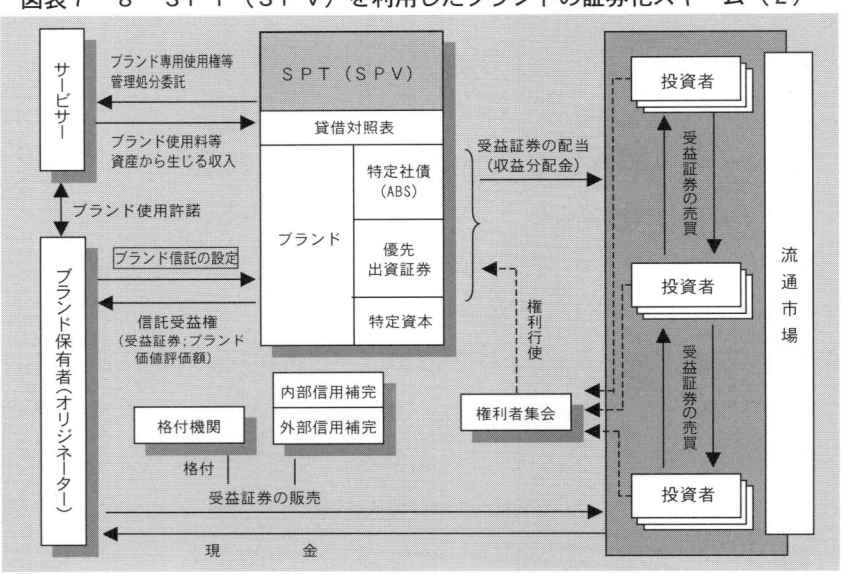

第7章　知的財産の活用と会計

　特定有価証券には，特定資産購入のために発行される社債券である特定社債券（「資産流動化法」2条9項），転換特定社債（「資産流動化法」113条の2第1項），特定約束手形（「資産流動化法」2条10項，149条）などがある。

　これらはいずれもオリジネーターが保有する知的財産をＳＰＶに譲渡し，ＳＰＶが当該知的財産から生じるキャッシュ・フローを担保に資金調達を行う場合に発行する「資産担保証券（Asset Backed Security; ABS）」である。

　なお，ＳＰＴを利用する方法は，ＳＰＣを利用した流動化スキームと基本的に同じであるが，流動化の対象資産の範囲では，ＳＰＣよりもはるかに広いといえる。

　しかし，「資産流動化法」上の特定目的信託は，次のような理由の使い勝手の悪さからほとんど活用されていないのが現状であるという（経済産業省産業構造審議会知的財産政策部会経営・市場環境小委員会［2003］，6頁）。

　　1　特定目的信託の設定および信託契約の変更，終了時において金融庁への届出が必要とされていること
　　2　信託の課税を回避するためには，期間収益の90％を配当すること等の要件を満たさなければならないこと

　このような課題が早急に改善されることが望まれるところであるが，特許権の証券化については，すでに「資産流動化法」のスキームを用いて平成15年3月28日付で光科学系ベンチャー企業であるスカラ㈱の特許権がジャパン・デジタル・コンテンツ（ＪＤＣ）のアレンジにより事務開始届出第1号となっている事例がある[*4]。

footnotes
───────────────────────────
*4　ジャパン・デジタル・コンテンツウェブサイト，報道関係資料「ジャパン・デジタル・コンテンツ（ＪＤＣ）特許権証券化第一号をアレンジ」2003年4月2日（http://www.c-direct.ne.jp/japanese/uj/pdf/10104815/00013128.pdf）参照。なお，このケースは自社実施の特許権を公正価値評価したのではなく，他社実施の特許権に係るロイヤリティを評価したものである。

したがって，ブランドの証券化についても，「信託法」のスキームを用いて制度化を考えるのか，「資産流動化法」のスキームを用いて制度化を考えるのかは，緊急度合いによるものとは思われるが，さしあたり，以下，法改正が行われ，知的財産も受託財産として信託の対象になり，少なくとも法制度上の問題がなくなる「信託法」および「信託業法」に基づく証券化のスキームを前提に，考えてみることにしよう。

3　知的財産証券化の課題

3-1　キャッシュ・フローの確保

　ブランドの証券化は，ビークルに移転されたブランド（またはBV）に着目し，当該ブランドから生じるキャッシュ・フローを原資（または担保）として受益証券の元利払いを行うスキームである。

　しかし，オリジネーターである発行体が倒産してしまうと，ブランドの良し悪しを問わず，受益証券の元利払いが滞るおそれがあるところから，ブランドから生じるキャッシュ・フロー（ビークルから譲り受けた資産）をオリジネーターの倒産から隔離し，受益証券の安全性を高めることが信託方式による証券化の前提である。そのために信託方式による証券化では，譲渡資産の真正売買性が重視され，法制上，信託勘定[5]によって，また単なる媒体であるビークルを設けることによって倒産隔離性（Bankruptcy Remoteness）を確保する措置が講じられている[6]。

footnotes
[5] これは，信託勘定は会社ではないので倒産しようがないという意味である。

第7章　知的財産の活用と会計

　ビークルによる証券化スキームは，法制上，倒産隔離されているといっても，100％保証の倒産遮断がなされているわけではない。とりわけ，ブランドの場合には，簿価ゼロの「見えざる」ブランドを価値評価して「見える」ブランド（自己創設ブランド）に顕在化させ，そこから生じるキャッシュ・フローを証券化するスキームであり，かりにオリジネーターである企業が倒産した場合に，コーポレート・ブランドから生じるキャッシュ・フローが，一般貸付債権，住宅ローン，クレジットカードローン，売掛債権，リース債権，他社実施による特許権のロイヤリティなどの証券化と同じように，倒産リスクから隔離されているとは必ずしもいえないように思われる。この点は，公正価値評価する自社実施の特許権についても同じである。

　もっとも，これは知的財産の証券化のスキーム自体に問題があるわけではなく，通常の証券リスクの問題であるともいえる。したがって，知的財産の証券化はコーポレート・ファイナンスの資金調達と何ら異なるところはないともいえるが，このスキームの特徴を別の観点からみてみれば，信用補完を利用して証券リスクを低減させることによってアセット・ファイナンスの有効性を高めることにある。その意味で，このスキームには，収益分配金の支払財源を安定的かつ確実に担保するための外部信用補完も不可欠である。

　そうしてみると，ブランドの証券化を考えるうえでは，ブランドを使用し，かつ収益分配金（配当金）の支払財源であるオリジネーターである企業が，当該企業のキャッシュ・フローの全体からブランドから生み出されるキャッシュ・フロー部分を切り出し，後者に基づいて合理的に算定されたビークル等へのブ

---
footnotes

*6　厳密にいえば，倒産隔離は，(1)オリジネーターが倒産した場合に，ビークルが譲り受けた資産から生じるキャッシュ・フローを倒産から切り離すという意味と，(2)ビークル自体の倒産回避，すなわち破産申し立ての制限，第三者対抗要件の具備，チャリタブル・トラストによるビークルの支配権の排除などの意味がある。

ランド使用対価（以下,「ブランド使用料」という）を確保しておくことこそが, キャッシュ・フロー隔離の根拠として重要である。

3-2　リーガル・リスク・ヘッジ

　ブランドは，法律上，会社法上の商号，商標法上の商標，意匠法上の意匠，著作権法上のデザインなどから構成されると考えられる。ブランドの証券化にあたっては，ブランドの真正売買性等をめぐってリーガル・オピニオンが必要とされるケースも想定されるし，第三者対抗要件を具備させるためにも，ブランドの定義，範囲等については，経済産業省企業法制研究会「ブランド価値評価研究会」の定義等とは別に法律上の何らかの手当が必要となるかもしれない。例えば，「ブランド価値評価研究会」などのブランドの定義を「ブランド権」などと法律上読み替えさせるのも1つであろう。

　しかし，すでに事例がみられる著作権などの知的財産権を原資とする証券化に関する真正売買等の事由としてあげられている要件等は「典型的な特徴や問題点を例示列挙したものに過ぎず（寺本・上野・前田［2002］，112頁）」，ブランドのようなキャッシュ・フローの源泉そのものである知的財産については，個々の特性を考慮して案件ごとに検討を加える必要があるともいえよう。したがって，知的財産ではあるが知的財産権ではないものを，知的財産権証券化の法的フレームワークの俎上に載せ，リーガル・リスクのヘッジをしようとする限りにおいては，ブランドなどの知的財産は半永久的に証券化できないといわざるを得ない。

　そもそも「収益の源泉はあくまでも『知的財産』であって『知的財産権』ではなく（寺本・上野・前田［2002］，113頁）」，また「『知的財産権』を持っていたとしても『知的財産』を源泉とする収益を確保できるとは限らない（寺本・上野・前田［2002］，110頁）」ところから，キャッシュ・フローの源泉であるブ

第 7 章　知的財産の活用と会計

ランドなどについては，知的財産権を証券化するための厳密な法的要件に必ずしもこだわる必要がないとも考えられる。

それよりも，企業会計上はオリジネーターの全体のキャッシュ・フローとブランドから生じるキャッシュ・フローを区別し，もって投資者へのキャッシュ・フローが確保されていればよく，法的には，次のような要件が満たされればよい。すなわち，当該知的財産の授受契約を締結し，適正な価値評価モデルによって算定された価格の調査経過を優先出資証券または特定社債券の申込証に明記させるとともに，特定資産の価格について対抗要件を具備させればよい（「資産流動化法」38 条 2 項 9 号，110 条 2 項 14 号，「資産流動化施行令」4 条，10 条などを参照）。

しかし，何よりも重要なのは，自己創設ブランドの証券化については，その価値を計算するモデルとしてどのようなものを用いるのかである。なぜならば，株式の将来キャッシュ・フローである見積配当金の割引現在価値が株価となるように[*7]，受益証券の将来キャッシュ・フローである見積収益分配金の割引現在価値がブランド受益証券の理論価格になると思われるので，ブランド使用料の計算は，かかる配当の財源としてブランド受益証券の価格を左右することになるからである。

とりわけ，ブランドを自社使用する場合には，ブランド価値を低くしたり，逆に高くしたり操作の余地のある主観的なブランド価値評価モデルではなく，そこから生じるキャッシュ・フローを企業全体のキャッシュ・フローから明確に切り出し，ビークルへの譲渡価格の適正性を立証し得る客観的なブランド価値を計算できる価値評価モデルでなければ，いくらビークル等を通して証券化しても，投資者がブランド受益証券の売買をしたがらないといえよう。この点

footnotes
[*7] このモデルは，配当割引モデル（DDM）とよばれている（桜井 [2003], 245 頁）。

は，自社実施の特許権についても同じである。

その意味では，財務データのみを用いて，誰が計算しても同じ計算結果になる経済産業省企業法制研究会（ブランド価値評価研究会）の「ブランド価値評価モデル」が，ブランド証券化のスキームに最も適合しているといえよう。

図表7-9　「ブランド価値評価研究会」の「ブランド価値評価モデル」

$$BV = f(PD, LD, ED, r)$$
$$= \frac{PD}{r} \times LD \times ED$$
$$= \frac{\left[\frac{1}{5}\sum_{i=-4}^{0}\left\{\left(\frac{S_i}{C_i} - \frac{S_i^*}{C_i^*}\right) \times \frac{A_i}{OE_i}\right\} \times C_0\right]}{r} \times \frac{\mu_C - \sigma_C}{\mu_C}$$
$$\times \frac{1}{4}\left\{\frac{1}{2}\sum_{i=-3}^{0}\left(\frac{SO_i - SO_{i-1}}{SO_{i-1}} + 1\right) + \frac{1}{2}\sum_{i=-3}^{0}\left(\frac{SX_i - SX_{i-1}}{SX_{i-1}} + 1\right)\right\}$$

BV：ブランド価値評価額
S：当社売上高　　　　　　　　　　S*：基準企業売上高
C：当社売上原価　　　　　　　　　C*：基準企業売上原価
A：広告宣伝費（ブランド管理費用※）　OE：営業費用
μ_C：売上原価5期平均　　　　　　σ_C：売上原価5期標準偏差
SO：海外売上高　　　　　　　　　SX：非本業セグメント売上高
r：割引率

※財務諸表監査による信頼性を担保できるならば，ブランド管理費用を用いるのが望ましい。

経済産業省企業法制研究会（ブランド価値評価研究会）の「ブランド価値評価モデル」は，**図表7-9**のとおりであるが，本モデルを用いると割引前のプレステージ・ドライバー（PD）×ロイヤリティ・ドライバー（LD）×エクスパンション・ドライバー（ED）で計算される金額がブランド使用料になる。

例えば，超過利益率×ブランド起因率が2.3％，売上原価が5.2兆円，LDが94％，EDが109％であるA社の場合には，ブランド使用料として約1,225

億円（＝2.3％×5.2兆円×94％×109％）がビークル等に支払われることになり，超過利益率×ブランド起因率が0.4％，売上原価が1.6兆円，ＬＤが89％，ＥＤが168％のＢ社の場合には，ブランド使用料として約96億円（＝0.4％×1.6兆円×89％×168％）がビークル等に支払われることになる[*8]。

3－3　譲渡益課税問題と会計処理

わが国の信託税制上，「所得税法」13条1項，「法人税法」12条1項，「地方税法」24条の3，72条の3，294条の3において，信託財産に帰せられる収入および支出については，受益者が特定している場合にはその受益者，受益者が特定していない場合または存在していない場合には，その信託財産にかかる信託の委託者が，信託財産を有するものとみなして，法律の規定を適用し，受益者または委託者にのみ課税され，信託または受託者においては二重に課税されることがない。

しかし，知的財産の証券化にあたり考えておかなければならないのは，上記の課税の透明性問題ではなく，信託財産の処分から生じる譲渡益課税の問題である。すなわち，知的財産が「信託法」4条の受託財産の対象になったことにより，法解釈上は譲渡益課税の問題が生じる（「法人税法」22条2項）ことになり，この処理いかんによっては証券化の足かせになりかねなく，「信託法」および「信託業法」が改正されても，使い勝手が悪く実効が半減しかねない。

譲渡益課税問題について考えるために，その会計処理を検討してみよう。知的財産の証券化をめぐる会計処理規定は存在しないので，日本公認会計士協会

---

footnotes

[*8] なお，この例の場合，割引率を2％とすると，Ａ社のブランド価値評価額は約6.1兆円（＝1,225億円÷2％）となり，Ｂ社のブランド価値評価額は約0.5兆円（＝96億円÷2％）となる。詳細については，広瀬他（2003）および広瀬・吉見（2003）を参照。

(2000) を援用してこの問題を考えてみよう。もとより，日本公認会計士協会 (2000) は，不動産信託受益権の会計処理にかかるものであって，知的財産にかかるものではないので，必ずしもここで援用するのが妥当ではないかも知れないが参考にはなる。ともかく，その44項において，次のように述べられている。

> 不動産は信託可能な財産であり，法的に有効な信託設定により受益者（委託者）は当該信託受益権を取得する。受益者が当該信託財産を直接所有するものとみなして会計処理する考え方（信託導管論）が，我が国の会計慣行となっており，受益者が信託設定により取得した不動産信託受益権を法的に売買すれば，会計上，信託財産そのものの売買と同様に扱うこととなる（傍点——引用者）。
>
> 不動産の信託に係る受益権の売買は，通常，信託財産である不動産の全部又は一部を売買したのと同一の効果を生ずるものと考えられ，委託者兼当初受益者が信託設定により取得した不動産信託受益権のすべてを法的に売買すれば，当該信託受益権の売却は，会計上，信託財産の売買と同様に取り扱う。
>
> したがって，信託受益権の譲渡に関する会計処理については，信託財産たる不動産そのものの譲渡と同様に，リスク・経済価値アプローチに基づいて処理することとなる。
>
> （日本公認会計士協会［2000］，44項）

例えば，オリジネーターが自社使用の知的財産を証券化するためにビークルに100で信託を設定して信託受益権を取得した後に，これをビークルに譲り渡し，直ちに知的財産使用料5を支払って当該知的財産をビークルから借りて事業活動をするケースを想定すると，この実務指針を援用すれば，次のように仕訳されることになる。

譲渡時

(借)	信託受益権	0	(貸)	知的財産	0
(借)	現金預金	100	(貸)	信託受益権	0
				知的財産譲渡益	100

使用料支払時

(借)	知的財産使用料	5	(貸)	現金預金	5

　このような会計処理が正しいとするならば，知的財産売却益に上述の譲渡益課税がなされ，「信託法」および「信託業法」のスキームを用いて証券化するメリットが半減しかねない。果たして，知的財産を自社使用する場合に，この会計処理は妥当なのであろうか。次の理由から，この会計処理には疑問なしとしない。

　まず，譲渡時の仕訳の貸方の知的財産譲渡益の会計学的性格は，評価益にすぎないので，セール・アンド・リースバック取引における売却益と同様に益金に算入すべきではない。すなわち，知的財産を継続して自社使用している場合の証券化は，経済的にみても実質的にみても売買取引ではなく金融取引として処理すべきであり（「法人税法施行令」11条5項），知的財産譲渡益は証券化の前後において保有し続けている知的財産の含み益，いいかえればオフ・バランスの知的財産を価値評価した結果生じる評価益にほかならないといえよう。

　また，「信託法」および「信託業法」に基づく証券化スキームにおける財産の譲渡は，経済的かつ実質的には売買取引ではないと考えられるので，会計上，譲渡時に売買処理をする必然性はない。

　もとより「信託」とは，自己の財産を信頼できる者（受託者）に委託して運用，管理してもらう制度である。信託では相手への信頼が前提であるので，受託者には「信託法」において分別管理義務（28条）[*9]，忠実義務（22条）[*10]お

よび善管注意義務（20条）[*11]が課せられている。

　要するに，信託では投資者などの受益証券の購入者を保護するために受託した信託財産の譲渡についての真正売買性を確保しておく必要があるが，かかる譲渡取引は経済的かつ実質的には売買取引ではなく金融取引として取引の実質にそって処理すべきであると解される。そうであるからこそ，受託者に上記の3つの厳しい義務が課せられ，信託法のスキームでは真正売買性を確保するための法的措置として，信託勘定またはＳＰＶもしくはＳＰＴを通すことによって受託財産を倒産リスクから隔離させているのではなかろうか。

　さらにいえば，証券化スキームにあたり，しばしば譲渡資産の倒産隔離または真正売買性が問題にされるが，本質はこの点にあるのではなく，譲渡資産から生み出されるキャッシュ・フローをオリジネーターのキャッシュ・フロー全体から切り出すことにこそある。この点については，すでに述べたように契約等によって知的財産から生み出されるキャッシュ・フローが確保されているので十分である。

　したがって，次のようなセール・アンド・リースバック取引と同様に，会計上は，次のような金融取引として処理するのが妥当である（なお，支払利息は1とする）。

---

footnotes

[*9] これは，受託者は受託した信託財産を自己の固有財産および複数の委託者から受託している集団信託の場合には，その他の信託財産から分けて管理しなければならないという意味である。

[*10] これは，受託者は信託財産を自己の固有財産としてはならないし，また信託財産について物権，抵当権などの権利取得などをしてはならないという意味である。

[*11] これは，民法上の善管注意義務と同様に，受託者は信託の目的に従って善良な管理者の注意をもって信託の事務を処理しなければならないという意味である。

第7章　知的財産の活用と会計

譲渡時

（借）信 託 受 益 権	0	（貸）知 的 財 産	0
（借）現 金 預 金	100	（貸）信 託 受 益 権	0
		長 期 前 受 収 益	100

賃借使用時

（借）知的財産使用許諾権	100	（貸）知的財産使用料債務[*12]	100

使用料支払時

（借）知的財産使用料債務	5	（貸）現 金 預 金	6
支 払 利 息	1		
（借）知的財産使用許諾権取崩額[*13]	5	（貸）知的財産使用許諾権	5
（借）長 期 前 受 収 益	5	（貸）長期前受収益取崩額	5

　このような実質優先主義の立場から会計処理をすれば，巷でささやかれる知的財産の証券化に伴う譲渡益課税問題もとりこし苦労にすぎなくなるといえるのではなかろうか。ただし，金融取引として処理するためには，セール・アンド・リースバック取引におけるファイナンス・リース取引であるための通常の要件に加えて，売却額である価値評価額が決定されていること，さらには知的財産の使用期間を限定し，ブランドの例であるならば，ブランドからキャッシュ・フローが生まれようと，生まれなかろうと，ブランド価値評価モデルで計算した当初のブランド使用料を使用期間にわたり払い続ける契約[*14]を結ぶことが前提となるように思われる。

footnotes

[*12] これは，金融取引における元本である借入金またはリース取引における経過リース期間に対応するリース債務と同じように，知的財産の使用許諾に見合う未経過使用期間に対応する分である。

[*13] これは，知的財産の使用契約期間の経過に伴い，当該経過分の使用許諾権を取り崩すための仕訳である。

[*14] これは，経済価値である便益とリスクをオリジネーターから受益者に実質的に移転させないことを意味している。

Reference

- 神田秀樹（1989）「金融の証券化と有価証券概念」旬刊商事法務，第1187号．
- 神田秀樹（1995）「日本の商事信託—序説」（落合誠一・江頭憲治郎・山下友信編「現代企業立法の軌跡と展望」商事法務研究会，所収）．
- 神田秀樹（1998）「商事信託の法理について」信託法研究，第22号．
- 岸田雅雄（2002）「証券取引法」新世社．
- 経済産業省企業法制研究会（2002）「ブランド価値評価研究会報告書」経済産業省．
- 経済産業省産業構造審議会知的財産政策部会経営・市場環境小委員会（2003）「知的財産の信託に関する緊急提言」経済産業省．
- 桜井久勝（2003）「財務諸表分析（第2版）」中央経済社．
- 桜井久勝（2005）「証券化とPatVM」（広瀬義州編［2005］「特許権価値評価モデル（PatVM）活用ハンドブック」東洋経済新報社，所収）．
- 高橋秀至（2005）「移転価格税制における知的財産価値評価基準の必要性」税経通信，第60巻第9号．
- 田邊昇（2001）「集団投資スキーム」ファイナンシャル・レビュー（財務省財務総合政策研究所），第56号．
- 知的財産戦略本部（2003）「知的財産の創造，保護及び活用に関する推進計画」．
- 寺本振透・上野元・前田敏博（2002）「知的財産権の証券化スキームと法的留意点」債権管理，第97号．
- 日本公認会計士協会（2000）「会計制度委員会報告第15号・特別目的会社を活用した不動産の流動化に係る譲渡人の会計処理に関する実務指針」．
- 広瀬義州他（2003）「『ブランド』の考え方」中央経済社．
- 広瀬義州・吉見宏（2003）「日本発ブランド価値評価モデル」税務経理協会．
- 広瀬義州（2005a）「財務会計（第5版）」中央経済社．
- 広瀬義州編（2005b）「特許権価値評価モデル（PatVM）活用ハンドブック」東洋経済新報社．
- 山田昭（1986）「信託立法史論補遺」（加藤一郎・水本浩編「民法・信託法理論の展開」弘文堂，所収）．

8 知的財産のディスクロージャーとIR

1 ディスクロージャーの意義

　ディスクロージャー（disclosure）という用語は，close の名詞である closure すなわち「閉じること，ふさぐこと，隠すこと」などの意味を否定するための接頭語 dis- がついて「あらわにすること，あばくこと，暴露」などを意味し，日常的には必ずしもあまりよい意味で用いられてはいないように思われる。マイケル・ダグラスとデミ・ムーア主演のアメリカ映画 "disclosure" などがあまりよい意味ではない例である。

　しかし，会計用語としてのディスクロージャーには，日常用語のように否定的なニュアンスはない。それどころか，ディスクロージャーという用語は，「知的財産」，「国際化」，「企業結合」などとならぶ最近のアカウンティング・キーワードであるといってよい。

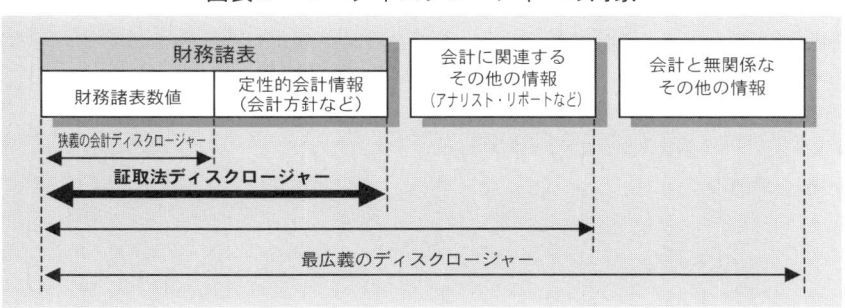

図表8−1　ディスクロージャーの対象

財務諸表		会計に関連する その他の情報 (アナリスト・レポートなど)	会計と無関係な その他の情報
財務諸表数値	定性的会計情報 （会計方針など）		

　　←狭義の会計ディスクロージャー→
　　←────証取法ディスクロージャー────→
　　←────────最広義のディスクロージャー────────→

しかし，ディスクロージャーという用語は，会計の世界でも人によって対象とする情報の範囲が異なっている。例えば，(1)財務諸表数値など定量的な会計情報のみを対象とする狭義の会計ディスクロージャーの意味で用いる者，(2)定量的な会計情報と会計方針など定性的な会計情報からなる企業の財務情報を対象とする広義の会計ディスクロージャー，すなわち財務報告の意味で用いる者，(3)企業の財務情報のみならずアナリスト・リポートなどその他の情報まで含めた意味で用いる者，さらには(4)投資意思決定情報はもとよりその他会計とは無関係な情報の単なる公表まで含めた最広義の意味で用いる者など，実にさまざまである（**図表8－1参照**）。

　しかし，会計ディスクロージャーとして知られているもののなかで最も代表的なのは，証券取引法に基づくディスクロージャー（以下，「証取法ディスクロージャー制度」という）である。これは企業内容の開示ともいわれているように，その情報の範囲は上記(2)の企業の財務情報を対象としている。現行の企業会計制度を前提にする限り，会計ディスクロージャーという場合には，上記(2)の意味で用いるのが最も妥当であると考えられるので，特段の断りをしない限り，本書もこの意味で用いることにする。

　しかし，定量的な会計情報であると定性的な会計情報であるとを問わず，情報として処理されるまではいかなる会計ディスクロージャーも行われないので，会計ディスクロージャーは情報処理が行われていることを前提としている概念であるといってよい。したがって，会計ディスクロージャーは情報の単なる開示問題ではなく，その背後にある会計処理，ひいては会計測定または価値評価の問題として捉えることが重要である。ここに，会計ディスクロージャーの難しさがある。

2 会計ディスクロージャーのためのフレームワーク

　会計ディスクロージャーを考えるためには，いくつか切り口がある。会計ディスクロージャーとは，発行体が経済活動および経済事象を会計的メッセージを用いて表現し，これを投資者などのステークホルダーに伝達する行為である。その意味では，会計ディスクロージャーは情報の送り手と受け手のコミュニケーションであると考えられるので，ここではコミュニケーションの基礎として広く知られている5W1Hを援用して，さしあたりこれをその切り口としよう。すなわち，

　　1　情報はどのような目的でディスクローズされるのか
　　2　情報は誰に対してディスクローズされるべきなのか
　　3　情報はどれだけディスクローズされるべきなのか
　　4　情報はどのような記載箇所でディスクローズされるべきなのか
　　5　情報はいつディスクローズされるべきなのか
　　6　情報はなぜディスクローズされなければならないのか

である。

　会計ディスクロージャーはコミュニケーションであると述べたが，いかなるコミュニケーション・モデルであっても，複数の要素から構成されている。

　コミュニケーション・モデルにも，その最初といわれている「アリストテレス・モデル」（Berlo［1960］，［布留・阿久津［1972］，43頁］），「シャノン＝ウィーバーの電話通信モデル」（Shannon and Weaver［1964］，［長谷川・井上［1969］，14頁］），人間相互間のコミュニケーション・プロセスの研究を行った「バーロ・モデル」（Berlo［1960］，［布留・阿久津［1972］，45-48頁］）などがある（**図表8－2参照**）。

図表 8 − 2 　コミュニケーションの構成要素

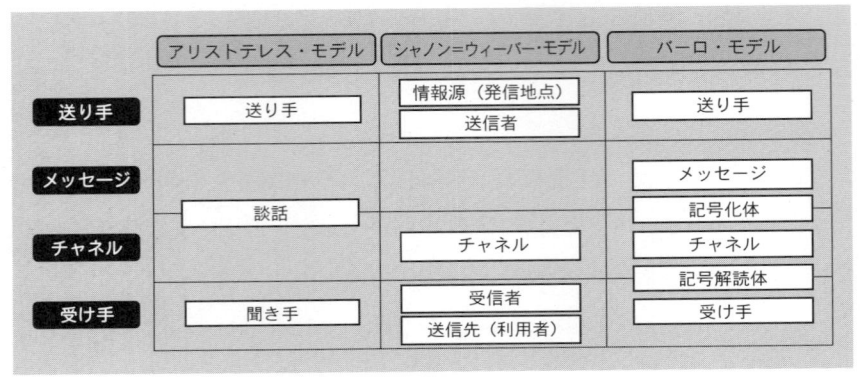

	アリストテレス・モデル	シャノン=ウィーバー・モデル	バーロ・モデル
送り手	送り手	情報源（発信地点） / 送信者	送り手
メッセージ	談話		メッセージ / 記号化体
チャネル		チャネル	チャネル / 記号解読体
受け手	聞き手	受信者 / 送信先（利用者）	受け手

　コミュニケーションは，そのときに対象とするモデルによって構成要素，重要性，相互関係などが異なるものの，一般的には，その構成要素は，(1)送り手，(2)メッセージ，(3)チャネルおよび(4)受け手の4要素であるといってよい。重要なことは，その構成要素が相互に作用しそれぞれの要素が他のすべての要素に影響を及ぼすプロセスとみることができることである。事実，「コミュニケーション理論はプロセスという観点に立つ思想を反映している（Berlo［1960］［布留・阿久津［1972］, 37頁］)*1」といわれている。

　上述したことは，会計ディスクロージャーについても例外ではなく，コミュニケーションの要素に分解することができる。すなわち，(1)メッセージの送り手は企業たる発行体であり，(2)メッセージとは財務情報であり，(3)チャネルは

---
footnotes

*1 　バーロは，「コミュニケーション・プロセス」という概念について，「われわれが何かをプロセスとよぶとき，それはまた，1つの初めと1つの終わりをもつところの固定した事象の継起ではないということを意味する。それは静的なもの，休止しているものではない。それは動いている。プロセスに含まれる要素は相互に作用している。それぞれの要素は他のすべての要素に影響を与えている（Berlo［1960］, ［布留・阿久津［1972］36頁］)」と述べている。

有価証券報告書などメッセージの伝達媒体であり，広い意味では財務諸表などの開示箇所であり，(4)メッセージの受け手は投資者等のステークホルダーであると考えることができる。

かかる理解が正しいとし，かつ5W1Hを援用したコミュニケーションの基礎と構成要素とを勘案して結論だけをいえば，会計ディスクロージャーの本質を考えるためには，次の3要素が重要であると思われる。

1　ディスクロージャーの対象
2　情　報　量
3　情報の記載箇所

もとより，ディスクロージャーの目的も上記の3要素と同じくらい重要ではあるが，ディスクロージャーの目的について一般的にいえば，発行体の発信するメッセージとこれを受け取るステークホルダーとのコミュニュケーション・ギャップ（情報ギャップ）すなわち情報の非対称性を解消することにある。もう少し具体的にいえば，会計ディスクロージャーは，発行体にとってはステークホルダーに対するアカウンタビリティ（説明責任）の手段であろうし，ステークホルダーにとっては投資等各種意思決定のためのインセンティブの手段であるといえよう。

しかし，ディスクロージャーの目的は，基本的にディスクロージャーの対象，すなわちステークホルダーとして誰を想定するかによって異なると思われるので，必ずしもディスクロージャーの本質を考えるにあたっては重要でないように思われる。

このように，ディスクロージャーは，基本的に，上記の構成要素のコミュニケーション・プロセスとして把握することができ，各構成要素が相互・有機的に連動して作用している。したがって，会計ディスクロージャーは，その構成要素のいずれかにコミュニケーション・ギャップであるノイズが生じる場合に

は，有効に機能しないといってよい。

　次に，ディスクロージャーの3要素を用いてディスクロージャーのフレームワークを考えるわけであるが，そのアプローチにも演繹的アプローチと帰納的アプローチとがある。しかし，ここでの目的は，会計ディスクロージャー制度，すなわち現行の証取法ディスクロージャー制度のもとでディスクローズされてきた外部財務情報のたな卸しを行い，その特徴を明らかにし，これを前提にしたうえで，知的財産のディスクロージャーのあり方を考えることにある。

　したがって，まず帰納的アプローチに基づく分析で，ディスクロージャーのフレームワークを措定し，そのうえで知的財産のディスクロージャーのあり方を演繹的に考えることになる。

　しかし，「証券取引法」では1条であらかじめその対象として投資者が措定されているので，どのような開示箇所でどのような外部財務情報がディスクローズされてきたのかという視点から分析し，そのうえでディスクローズされた情報の特徴についての分析をすればよいことになる。また，各種の外部財務情報がいずれの記載箇所においてディスクローズされてきたのかという観点から分析をスタートするのは，ここでは証取法ディスクロージャー制度という制度を前提にしていることに加えて，次の理由による。

　第1に，外部財務情報は軽重の差があるという前提でディスクローズされてきたばかりではなく，ステークホルダーもこれを前提に情報を利用してきたこと，

　第2に，会計基準の設定にあたっても，例えば財務諸表本体なのかそれとも注記等なのか，またオン・バランスなのかそれともオフ・バランスなのかなど，いずれの記載箇所で外部財務情報をディスクローズさせるべきなのかを重視してきたこと，

　第3に，外部財務情報は監査証拠の点でも大きく異なっているので，いずれ

第8章　知的財産のディスクロージャーとＩＲ

の記載箇所でディスクローズされた情報なのかによって財務諸表監査の対象を決定してきたこと（第9章「知的財産会計情報の監査」参照），
などである。

　以下，知的財産のディスクロージャーを考えるわけであるが，将来は過去および現在の延長線上にあり，またその反省のうえに展望するものであるとすれば，まず，証取法ディスクロージャー制度を回顧し，そのたな卸しを行うことが必要である。この場合，どの時点からたな卸しすればよいのかが問題になるが，「証券取引法」が1948年に法律第25号として制定されたことを考えると，この時点からスタートするのが妥当であるといえよう。

　約半世紀にわたる証取法ディスクロージャー制度のもとでディスクローズされてきた外部財務情報を調べてみると，後述するように量と質の両面で大幅に拡充されてきている。例えば，**図表8－3および図表8－4**にみるように，財務諸表の種類の多様化およびその本体で開示される外部財務情報の拡充はもとより，注記などにおいて各種の外部財務情報が開示されるようになってきている。

　このような会計ディスクロージャーの拡充の足跡を歴史的にたどるにあたっては，すでに述べたように，各種の外部財務情報がいったいいずれの記載箇所においてディスクローズされてきたのかという視点から分析することが必要である（広瀬［1995］，201-223頁）。したがって，証取法ディスクロージャー制度のもとでディスクローズされる外部財務情報の記載箇所をオン・バランス（財務諸表）とオフ・バランス（その他の記載箇所）とに大別し，さらに前者を財務諸表本体と注記または附属明細表とに細分することにする。これを前提に証取法ディスクロージャー制度のもとでディスクローズされてきた外部財務情報の拡充を公布年次順に整理すれば，次のとおりである。

図表 8 − 3　財務諸表本体での会計ディスクロージャーの拡充

1950 年	損益計算書，貸借対照表，剰余金計算書および剰余金処分計算書の導入
1963 年	剰余金計算書の一部（資本剰余金計算書）を廃止して附属明細表へ 損益及び剰余金結合計算書の導入（損益計算書との選択適用）
1974 年	剰余金計算書の廃止および剰余金処分計算書を廃止して利益金処分計算書の導入
1977 年	中間財務諸表の導入（半期報告書第4　1．中間財務諸表）
1987 年	連結財務諸表の3カ月以内提出（有価証券報告書［以下，「有報」という］第6関係会社に関する事項　5．連結財務諸表に関する事項）
1990 年	連結財務諸表の本体組入（「有報」第6企業集団等の状況　2．企業集団の状況(2)連結財務諸表）
1998 年	連結財務諸表の表示科目の統合
1999 年	連結財務諸表を主たる財務諸表，個別財務諸表を従たる財務諸表とする 連結キャッシュ・フロー計算書の導入（ただし，連結財務諸表を作成していない会社については，個別ベースのキャッシュ・フロー計算書） 税効果会計の強制適用
2000 年 （2001年でも可）	中間財務諸表に代えて中間連結財務諸表（中間連結キャッシュ・フロー計算書を含む）の導入（ただし，連結財務諸表を作成していない会社については，従来どおり個別ベースの中間財務諸表［中間キャッシュ・フロー計算書を含む］） 売却目的の有価証券およびデリバティブ取引により生じる金融資産または金融負債に時価評価を導入（評価差額は損益計算書に計上） ヘッジ会計の適用 - 退職給付債務および年金資産に時価評価を導入し，退職給付費用もこれに基づいて計上（2001年から導入する場合は2000年は注記）
2001 年	「その他有価証券」に時価評価を導入（評価差額は資本の部に計上）
2006 年	資本の部に代えて純資産の部を導入 利益処分計算書または損失処理計算書に代えて株主資本等変動計算書の導入

図表8－4　財務諸表に対する注記での会計ディスクロージャーの拡充

1950年	（個別財務諸表［以下，「個別」という］）資産の取得原価以外の評価基準，棚卸資産の評価基準および棚卸方法，会計方針の変更の旨および理由，受取手形の割引高，担保提供資産，在外資産の注記，授権株式総数および発行済株式総数，偶発債務など
1953年	（個別）受取手形の裏書譲渡高，割賦売上に係る売上高および売上利益の算定基準，関係会社に対する売上高など
1963年	（個別）会計方針の変更による影響額，表示方法の変更の旨および内容，外貨建資産および負債の金額，固定資産の再評価，配当制限，関係会社に係る営業費用・営業外収益および営業外費用，関係会社に対する資産および負債，低価評価損など
1974年	（個別）追加情報，外貨建資産および負債の換算の基準，貸倒引当金および減価償却引当金
1976年	（連結財務諸表［以下，「連結」という］）連結財務諸表作成の基礎となる事項，会計方針の変更，追加情報，非連結子会社に対する債権および債務，連結調整勘定の償却方法，非連結子会社に係る営業外収益および営業外費用など
1977年	（中間財務諸表［以下，「中間」という］）中間財務諸表作成の基礎となる事項，会計方針の変更，追加情報，偶発債務，外貨建資産および負債，担保提供資産，過去1年間の売上高，減価償却額など
1982年	（個別）重要な会計方針を一括記載 （個別，中間）重要な後発事象の記載 （個別，連結，中間）特別法上の準備金を規定した法令の条項 （個別，連結）1株あたり純資産額および純損益金額
1993年	（連結）セグメント情報の拡充
1994年	（個別，連結，中間）リース取引の処理方法，リース取引
1995年	（連結）セグメント情報の拡充 潜在株式調整後1株あたり当期純損益金額（計算方法の変更）
1996年	（個別，中間）有価証券の時価等，デリバティブ取引

1998年	(連結) 偶発債務, 重要な後発事象, 非連結子会社に関する情報など (連結, 個別) 関連当事者との取引, 一般管理費および当期製造費用に含まれる研究開発費の総額, 法定実効税率, 繰延税金資産および繰延税金負債の発生原因別の主な内訳など (連結を作成していない会社の個別財務諸表) 関連会社に対する投資額, 関連会社に持分法を適用した場合の投資損益など
1999年	(連結) 有価証券の時価等, デリバティブ取引 (連結キャッシュ・フロー計算書) 資金の範囲に含めた現金及び現金同等物の内容およびその期末残高の連結貸借対照表科目別の内訳, 重要な非資金取引など
2000年	(中間連結財務諸表 [以下, 「中間連結」という]) 偶発債務, 重要な後発事象, 事業の種類別等のセグメント情報 (中間連結キャッシュ・フロー計算書) 資金の範囲に含めた現金および現金同等物の内容ならびにその期末残高の連結貸借対照表科目別の内訳, 重要な非資金取引など (連結, 中間連結, 個別) 有価証券に係る情報の拡充 (連結, 中間連結, 個別)「その他有価証券」に関する評価差額を財務諸表本体へ (連結, 個別) 退職給付 (企業の採用する退職給付制度に関する説明, 退職給付債務および退職給付費用の内訳, 退職給付債務等の計算基礎など)
2002年	(連結, 中間連結, 個別) 自己株式保有数 (連結, 中間連結, 個別) 1株当たり当期純損益に係る情報の拡充 (連結, 個別) (事業の継続可能性に重要な疑義を抱かせる状況が生じている場合) 継続企業の前提に関する注記 (連結) 契約による積立金 (個別) 資本欠損額
2006年	(個別・中間・連結・中間連結) ストック・オプション, 指定法人の純資産, 1株当たり純損益の金額等 (個別・中間・連結・中間連結) 発行済株式, 自己株式, 新株予約権等 (株主資本等変動計算書の注記に移動) (個別) 配当制限 (最終事業年度の末日後に自己株式を処分した場合における当該自己株式の対価の額, 分配可能額から減ずるべき金額, 分配可能額を減ずるべき法律, 利益の配当制限), 配当 (株主資本等変動計算書の注記に移動)

第8章 知的財産のディスクロージャーとIR

図表8-5　附属明細表での会計ディスクロージャーの拡充

1950年	有価証券明細表，有形固定資産明細表，無形固定資産明細表，関係会社有価証券明細表，関係会社出資金明細表，関係会社貸付金明細表，社債明細表，長期借入金明細表，関係会社借入金明細表，資本金明細表，減価償却費明細表の導入
1963年	利益準備金および任意積立金明細表（損益及び剰余金結合計算書の場合），資本剰余金明細表，引当金明細表の導入
1995年	有形固定資産明細表，無形固定資産明細表および減価償却費明細表を有形固定資産等明細表に統合
1999年	社債明細表，長期借入金明細表については単体ベースから連結ベースに変更 資本金明細表，資本剰余金明細表，利益準備金及び任意積立金明細表→資本金等明細表に統合 係会社有価証券明細表，関係会社出資金明細表，関係会社貸付金明細表，関係会社借入金明細表を廃止
2006年	指定法人に係る附属明細表→注記へ

図表8-6　その他の記載箇所での会計ディスクロージャーの拡充

1976年	連結財務諸表の導入（添付書類）
1987年	資金収支表の導入（「有報」第5経理の状況　3．資金収支の状況）→連結キャッシュ・フロー計算書として財務諸表本体へ（1999年） セグメント情報の導入（「有報」第6企業集団等の状況　2．企業集団の状況(3)セグメント情報）→注記へ（1993年）
1990年	市場性ある一時所有の有価証券および先物・オプション取引等に関する時価情報の開示（「有報」第5経理の状況　3．有価証券等の時価情報）→注記へ（1996年） 関連当事者との取引の開示（「有報」第6企業集団等の状況　3．関連当事者との取引）
1994年	先物為替予約の状況の開示（「有報」第5経理の状況　4．先物為替予約の状況）→デリバティブ取引として注記へ（1996年）
1995年	エクスワラントなどの時価情報の開示（「有報」第5経理の状況　3．有価証券等の時価情報）→注記へ（1996年）

1997年	ストックオプション制度に関する情報の開示（「有報」第4提出会社の状況）
1998年	セグメント情報の拡充（「有報」第5経理の状況）
1999年	「営業の状況」，「設備の状況」等を連結ベースで記載 企業集団の概況（主な事業内容等についての記載）・業績（売上高及び損益情報についての分析的な記載）等を事業の種類別等のセグメントごとに開示 連結子会社の状況のほか，連結子会社以外の主要な関係会社の状況についても開示
2003年	事業等のリスクに関する情報の開示（「有報」第2事業の状況） 財政状態及び経営成績の分析（「有報」第2事業の状況） コーポレートガバナンスの状況に関する情報の開示（「有報」第4提出会社の状況）

　以上の整理を通じて，証取法ディスクロージャー制度における外部財務情報のディスクロージャーの拡充傾向についての特徴を指摘すれば，当初は財務諸表に対する注記でのディスクロージャーとその他の記載箇所でのディスクロージャーが中心であったが，最近では財務諸表本体でのディスクロージャーが大幅に拡充される傾向にあり，また，1993年以降はその他の記載箇所でのディスクロージャーも注記でのディスクロージャーに変更されているといえる。

3　ディスクロージャーの量的拡充と質的拡充

　もとより，外部財務情報のなかで最も重要な情報は財務諸表本体でディスクローズされる情報である。財務諸表本体をきれいにしようとするあまりに注記開示を乱用することは，「財務諸表本体の適切な発展を妨げる（Hendriksen and Van Breda［1992］, p. 874）」おそれがあるばかりではなく，注記のダストボックス化を招きかねないといえよう。

第8章　知的財産のディスクロージャーとIR

財務諸表本体と注記および附属明細表を併せて基本財務諸表というが，そもそも基本財務諸表において注記を用いる目的または役割はどこにあるのであろうか。

例えば，富士山を静岡県サイドから見ると表富士といい，山梨県サイドから見ると裏富士というのと同様に，企業の経済活動および経済事象もいろいろな見地からマッピング（写像）することができる。外部財務情報も，ある1つの見地から企業の経済活動および経済事象をマッピングしたものである。外部財務情報は，取得原価という測定属性の見地から企業の経済活動および経済事象をマッピングすることもできれば，時価という測定属性の見地から企業の経済活動および経済事象をマッピングすることもできる（**図表8－7**参照）。

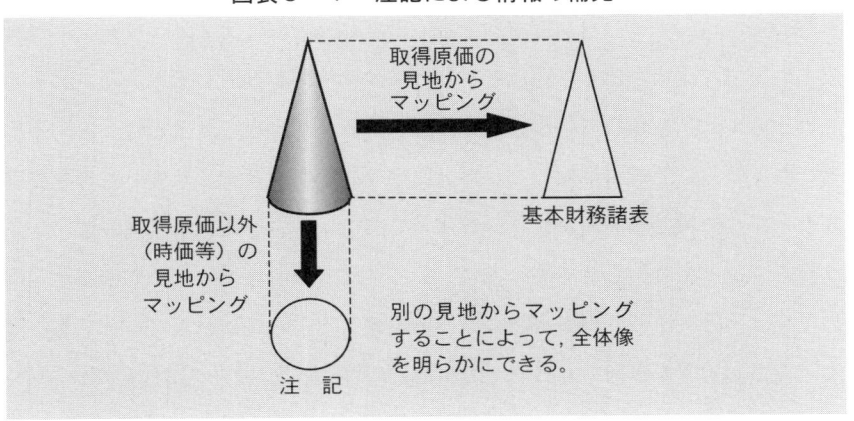

図表8－7　注記による情報の補完

取得原価の見地からマッピング → 基本財務諸表

取得原価以外（時価等）の見地からマッピング ↓ 注記

別の見地からマッピングすることによって，全体像を明らかにできる。

財務諸表本体で開示されている現行の外部財務情報は，主として取得原価という測定属性の見地から企業の経済活動および経済事象をマッピングしたものであるが，それは指示対象である現実の経済活動および経済事象を原価情報としてマッピングし，その内容を損なわない程度に要約したにすぎないものである。しかも，財務諸表本体にマッピングされる外部財務情報は貨幣額で測定で

きるものに限定されている。したがって，財務諸表本体だけでは企業の全体像をマッピングすることが困難であり，自ずからそこには限界があるといわざるを得ない。ここに何らかの手段でもって財務諸表本体で採用された見地を補完する必要がある。それがほかならぬ注記である。

　注記とは，財務諸表本体で採用された見地（例えば，取得原価という測定属性）と同様の見地から，指示対象である経済活動および経済事象を写体である財務諸表本体にマッピングする際に生じるギャップを埋めることを目的としている補完情報であり，逆にいえばたとえその情報を欠いたとしても，財務諸表本体の試算表等式の計算構造には何ら影響を及ぼさない情報である。いいかえれば，注記は財務諸表本体で採用された見地を補完し，もって企業の全体像を明らかにすることにその役割があるといえる。

　翻って，このような考え方から上記で整理した証取法ディスクロージャー制度のもとで注記事項として開示された外部財務情報を検討してみると，必ずしも理論的には詰められていないように思われる。なぜならば，等しく注記事項とされている外部財務情報のなかには原価を測定属性とする情報と時価を測定属性とする情報とが混入されているからである。いいかえれば，証取法ディスクロージャー制度のもとで開示されている外部財務情報を分析してみると，その多くは，会社法の計算規定および税法規定と同一のフレームワークである測定属性として取得原価をとる外部財務情報の量的拡充（**ケース①およびケース②**）と，測定属性として時価をとる外部財務情報の質的拡充（**ケース③およびケース④**）であったという特徴を指摘できる（**図表 8 － 8 参照**）。

第8章　知的財産のディスクロージャーとIR

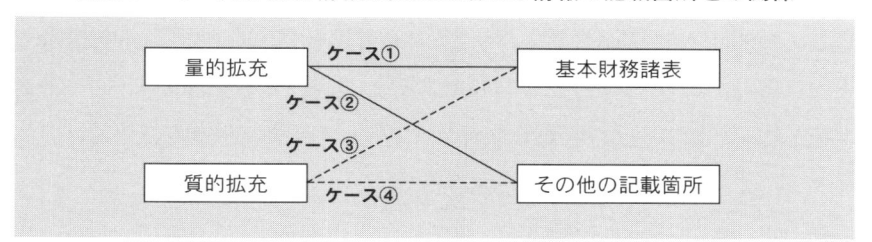

figure 図表8－8　外部財務情報の拡充の類型と情報の記載箇所との関係

```
           ケース①
  ┌─────┐─────────┌─────────┐
  │ 量的拡充 │         │ 基本財務諸表 │
  └─────┘ケース②    └─────────┘
           ケース③
  ┌─────┐─────────┌─────────┐
  │ 質的拡充 │         │その他の記載箇所│
  └─────┘ケース④    └─────────┘
```

しかし，最近の証取法ディスクロージャーのもとでは，外部財務情報の質的拡充が加速化しつつある。それでは，証取法ディスクロージャー制度において，なぜ，従来は外部財務情報の量的拡充のみが行われ，最近になり質的拡充の傾向が強まってきたのであろうか。

まず，量的拡充が図られてきた最大の理由を考えてみると，わが国の企業会計制度に固有の状況をあげることができると思われる。この点について述べると，従来の証券取引法に基づく外部財務情報のディスクロージャーにおいて取得原価主義会計が採用されなければならなかったのは，財務諸表本体の作成上だけであり，それ以外の記載箇所または開示チャネルを用いる限り，取得原価主義会計情報以外の情報をディスクローズすることは可能であった。したがって，このような考え方によって証取法ディスクロージャー制度における外部財務情報の質的拡充を図ることは，理論的，制度的には十分に可能であるが，そのような質的拡充をあえて証券取引法上の開示情報に求める社会的要請は，従来，さほど強くなかったように思われる。

ところが，最近，企業会計が連結財務諸表中心になり，一方で公正価値評価を中核とする金融制度改革によって，他方でIASB，FASBなどの国際的な会計基準とのコンバージェンスの波によって，**ケース③**のように財務諸表本体において時価を測定属性とするディスクロージャーの質的拡充が大幅に求められるようになってきた。

しかし，すでに第2章「知的財産会計のフレームワーク」で述べたように，買入インタンジブルズはオン・バランスされているが，ブランド，知的財産などの自己創設のインタンジブルズの大部分は，たとえいかに重要なバリュー・ドライバーであるとしても，財務報告の対象外とされ，その情報がほとんどディスクローズされていないのが現状である。

　例えば，特許権についていえば，営業権，商標権等とともに無形固定資産として，貸借対照表上，支出額から償却額を直接控除した残額が開示されているにすぎない。また，特許権収入またはロイヤリティ収入は，単体ベースでは損益計算書において売上高の内訳科目または営業外収益の一科目として開示されているものの，連結ベースでは，連結会社間の特許権収入またはロイヤリティ収入はネッティングされた額でしか開示されていないのが現状である。このようなコスト・アプローチに基づく支出額のみの開示では，キャッシュ・フローを創出するバリュー・ドライバーとしての特許権の実態を反映していなく，会計ディスクロージャーの観点からみると不十分といわざるを得ない。

　ちなみに，有価証券報告書を分析してみると，1999年の単体ベースの有価証券報告書を開示する500社のうち，特許権を開示しているのはわずか127社にすぎないという（日本公認会計士協会編［2000］，260頁）。

　さらに，ブランドにいたっては，買入ブランドの原価情報が開示されるのみで，ヒト，カネ，モノ，情報につぐ第5の経営資源であり，企業の重要なバリュー・ドライバーである自己創設ブランドの価値情報は，全く開示されていない（経済産業省企業法制研究会［2002］，6－7頁）。

　いいかえれば，知的財産情報については，従来，**ケース①**に該当する場合にはディスクローズされているが，バリュー・ドライバーとしてディスクロージャーが求められている知的財産情報は，**ケース③**および**ケース④**の場合である。したがって，ここから生じる企業会計上の問題は，買入インタンジブルズ

に関する原価情報は開示されているが，自己創設のインタンジブルズに関する情報が提供されていないことから生じる比較可能性をめぐる情報の非対称性，ひいては投資意思決定情報としての有用性欠如にある[*2]。

　情報の非対称性を解消するための1つの方法は，有償取得の知的財産に関する情報を排除したうえで，比較を行うことが考えられるが，知的財産情報の重要性が増大している現段階で，このような方策をとることはきわめて非現実的であるといえよう。

　そうしてみると，貸借対照表上で認識されず，オフ・バランスになっているブランド価値およびキャッシュ・フローを創出する自社実施特許が，かりに個々の資産として購入され，または企業結合によって取得されていたならば，認識されていたはずの価値評価額のディスクロージャーに焦点を合わせることが，情報の非対称性問題を解決し，ひいては投資意思決定および経営管理意思決定情報としてのバリュー・ドライバーの大きさを測定するための第一歩であるといえよう。その意味では，**ケース③**に該当するディスクロージャーこそが必要といえようが，これまで検討をしてきたように，一足飛びには**ケース③**に該当するディスクロージャーに移行するのは困難であるといわざるを得ない。そうしてみると，**ケース④**に該当するディスクロージャーからスタートして，段階的に**ケース③**に該当するディスクロージャーへ移行する途を模索せざるを得ない。

　しかし，知的財産情報は，現実にはまだ**ケース④**としての会計ディスクロージャーの対象というにもほど遠く，せいぜい広い意味のディスクロージャーまたはIRの段階である。もちろん，よび方が重要なのではなく，実質が重要で

---

footnotes

[*2] 自己創設のインタンジブルズが適切に評価されていないことから生じる情報の非対称性問題の詳細については，第2章「知的財産会計のフレームワーク」を参照されたい。

ある。しかし，すでに述べたように，どのようにその実質を位置づけるのかによって，いいかえれば，どのようなフレームワークで知的財産のディスクロージャーを考えるのかによって，その開示情報の内容が異なる。

4 知的財産のディスクロージャーとIR

　知的財産のディスクロージャーは，それが目的であってはならない。知的財産の価値評価があってディスクロージャーがあるのであって，ディスクロージャーは，あくまでも次善の策である。とりわけ，会計ディスクロージャーは，その背後に何らかの目的があり，しかもその目的に基づく情報処理，ひいては会計測定または価値評価を見据えたものでなければならない。そうでなければ，いくら知的財産のディスクロージャーといっても，それは単に広い意味でのIRにすぎず，半永久的に会計の俎上に載らないといえるのではなかろうか。

　以下，IRについて考えてみよう。IRとは，Investor Relations の略で，全米インベスター・リレーションズ協会（National Investor Relations Institute；NIRI）によれば，「IRとは，究極的には公正評価を反映する会社の株価形成に資することを目的とし，企業と財界その他とのツーウェイのコミュニケーションを最も効率的にするために，財務，コミュニケーション，マーケティングおよび証券法の遵守を一体化する戦略的な経営責任である[*3]」と定義されている。

---

footnotes

[*3] 全米インベスター・リレーションズ協会ウェブサイト（http://www.niri.org/about/mission.cfm）を参照。

第8章　知的財産のディスクロージャーとＩＲ

また，日本インベスター・リレーションズ協議会によれば，以下のように述べられている。

> ＩＲとは，企業が株主や投資家に対し，投資判断に必要な情報を適時，公平，継続して提供する活動の全般を指します。
> ＩＲ活動を実践する企業は，有価証券報告書や決算短信などの制度開示にとどまらず，自主的に情報開示することが大切です。具体的には，決算発表後の説明会や，工場や施設の見学会，投資関係者との個別面談があげられます。アニュアルリポートや株主通信などの文書類や，インターネットを活用したＩＲ活動も盛んです。
> ＩＲ活動の対象は，アナリスト，ファンドマネジャーなどの投資専門家に加え，個人投資家，新聞記者をも含みます。
> 企業はＩＲ活動を通じて投資関係者と意見交換することで，お互いの理解を深め，信頼関係を構築し，資本市場での正当な評価を得ることができるのです。
> 日本インベスター・リレーションズ協議会ウェブサイト（https://www.jira.or.jp/jira/jsp/html/home/about_ir.html）を参照。

さらに，経済産業省はＩＲを「資本市場を対象とした財務，市場戦略及び投資家との対話の統合体であり，市場での適正な評価及び企業価値の向上を期し，経営者が責任を持って取り組むべき戦略的事項である（経済産業省産業構造審議会知的財産政策部会［2004］，5頁）」と定義している。

それでは，ディスクロージャーとＩＲの関係はどのように考えればよいのであろうか。

全米インベスター・リレーションズ協会の会長兼ＣＥＯのトンプソン氏は，「ディスクロージャーと情報の透明性に関するすべてのものがＩＲである。ＩＲによって情報が提供されればされるほど，情報の欠如に伴う投資者のリスクが少なくなる[*4]」と述べている。

以上，検討してきた限りにおいては，対象が投資者などのステークホルダーであるとしても，ＩＲの方が多くの記述的非財務情報の開示を含み，その意味では会計ディスクロージャーよりもはるかに広く，「１　ディスクロージャーの意義」で述べた最広義のディスクロージャーに近いといえる。かかる理解が正しいとすれば，ＩＲには知的財産会計の俎上に載らない事項が多いことを意味する（図表８－９参照）。

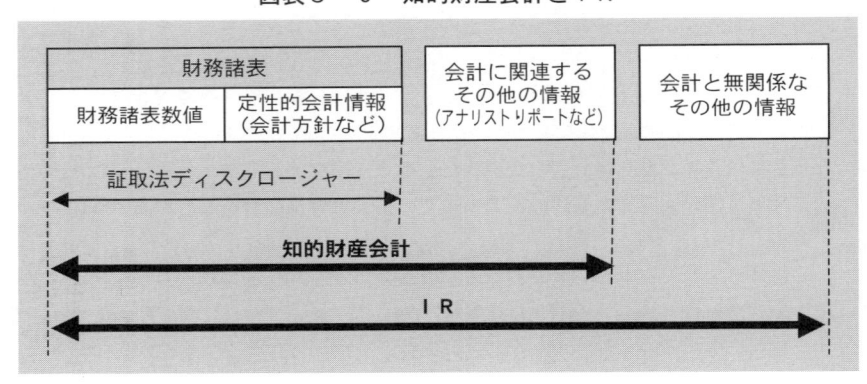

図表８－９　知的財産会計とＩＲ

財務諸表		会計に関連する その他の情報 (アナリストレポートなど)	会計と無関係な その他の情報
財務諸表数値	定性的会計情報 （会計方針など）		

←―― 証取法ディスクロージャー ――→
←―――――― 知的財産会計 ――――――→
←――――――――― ＩＲ ―――――――――→

　知的財産情報の開示に関して積極的な経済産業省の一連の取り組みは，「企業法制研究会（ブランド価値評価委員会）」の活動を除き，おそらくＩＲの一環としての位置づけであるように思われる。したがって，ディスクロージャーとＩＲの関係を明確にするために，以下，知的財産情報をめぐる経済産業省の動向を検討する。

---

footnotes

*4　"The Shareholder Imperative: Transparency, Clarity, and Good Governance," by Louis M. Thompson, Jr. President & CEO National Investor Relations Institute to the Red Chip CEO Summit Boca Raton, Florida, March 7, 2002, p.3（全米インベスター・リレーションズ協会ウェブサイト［http://www.niri.org/news_media_center/speeches/ShareholderImperativeBocaRaton020307.pdf］を参照）

図表8−10 知的財産情報をめぐる経済産業省の動向

2001年10月	産業競争力と知的財産を考える研究会を設置
2002年6月5日	産業競争力と知的財産を考える研究会，報告書にて知的財産価値評価情報のディスクロージャーの指針策定を提言
2002年6月24日	企業法制研究会・ブランド価値評価研究会「ブランド価値評価モデル」公表
2002年7月3日	「知的財産戦略大綱」にて，2003年度中の知的財産に関する情報開示の指針策定を宣言
2003年1月30日	「営業秘密管理指針」公表
2003年3月	経済産業省から調査研究を委託された（財）知的財産研究所が「特許・技術情報のディスクロージャーについて考える研究会報告書」を公表
2003年3月14日	「特許・技術情報の開示パイロットモデル」を公表。そのなかで，「知的財産報告書」の作成を推奨
2003年3月14日	「知的財産の取得・管理指針」公表
2003年3月14日	「技術流出防止指針～意図せざる技術流出の防止のために～」公表
2003年7月	「知的財産の創造，保護及び活用に関する推進計画（知的財産推進計画）」にて，「知的財産情報開示指針（案）」を公表
2004年1月	「知的財産情報開示指針～特許・技術情報の任意開示による企業と市場の相互理解に向けて～」を公表
2005年10月12日	「営業秘密管理指針」改訂
2005年10月	「知的資産経営の開示ガイドライン」公表

　特許庁を除き，経済産業省が知的財産について積極的に取り組みだしたのは，サイトをたどる限り，今世紀に入ってからのように思われる。例えば，2001年10月には，経済産業省経済産業政策局長および特許庁長官の私的懇談会として，「産業競争力と知的財産を考える研究会」が設置され，同年12月の「中間報告」を経て2002年6月5日に公表された報告書では，「投資家が企業の

収益性や企業価値を適切に判断するための材料の一つとして，知的財産に関する情報を活用できない状況にある（経済産業省経済産業政策局［2002］，25頁）」との認識のもとに知的財産価値情報のディスクロージャーの指針策定が提言された。

2002年6月24日には，経済産業省経済産業政策局長の私的諮問機関である企業法制研究会・ブランド価値評価研究会が「ブランド価値評価研究会報告書」を公表した。そこでは，ブランド価値評価モデルが提示されるとともに，「本報告書において提示したブランド価値評価モデルなどの考え方は，ブランド以外の知的財産その他インタンジブルズの価値評価についても援用できると考えるが，インタンジブルズの範囲が広いところから，これらについては引き続き検討を加えることが望まれる」と提言された（経済産業省企業法制研究会［2002］，73頁）。

これらの提言は，おりからの国家戦略として，いわば省庁横断的に組織された知的財産戦略会議の「大綱」に経済産業省提言として書き込まれ，知的財産の活用を推進するための具体的行動計画の一環として「3　知的財産の活用の促進」が取り上げられ，「企業の知的財産関連活動が市場に正当に評価され，企業の収益性や価値を高めることができるよう，2003年度中に知的財産に関する情報開示の指針を策定する（知的財産戦略会議［2002］，36頁）」旨が宣言された。

その後，「大綱」で求められている知的財産情報の開示指針作りのための基礎資料として，経済産業省は，財団法人知的財産研究所に調査研究を委託し，その報告書「特許・技術情報のディスクロージャーについて考える研究会報告書」が2003年3月に公表された。ここでは，開示にあたり重要なことは経営者が意識する企業価値の源泉（バリュー・ドライバー）こそが投資者にとって有用な情報であるとのスタンスから，日米のベスト・プラクティスを調査し，機

第8章　知的財産のディスクロージャーとＩＲ

関投資家へのアンケート分析を行い，すべての業種・技術分野に共通する「パイロットモデル」を作成し，これによる「知的財産報告書」を示し，その作成を推奨した（知的財産研究所［2003］，138－141頁）。

経済産業省は，上記のモデル案および報告書案を全面的に取り入れ，いわばこれらをエンドースする形で，2003年3月14日，「特許・技術情報の開示パイロットモデル」を公表した。ここでは，「本パイロットモデルは，……（中略）……開示のベスト・プラクティスの構築を目的とする。……（中略）……必ずしも法で強制されないまでも，一般に有効と認められた開示媒体と開示情報を提示するものである（経済産業省産業構造審議会知的財産政策部会経営・市場環境小委員会［2003］，1頁）」と述べられ，「パイロットモデル」に基づく「知的財産報告書[*5]」の作成が推奨された。

しかし，「知的財産報告書」といっても，経営者が意識する企業価値の決定因子（バリュー・ドライバー）情報ではなく，例えば，「モデルおよび報告書の10の大項目の第一項目として『コア技術とビジネスモデル』を掲げ，その記述的説明を通じてキャッシュ・フロー創出単位が認識されまた競争優位の源泉が確認されうるなどの効果を期待する」と述べられているように，その多くが価値情報の周辺情報であり，しかも記述的な非財務情報の開示を推奨したものにすぎない。したがって，会計ディスクロージャーを想定していたアナリスト，発行体などからは，「特許権にかかる収入を正確に算出できない」，「特許の価値評価情報ではないので，バリュー・ドライバーがわからない」などの意見が支配的であると報じられた[*6]。

その後，2003年7月に知的財産戦略本部から「知的財産推進計画」が公表

footnotes
*5　オリンパスは2004年6月2日，初の「知的財産報告書」を発行した（日本経済新聞，2004年6月3日朝刊参照）。
*6　日本経済新聞，2003年3月4日朝刊など。

され，その知的財産の情報開示関連で，経済産業省が「『特許・技術情報の開示パイロットモデル』を踏まえ，知的財産情報開示促進のための実現可能な指針を2003年度中に策定する（42頁）」旨を書き込んだこともあり，パイロットモデル試行事業の参加企業13社による試行結果および市場関係者からの評価を踏まえ，モデルを修正する形で検討が進められた。さらに，「知的財産推進計画」によれば，金融庁および経済産業省が中心になって，有価証券報告書等における知的財産に関する記載や会計情報のディスクロージャーのあり方についても検討を開始するとされた（42頁）。

　かかる経緯を経て，経済産業省は，「知的財産推進計画」を受けて，2003年12月，わが国企業が国際的な市場競争および研究開発競争で生き残るためには，知的財産経営に取り組む企業が，事業戦略，研究開発戦略および知的財産戦略の3つの戦略を三位一体に展開している態様を市場に開示したときに，その取り組みが正当に評価されることが重要であるとの認識のもとに，「パイロットモデル」の修正案ともいえる「知的財産情報開示指針（案）」を公表した。さらに，これについてのパブリックコメントを経て，2004年1月，「知的財産開示指針」を公表した。これを整理して示せば，**図表8－11**のとおりである（経済産業省産業構造審議会知的財産政策部会［2004］，9－16頁）。

第 8 章 知的財産のディスクロージャーと I R

図表 8 —11　「知的財産開示指針」によって公表される知的財産関連情報

1	中核事業と事業モデル
2	研究開発セグメントと事業戦略の方向性
3	研究開発セグメントと知的財産の概略
4	技術の市場性，市場優位性の分析
5	研究開発・知的財産組織図，研究開発協力・提携
6	知的財産の取得・管理，営業秘密管理，技術流出防止に関する方針（指針の実施を含む）
7	ライセンス関連活動の事業への貢献
8	特許群の事業への貢献
9	知的財産ポートフォリオに対する方針
10	リスク対応情報

　この「知的財産情報開示指針」は，任意開示とはいえ，ともすれば知的財産が，従来，その法的保護に終始されていたことを考えれば，知的財産の情報面に経済から踏み込んだという意味では，高く評価できよう。

　しかし，この「知的財産情報開示指針」に問題がないわけではない。すなわち，「知的財産情報開示指針」に付けられたサブ・タイトル（「特許・技術情報の任意開示による企業と市場の相互理解に向けて」）からも明らかなように，その特徴は，「知的財産」といっても，特許・技術に限定され，さらにＩＲの俎上で終始している点にある。しかも，上記開示指針では，開示内容例として，「研究開発分野ごとの事業戦略の概要と方向性」，「主要知的財産の種類と用途または潜在的用途」，「競争優位分野での知的財産・技術の蓄積を示す情報」などがあげられ，また，それぞれ期待される効果として，「将来キャッシュ・フローの源泉と成長性の推定」，「将来キャッシュ・フローの成長性」，「将来キャッシュ・フローとその時期，成長性の推定」などがあげられているが，かかる開示推進

205

項目をみても，ディスクロージャーのフィロソフィである外部情報としての将来キャッシュ・フロー額を推定できず，結局，内部管理情報の域を出ないといわざるを得ない。

　本開示指針が財務報告の目的ともいえる「将来キャッシュ・フローの源泉と成長性の推定」などの効果を期待し，標榜する以上，本開示指針のスタンスが「知的財産情報開示は，企業の知財経営を表すものであるから，インベスター・リレーションズにおいて行われるべきである（経済産業省産業構造審議会知的財産政策部会［2004］，9頁）」としても，会計的には必ずしも満足がいくものとはいえない。

　たしかに，会計の俎上に載せることは，企業利益に直結し，「切れば血がでる」だけに大変であるとはいえようが，知的財産を国家戦略とし，日本のバリュー・ドライバーにしようとするのであれば，ＩＲでお茶を濁してはならないように思われる。もちろん，ＩＲがいけないというのではなく，ＩＲはあくまでも会社とステークホルダーとの意見交換または対話の手段であり，最終目標のためのステップと認識しなければならないように思われる。

　バリュー・ドライバーとしての知的財産に関するＩＲおよび会計情報のディスクロージャーを考えるのであるならば，経済産業省産業構造審議会知的財産政策部会「流通・流動化小委員会」でも検討されたように，さしあたりブランドと特許については，最低限，次のような項目のディスクロージャーまたはＩＲが必要といえるのではなかろうか（経済産業省産業構造審議会知的財産政策部会流通・流動化小委員会）[*7]。

---

footnotes

[*7] 経済産業省産業構造審議会知的財産政策部会流通・流動化小委員会，第3回（2004年1月29日）配布資料を参照。

第8章 知的財産のディスクロージャーとIR

図表8—12 ブランドおよび特許権に関するディスクロージャー・IR

1 ブランド

① ブランド価値評価額
② 採用した価値評価モデルとその概要
③ 採用した価値評価モデルの注意事項
④ 評価対象ブランド（ＣＢ，ＰＢ，両者を含めたブランド等）
⑤ キャッシュ・フローの割引率と期間
⑥ 評価期間とその根拠
⑦ マーケティング・リサーチ・データを採用しているか否か。採用している場合には，その使用方法と概要

2 特 許 権

① 特許権価値評価額
② 採用した価値評価モデルとその概要
③ 採用した価値評価モデルの注意事項（自社実施，他社実施の区別，自社実施の場合には，必須特許か否か，周辺特許の一部がないときに代替技術で回避可能か，ライセンス収入の場合には，契約期間と契約解除期間等）
④ 市場規模，技術の展開性，技術進歩率，売上高等の将来予測をモデルに織り込む場合には，その予測の根拠
⑤ 評価対象特許とその概要（特許請求項，改良請求項，特許侵害対応力，代替技術の有無，基本特許か周辺特許か等）
⑥ キャッシュ・フローの割引率と期間

ブランドにせよ，特許権にせよ，上記の項目のＩＲおよびディスクロージャーのなかで重要なのは，ブランド価値評価額であり，特許権価値評価額であることはいうまでもない。すでに述べたように，かかる価値評価額こそが測定対象（ブランドまたは特許がもたらすキャッシュ・フローの源泉である経済活動・経済事象）をマッピングしたものであり，価値評価額以外はマッピング・ギャップを埋めるための情報にすぎないからである。逆にいえば，価値評価額を前提にしないＩＲおよびディスクロージャーは一過性で終わり，投資意思決定情報としてもあまり有用性がないといえるようにも思われる。

5　知的財産のディスクロージャーとIRの課題

　かつてある論者はアメリカのディスクロージャーを「注記の時代（Hendriksen and Van Breda［1992］）」と揶揄していた。わが国でも，最近では量的拡充と質的拡充の両面から，その様相を呈している。

　しかし，重要なのは，ディスクロージャーおよびIRは，あくまでも次善の策であってベストチョイスではないということである。「切れば，血が出る」本丸を攻めることこそが，昨今の知的財産戦略に求められているように思われる。

　わが国の会計ディスクロージャーは，量的にも質的にも拡充する傾向にあり，ディスクロージャーは多い方がベターであるとする風潮もあることから，知的財産情報を含め，おそらく今後もディスクロージャーはますます拡充されていくように思われる。

　さればといって，会計ディスクロージャーは拡充の一途をたどればよいと考えているのでもない。わが国の会計ディスクロージャーは，いったいどのような水準にあるのかについて真剣に考える必要があり，それを前提に知的財産の会計ディスクロージャーを考えることが重要であるように思われる。

　会計ディスクロージャーの水準を考える概念には，「adequate（十分）」,「fair（公正）」,「full（完全）」の概念がある。「アディクエイト・ディスクロージャー（adequate disclosure）」とは，ステークホルダーをミスリードさせない程度の最低限のディスクロージャーを意味し，ネガティブ・コンセプトであるといわれる。これに対して,「フェアー・アンド・フル・ディスクロージャー（fair and full disclosure）」はポジティブ・コンセプトであり，このうち「フェアー・ディスクロージャー」とは，潜在的なステークホルダーを含めてすべてのステーク

ホルダーを平等に扱う倫理目的のディスクロージャーであり,「フル・ディスクロージャー (full disclosure)」とは,ステークホルダーをミスリードさせたり,不完全な財務報告を行わせないように,目的に適合するすべての情報のディスクロージャーを意味するといわれている。

しかし,フル・ディスクロージャーは,フルといってもあまり重要でない情報までをディスクローズすべしとする考え方ではないように思われる。

日本の会計ディスクロージャーを検討すると,従来はフェアー・ディスクロージャーに欠けていたが,最近になってようやく重視されつつあるものの,フル・ディスクロージャーと過剰ディスクロージャーとを勘違いしている向きもあるように思われる。

ジェンキンズ (E. L. Jenkins) リポートは,その勧告事項の1つとして「会計基準設定主体と規制機関は有用でないディスクロージャーをなくすことにもっと力を入れるべきである」をあげており,きわめて傾聴に値する意見である。また,ＦＥＩとよばれている財務担当重役協会は「現在のディスクロージャーは,投資者に対して合理的な意思決定を行うのに必要な情報以上の情報を提供している」と述べている。いずれもディスクロージャーの過重負担と情報の非対称性または有用性とについて指摘したものである。

ディスクロージャーの過重負担と有用性のバランスをとるのは難しい。かつて,筆者がコロンビア大学の客員研究員であったとき,元FASBの会長で当時コロンビア大学教授であったドン・カーク (Don Kirk) 氏は「重要な情報がディスクロージャーという樹海でさまよっている。意思決定にとって重要な情報とどうでもよいデータとの線引きができていない。ディスクロージャーは多ければよいというものではない」旨の意見を述べられたことを思い出す。この意見こそが,知的財産のディスクロージャーにもまさに求められている考え方であるように思われる。無駄な情報を排除することで,何が今必要とされている情

報かがわかるからである。

Reference

- Berlo, D. K.（1960）, *The Process of Communication - An Introduction to Theory and Practice,* Holt, Rinehart and Winston Inc.（布留武郎・阿久津喜弘訳「コミュニケーションプロセス―社会行動の基礎理論」協同出版社, 1972年）.
- Hendriksen, E. S. and M. F. Van Breda（1992）, *Accounting Theory; 5th ed.,* Richard D. Irwin, Inc.
- Leadbeater, C.（2000）, *New Measure for New Economy,* Institute of Chartered Accountants in England and Wales.
- Shannon, C. E. and W. Weaver（1964）, *The Mathematical Theory of Communication,* University of Illinois Press（長谷川淳・井上光洋訳「シャノン・コミュニケーションの数学理論――情報理論の基礎」明治図書, 1969年）.
- 経済産業省企業法制研究会（2002）「ブランド価値評価研究会報告書」経済産業省。
- 経済産業省経済産業政策局（2002）「『産業競争力と知的財産を考える研究会』報告書」経済産業省。
- 経済産業省産業構造審議会知的財産政策部会（2004）「知的財産情報開示指針―特許・技術情報の任意開示による企業と市場の相互理解に向けて―」経済産業省。
- 経済産業省産業構造審議会知的財産政策部会経営・市場環境小委員会（2003）「特許・技術情報の開示パイロットモデル」経済産業省。
- 知的財産研究所（2003）「知財研紀要」。
- 知的財産戦略会議（2002）「知的財産戦略大綱」。
- 知的財産戦略本部（2003）「知的財産の創造, 保護及び活用に関する推進計画」。
- 日本公認会計士協会編（2000）「決算開示トレンド」中央経済社。
- 広瀬義州（1995）「会計基準論」中央経済社。

9 知的財産会計情報の監査

1 監査証明機能の意義

　一般に,情報利用者はディスクローズされる情報に基づいて意思決定を行うものと考えられるが,ディスクローズされる情報が情報利用者の意思決定を誤導させない保証はない。そのために,情報利用者は当該情報を意思決定指標として信頼しうるか否かについての評価を行わなければならない。

　しかし,(1)情報作成者と情報利用者との情報の非対称性,(2)経済活動および経済事象の複雑化などの要因から,情報利用者が自ら情報の信頼性について評価することは事実上,困難である。ここに監査が要請される主たる理由があり$_{*1}$,かかる状況のもとで情報利用者に代わって情報の信頼性について評価

footnotes

*1 監査は,一般に会社法に基づく株式会社の取締役に対する業務監査または行為の監査と証券取引法に基づく財務諸表の監査証明もしくは会社法の計算書類の会計監査または情報の監査に分けられる(内藤[2004],7—11頁)が,ここでは財務諸表監査の目的が一般投資者をはじめとする情報利用者の保護にあるとする一般的理解を措定しているので,特段の断りがない限り,後者を前提にしている。
　その意味で,ディスクロージャーにおいて監査または監査証明が要請される要因を,例えばＡＡＡ[1973](以下,「ASOBAC」という)に求めてみれば,
　1　情報作成者と情報利用者の利害の対立,
　2　情報が情報利用者の意思決定に及ぼすインパクトの重大性,
　3　経済活動および経済事象ならびに監査プロセスの複雑性,

し，保証するのが独立第三者の監査人（以下，単に「監査人」という）による監査証明（attestation）である。

---
footnotes

4　情報利用者と経済活動および経済事象ならびに情報作成者との隔絶性があげられている。すなわち，その主旨を述べれば次のとおりである（ＡＡＡ［1973］, pp. 9 — 11）。

第1に，情報利用者と情報作成者との間に実際に利害が対立しているか，または将来において利害の対立が発生する可能性がある場合には，情報利用者はディスクローズされた情報に故意もしくは無意識の偏向が介入するおそれがあることを懸念する。このような場合には，情報利用者は情報の質を信頼できないので，かかる偏向の懸念をとり除くために両者とは利害関係のない監査人による監査証明を要請するというものである。

第2に，一般にディスクロージャーの主たる目的は情報利用者の意思決定に有用な情報を提供することにあると考えられている。しかし，ディスクローズされる情報に偏向があり意思決定を誤導させるおそれがある場合，またはディスクローズされる情報が情報利用者のニーズとは適合していないために不正確な意思決定を行わせるおそれがある場合のように，情報が情報利用者の意思決定に及ぼすインパクトが大きい場合には，情報利用者はディスクローズされる情報の質を評価するために監査証明を要請するというものである。

第3に，経済活動および経済事象ならびにそれを情報に転換する測定プロセスが複雑になればなるほど，情報利用者は自ら入手した情報を直接に評価することが困難になるだけでなく，かりに直接に評価できるとしても誤謬の介入する余地は大きくなる。かかる場合には，情報利用者は平均的情報利用者がもちあわせていない専門的知識をもった監査人による監査証明を要請するというものである。

第4に，情報利用者は自ら入手した情報の質について評価する能力をもっているとしても，また自ら情報の質を確かめたいという欲求をもっているとしても，情報利用者と経済事象および経済活動ならびに情報作成者との間には，例えば物理的，法律的または制度的および時間的または経済的障害によって隔地性が存在することがある。この場合には，情報利用者は自ら直接に情報の質を評価することが困難であるので，監査人の監査証明を要請するというものである。

以上4つの要因は，それらがすべて監査もしくは監査証明が要請されるために同一レベルでかつ不可欠の要因であるかという観点からみた場合に問題を残していると思われるものの，いずれもディスクローズされる情報が信頼性を欠く要因であるとみることができる。この意味で監査もしくは監査証明はディスクロージャーにとって必要不可欠であると解される。

第9章　知的財産会計情報の監査

　監査証明とは,その用語をはじめて用いたといわれている（Carmichael［1974］, p. 66）ビービス（H. W. Bevis）によれば，「一方の当事者からもう一方の当事者に対して行われる経済的データの伝達（「ディスクロージャー」を意味する―引用者）が公正に行われている旨についての意見を独立の専門家が表明すること（Bevis［1962］, p. 28）」であり，その目的はディスクローズされる情報の信頼性を担保することにある（ibid., p. 30）[*2]と述べられている。

　また，ASOBAC では，「監査意見の伝達がとくに公表財務諸表について行われる場合には，それはしばしば監査証明（p. 6）」とよばれるという。その意味では，監査証明とは伝統的に用いられている監査人の意見表明によるいわゆる監査と同義語であると解され，今日，財務諸表監査の本質的機能であるといえよう。

　しかし,従来,監査証明が賦与される対象は「原価―実現主義（cost-realization basis）[*3]」のフレームワークにおいて検証可能な監査資料を入手しうる財務諸表が中心であり，ディスクロージャーの充実・強化に伴う多くの新しい情報には必ずしも対応できているとはいいがたい。

　かかる新しい情報に対しても何らかの監査証明を賦与し，情報の信頼性を担保することは，ディスクロージャー・システムを有効に機能させるうえでも，証券市場の健全な発展のためにも必要である。それは，いかなる情報であろうとも，未監査のままディスクローズされるよりも，監査人による監査証明が賦与されているほうが会計不正などから生じるリスクを回避することができ，情報価値が高まるからである。知的財産会計情報も例外ではない。

　知的財産会計情報は，その測定属性が現在価値などの公正価値であり，また

footnotes ─────────────────────────────
[*2]　同様の見解は，Clarke（1968），p. 770 にもみられる。
[*3]　「原価―実現主義」の詳細については，新井（1978），346 ― 348 頁および広瀬（2005），90 ― 94 頁を参照されたい。

企業会計制度の俎上に載っていないために，知的財産会計基準も策定されていないのが現状である。さればといって，知的財産会計情報の監査について考える必要がないことにはならないし，知的財産会計情報を企業会計制度の俎上に載せるためにも，知的財産会計情報に何らかの信頼性を賦与する監査のフレームワークを確立することが必要である。本章では，かかる趣旨から知的財産会計情報の監査について検討する。

2 監査証明の本質

　知的財産の監査といっても，何か特殊な監査証明を賦与することではない。この点を考えるための手がかりとして，いまさらの感はなきにしもあらずではあるが，さしあたり財務諸表監査による監査証明の本質についての先達の見解を整理してみよう。

　まず，日下部興市教授によれば，監査すなわち「監査人の任務は，企業の発表する財務諸表が会計原則に準拠して作成されているか否かを合理的証拠に照らして検査することにほかならない（日下部［1958］，71頁）」という。

　また，森實教授によれば，監査とは「利害関係者のために，企業の公表する財務諸表が，社会的に公正妥当な企業会計の基準にしたがって，企業の経営成績および財政状態を適切に表示するように作成されているかどうかを，独立の第三者であり，しかも職業的専門家である公認会計士または監査法人が確かめ，その結果を報告することである（森［1988］，1頁）」という。

　さらに，ASOBACによれば，監査とは「ある実体によって伝達される会計情報がすべての重要な点について確立されている規準とどの程度まで合致しているかに関して，独立で適格な権威を有する者が確証的証拠に基づいて行う意見

第9章　知的財産会計情報の監査

（もしくは判断）の伝達である（p.6）」と定義されている。

したがって，監査証明の本質は，監査人の表明する意見を裏付けるために，監査対象（以下，「主題」という）である財務情報と規準その他会計基準との準拠性を確証的な監査証拠によって立証することにあるといえよう。問題は，必要と認める監査証拠が常に入手可能とは限らないことであり，かりに入手可能であっても，項目によっては要求される監査証拠の強弱には程度の差がある点にある（岩田［1954］，33頁）。

翻って，知的財産会計情報の監査を考えてみると，たとえインタンジブルズとはいえ，棚卸資産などのタンジブルズと同様に，準拠性監査が基本であると考えられる。しばしば，知的財産のようなインタンジブルズは期待キャッシュ・フローなどのDCF法で測定し，キャッシュ・フロー自体が予測であるので，伝統的な財務諸表監査とは異なり，将来予測の妥当性についての監査であると主張する論者もいないわけではないが，かかる主張に対しては疑問なしとはしない。

なぜならば，DCF法で測定した期待キャッシュ・フロー自体（すなわち，期待値）を，事後においてその正しさを完全に立証できないのがDCF法の特徴である以上，将来予測の妥当性監査にせよ，監査人は何らかの規準に照らしてその妥当性を判断せざるを得なく，会計基準が確立されていない場合には，期待キャッシュ・フローの妥当性の検証はその数値を算出する価値評価モデルとの準拠性の判断にほかならないと考えられるからである。さらに，かりに妥当性監査が準拠性監査に依拠しないのであるならば，それはもはや監査証明とはよべない別物にほかならないからである。

棚卸資産などのタンジブルズについての財務諸表監査と知的財産のような見えざるインタンジブルズの監査とが最も異なるのは，インタンジブルズの監査は実査，立会，確認などの確証的監査手続でその情報の合理性を立証できない

点にある。いいかえれば，知的財産会計情報には伝統的な財務諸表監査によるのと同一の信頼性を担保することができない点にその特徴があるといってよい。さればといって，知的財産会計情報が監査の対象外でよいという理由にはならない。

　そこで，考えられるのが，信頼性の保証の程度を異にする監査の導入である。保証の程度を異にする監査概念は，最近でこそ，企業会計審議会「財務情報に係る保証業務の概念的枠組みに関する意見書（平成16年11月29日）」（以下，「保証の枠組み」という）における保証業務 (assurance engagements) としてとりあげられているものの，その端緒は約30年前にカーマイケル（D. R. Carmichael），コーエン（M. F. Cohen）委員会報告書*4およびミルバーン（J. A. Milburn）などが提唱した保証概念に求められると考えられ，かくいう著者もかつて保証概念について論及したことがある（広瀬［1982］，11頁）。

　以下では，保証業務を保証概念はもとより，公認会計士における監査または証明をも包摂する（企業会計審議会［2004］，一，4）概念として用いるが，この概念を知的財産会計情報に援用することの難しいところは，知的財産にかかる保証業務に対応する監査人の能力はもとより，かかる保証業務概念による保証の程度をどのようにして決定すべきかにあると考えられる。

　そこで，知的財産会計情報の信頼性を担保するための基本的アプローチの検

---

footnotes

*4　コーエン委員会報告書は，監査機能とはこれまで意見表明機能であるとして把握され，展開されてきたが，このような考え方は監査の根本にある目的すなわち監査の社会的機能を忘れている（AICPA［1978］, p. 1）として，保証の程度を異にする監査概念をとっている。しかし，コーエン委員会報告書では，「ディスクローズされる財務情報にある程度適時な保証を与えるためには，監査機能は徐々に展開されなければならない（*ibid.,* p. 63）」と慎重である。したがって，監査機能の拡張にあたっては，当該情報と類似する情報に適用されている確立された規準を援用して適用するという立場をとっており，ディスクローズされる情報の種類ごとに監査をするという見解に対しては否定的である（*ibid.,* p. 63）。

討，評価を行い，さらにこれらを受けて保証業務についての具体的な検討，吟味を加え，もって知的財産会計情報の監査のあり方について述べる。

3 知的財産会計情報の監査のためのアプローチ

　監査証明が賦与される対象を，タンジブルズのように確証的な監査証拠を入手し，これによって究極的要証命題を立証し，結果として総合意見の表明を行い得る現行の財務諸表監査における監査対象のみに限定するならば，このフレームワークを超えてディスクローズされる知的財産会計情報などの情報にはいかなる信頼性も担保されないことになる。

　しかし，すでに述べたように，情報はそれが監査されずに，ディスクローズされるよりも，監査人の監査証明が賦与されることによって信頼性が担保されているものの方が，情報価値は高まり情報利用者にとって有用である。

　ここに，監査証明機能を拡張し，ディスクロージャーの拡充に伴う各種情報にも信頼性を賦与すべしとする主張が行われるが，それを整理すれば，これまでに，基本的に2つのアプローチがあるように思われる。

　1つはASOBACおよびビービスの所説[*5]にみられるような伝統的な監査概

---

footnotes

[*5] ビービスは「監査証明機能は情報利用者と情報作成者とが相互に同意を得るまで完全には遂行されない（Bevis [1962], p. 32)」とする観点から，監査証明機能を有効に遂行する条件として9項目をあげている。それを要約すれば，次のとおりである (*ibid.*, pp. 33 — 34)。
　1　数量単位で測定可能な経済的データが存在すること
　2　情報利用者に承認されるとともに情報作成者に適用可能な経済的データの測定および収集基準が存在すること
　3　経済的データを立証するに足る証拠資料が存在すること
　4　情報利用者の意思決定に必要とされるデータおよびその他の情報をすべてディスクローズすることについてのコンセンサスが情報作成者側にあること

念に基づくアプローチであり，もう 1 つはカーマイケル，コーエン委員会報告書およびミルバーンの所説ならびに「保証の枠組み」にみられるような財務諸表監査とは信頼性に関する保証の程度を異にする保証業務に基づくアプローチである*6。

まず，ASOBAC によれば，監査証明機能がどのように拡張されようとも，そこでの主題は，次のような属性をもつものでなければならないという（p. 14）。

> 1　主題から演繹される主張は証拠によって立証されるものでなければならない。かかる主張は量的表現が可能で，かつ検証可能でなければならない。
> 2　活動および事象またはそれらの結果を記録するための情報システムが存在していなければならない。また，適切な内部統制が運用されていることが望ましい。
> 3　主題を評価または測定した結果を表明する情報（以下，「主題情報」という）を評価する場合の基礎となる確立されている規準について，コンセンサスが存在していなければならない。

footnotes

5　合理的な知識を有する情報利用者側に理解可能な伝達様式を受け入れる用意が整っていること
6　情報利用者の目的に適合するような十分にして適時な伝達が実行可能であること
7　監査人に独立性，客観性および信頼性の資質がそなわっていること
8　測定，立証および伝達プロセスのあらゆる面で監査人が必要な知識および技能を有していること
9　監査人の側が情報利用者のニーズはじめとする伝達の目的を熟知していること

以上のように，ビービスが提唱する監査証明機能を拡張するための条件は，ASOBAC の条件よりも広義である。しかし，ある一定の条件を列挙してかかる条件によって監査対象を選別しようとしているという意味では，ビービスのアプローチも ASOBAC と同様に伝統的アプローチに属するものといえよう。

*6　わが国で保証概念をもって監査証明機能の拡張を積極的に提唱してきた先駆的な論者としては，森實教授（森［1969］，森［1974］，森［1975］，森［1976a］，11－27 頁，森［1976b］，森［1982］など）および石田三郎教授（石田［1981a］，石田［1981b］など）をあげることができる。

第9章 知的財産会計情報の監査

　このように，ASOBACでは，監査証明機能を拡張するための条件を提示している。しかし，これらの条件は従来から財務諸表監査の対象とみなされてきたものを要約しているにすぎないといえよう。すなわち，ASOBACの基本的な考え方は，財務諸表監査の基本的特徴を抽出し，これを監査可能性の条件とし，かかる条件に適合する情報のみに監査証明の範囲の拡張を認めよう（逆にいえば，かかる条件に適合しない情報には監査証明を付与しない）とする点にある。その意味では，ASOBACは伝統的な監査概念に属するものといってよい。

　したがって，ASOBACのような伝統的な監査概念を前提とする限り，監査人が情報に関与する方法は，次の2つの場合に制約されることになる（Carmichael [1974], p. 68; 森 [1976a], 15頁）。

　1つは，監査人が「一般に認められた監査基準（Generally Accepted Auditing Standards；以下，「GAAS」という）」に準拠する財務諸表監査を行い，当該情報と「一般に認められた会計原則（Generally Accepted Accounting Principles；以下，「GAAP」という）」との合致の程度について意見表明を行う，いわゆる準拠性監査を行う場合である。もう1つは，監査人が未監査であるとし，いかなる意見の表明も行わない場合である。

　すなわち，このようなアプローチのもとでは，「監査人は財務諸表監査に最大限の保証を与えるか，さもなければ技術的にみて未監査財務情報には保証を行えない旨の表明を行うかのいずれか（Carmichael [1974], p. 68; 森 [1976a], 15頁）」の選択しかないために，GAAPが存在しない情報には，いぜんとして監査証明を付与することが不可能であることになる。

　しかし，今日，情報利用者のニーズはきわめて広範かつ複雑になってきており，伝統的財務諸表監査による保証水準だけでは，情報利用者を満足させられなくなってきている（AICPA [1978], p. 66）。もとより，ディスクローズされる情報の信頼性を問題にする場合には，しばしば述べてきたように「信頼性の

程度は情報の利用目的によって異なる（FASB［1980］, par. 73)」という点を認識することが重要であると思われる。しばしば，例として用いているように，1日に2,3秒の計測誤差は,普通の腕時計をしている者には許容されるが,同じ誤差が,高度の正確性を求められる競技用時計に生じた場合には,その時計は信頼できないと判断される。しかし,その信頼性についての評価の違いは,時計の用途,目的の違いによる。すなわち,腕時計の所持者はだれもオリンピックなどの競技用時計に求められる精密さを期待しているわけではないので,腕時計を信頼できないとは思っていない。

このように,情報の信頼性はその利用目的を考慮に入れるのであれば,必ずしも画一的な信頼性に制約される必然性はないといえよう。したがって,ASOBACのように結果として二者択一の信頼性の保証形態しか存在しない監査概念によって監査証明機能の拡張を制約する必然性はないといえよう。

そうであるならば,ここに別の監査概念を導入しなければならない。このような観点から,必ずしも財務諸表監査のフレームワークにとらわれることなく,情報の種類と利用目的に応じて,信頼性に関する保証の程度を異にする監査概念を最初に提唱したのがカーマイケルである。

カーマイケルは,ASOBACの条件が「監査人が監査証明を行う前に信頼性の保証の程度は財務諸表監査のそれと同等でなければならないことがあらかじめ仮定され（Carmichael［1974］, p. 68; 森［1976a］, 15頁)」ており,「監査人の機能を新しい保証形態にまで拡張することに対して,作為的な障壁をもたらすものである（*ibid.*, p. 67)」とASOBACに対して辛辣な批判を加えていた（*ibid.*, pp. 67—68; 森［1976a］, 15頁)。

すなわち,第1の条件に対しては,すでに質的特性を有する情報のディスクローズも行われており,またそれは財務諸表監査においても扱われているので,監査対象を量的表現可能性に限定する必要がない,

第2の条件に対しては，監査人はすでに個人企業の財務諸表ならびに最低限の会計記録しか有していない小企業およびＮＰＯなど慈善団体の収支計算書を監査していることからみて，情報システムの有無は問題にならない．

 さらに第3の条件に対しては，確立されている規準すなわちGAAPは財務諸表が事実情報と解釈情報から構成されているために必要とされるのであるから，すべての情報にGAAPと同程度のフレームワークを課す必然性がないというものである．

 このように，カーマイケルの基本的な考え方は，監査の本質は「監査証明」であるとする伝統的な考え方を拡張し，保証概念によって監査全般を説明しようとするところにあり（高田［1980］，52頁），この考えはわが国の「保証の枠組み」における保証業務にも継承されている（日本公認会計士協会［2005］，2）と思われる．すなわち，この見解のもとでは，限定手続*7，リビュー*8などによる監査人の関与*9も，ディスクローズされる情報の信頼性について監査人が担保する保証の程度が財務諸表監査の保証の程度と異なるだけであって，それも監査にほかならないと考えられている．

---

footnotes

*7 限定手続には主として(1)経営者に対する質問と(2)比較という監査手続が用いられるが，その概要を監査基準書に即して述べれば次のとおりである（AICPA［1988］，par. 07）。
　経営者に対する質問は，(1)ディスクローズされた補足情報がFASB基準に準拠して作成，表示されているか，(2)測定，表示方法が前事業年度から継続して適用されているか，(3)測定および表示の前提となっている重要な仮定または解釈は何かという観点から行われる．次いで，監査人は，ディスクローズされた補足情報と(1)上記質問に対する経営者の回答，(2)監査済財務諸表および(3)財務諸表の監査期間中に入手したその他の情報が首尾一貫しているか否かについて比較を行うものとされている．このように，限定手続は内部証拠しか入手し得ない監査手続に限定されており，実査，立会または確認を通じて得られる記録の検討も質問に対する回答の吟味をも行うものでもなければ，その他の監査手続を実施するものでもないという点に特徴がある．

ちなみに，「保証の枠組み」でも，保証業務を「主題に責任を負う者が一定の規準によって当該主題を評価又は測定した結果を表明する情報について，又は，当該主題それ自体について，それらに対する想定利用者の信頼の程度を高めるために，業務実施者が自ら入手した証拠に基づき規準に照らして判断した結果を結論として報告する業務（企業会計審議会［2004］，二，1）」としたうえで，

footnotes

　したがって，企業がディスクローズする情報に限定手続を適用する目的は，かかる情報に瑕疵または省略がある場合にそれらを報告することであり，総合意見を表明するための合理的基礎を与える「一般に認められた監査基準」に準拠する財務諸表監査の目的とは著しく異にすると考えられている（*ibid.,* par. 06）。そのために，監査人は(1) FASB が要求する補足情報が省略されている場合，(2)補足情報の測定，表示が FASB 基準から著しく逸脱していると判断した場合，(3)限定手続を適用できなかった場合および(4)補足情報が基準にそって作成されたものであるかについて疑問が払拭されなかった場合を除き，監査報告書で何ら言及しなくてもよいとされているとともに，また，かかる限定手続を適用したからといっていかなる監査責任も負う必要がないとされている（*ibid.,* par. 08）。

*8　リビューに用いられる手続には，主として報告される財務情報に関する重要な会計事実についての(1)質問と(2)分析的リビュー手続（analytical review procedures）とがあるが，それらの概要を中間財務情報に即して述べれば，次のとおりである。

　まず，質問は，中間財務情報の作成を理解するための会計システムおよび内部統制が中間財務情報の作成に及ぼす可能性についてあらかじめ評定するために，(1)内部統制およびその重要な変更，(2)中間財務情報の一般に認められた会計原則への準拠性および継続性，(3)当該企業の営業活動および会計実務の変更，(4)リビュー実施過程で生じた疑問事項，ならびに(5)中間財務情報の作成に係る重要な後発事象について行われる（AICPA［1992］, par. 13a and 13f）。

　次いで，分析的手続（analytical procedures）は，異常と思われる項目相互間の関連性および個々の問題について質問するための根拠を見出し，入手する目的で行われる（AICPA［1989］, pars. 06 — 08）。そのために，分析的リビュー手続は，(1)当該中間財務情報と直近中間期間および前年同期の中間財務情報の比較，(2)当該中間財務情報と予測した経営成績との比較，および(3)当該企業の経験に基づき一定のパターンをもつと予測される財務情報の構成要素の相互関係についての調査からなるものとされている（AICPA［1992］, par. 13b）。

　リビュー手続は，このように主として質問と分析的リビュー手続からなっているが，この他にも議事録等の閲覧，他の監査人からの報告書の入手および経営者から文書による説明の入手などについても行われる。

第9章　知的財産会計情報の監査

保証業務リスクの程度により合理的保証業務と限定的保証業務とに分類している（企業会計審議会［2004］，二，2，(2)）。

前者の合理的保証業務は，財務諸表監査と同様に，当該主題について一般に公正妥当と認められる企業会計の基準に照らして，さらには十分かつ適切な監査証拠に裏打ちされる高い心証による積極的な形式によって結論を報告することと解され，後者の限定的保証は，限定手続およびリビューと同様に，合理的保証業務よりも保証業務リスクが高く，したがって監査証拠も弱く低い心証の程度による消極的形式によって結論を報告することと解される（企業会計審議会［2004］，二，2，(3)）。

要するに，「保証の枠組み」は保証概念によって監査全般を説明しようとする点で，カーマイケルのアプローチと軌を一にしており，しかも合理的保証業務と限定的保証業務に分類することによって，心証の程度すなわち保証の程度を認識していると解される。

したがって，保証業務概念は，情報の信頼性について最大限の保証を行うか全く行わないかといういずれか一方の保証形態のみしか存在しない伝統的な監査概念に制約されず，ディスクローズされる情報の種類と利用目的に応じた保

---

footnotes

このようにみてくるならば，中間財務情報のリビューは「内部統制の調査および評価を行い，実査，立会または確認を通じて証拠を入手することにより会計記録の試査を行い，また質問に対する回答を吟味したり，さらに通常の監査にあたり適用されるその他の監査手続を実施することを目的としていない（*ibid., par. 09*）」ので，限定した手続と同様に財務諸表監査とはその目的を著しく異にし，監査人がリビュー手続を通じて知り得た重要な事項に財務報告実務を通じて得た知識を客観的に適用することによって（*ibid., par. 09*），「GAAPに基づいて当該情報に重要な修正を加えるべきか否かについて報告するための根拠を監査人に与えることにある（*ibid.,* ［1992］, *par. 09*）」とされる。したがって，リビュー手続に基づく中間財務情報に添付される監査人の報告書も，財務諸表監査の結果について報告する監査報告書とはその記載事項が異なるとともに「会計士のリビュー報告書（Accountant's Review Report）」とよばれ，その名称を異にしている。

証の程度を異にする監査概念をとるものであるので，概念的には現行の財務諸表監査のもとでは未監査とされている情報までを監査することができるといえ，知的財産会計情報の監査にも十分に援用できると考えられる。

footnotes

*9 監査人の関与をまとめてみれば，「限定手続（limited procedure)」，「リビュー」および「その他の関与」の3つに大別することができるが，監査人の関与とは，株主向け年次報告書およびForm 10-K等SEC向け年次報告書に記載されている監査済財務諸表およびそれに対する監査報告書以外の情報（以下，「その他の情報」という)，具体的には，統計資料，図表，文章等で表現されている未監査財務情報に対して監査人が関与する場合である。これは，監査人が「その他の情報を閲覧し，その内容または表示方法が財務諸表に掲げられている内容または表示方法と重要な不一致が生じていないかどうかを考察（AICPA［1975］, par. 04)」することによって行われる。そこで，AICPA（1975）に基づいて，監査人がその他の情報に関与する手続を述べれば，次のとおりである（pars. 04 − 05)。

まず，監査人がその他の情報を閲覧し，その他の情報と監査済財務諸表とを考察する。その結果，そこに重要な不一致があると判断した場合には，監査人は財務諸表もしくは監査報告書またはその両方の修正を被監査会社に求めるか否かを決定しなければならないとされる。かりに監査人が上記のいずれかまたは両方とも修正する必要がないと判断した場合には，監査人は被監査会社に対してその他の情報を修正するよう要請することになる。監査人が要請しても，被監査会社がその他の情報の重要な不一致を修正しない場合には，監査人は，原則として(1)監査報告書を修正して重要な不一致について言及する説明文節を設けるか，(2)監査報告書が当該書類のなかで用いられることを避けるか，または(3)監査契約の破棄といったような手段を講じなければならないとされる。また，監査人は重要な不一致ではなくて，重要な虚偽事実の記載であると思われる情報を発見した場合には，当該情報に関して被監査会社と討議しなければならないものとされている。このように，監査人は「監査および監査報告書の妥当性（par. 04)」を立証するために，その他の情報に関与することがあるが，監査人の責任は監査済情報以外に及ぶものではなく，「その他の情報を確証するためのいかなる手続をも行う義務は有していない（par. 04)」といえる。

4 知的財産会計情報と保証業務概念の具体的吟味

　保証概念を採用して監査証明機能の拡張を図るためには，まず保証業務の具体的意味を明確にしておく必要があるといえよう。

　すでに述べたように，保証業務はリスクの程度によって合理的保証業務と限定的保証業務とに分けられる。

　「保証の枠組み」によれば，保証業務リスクとは，主題情報に重要な虚偽の表示がある場合に業務実施者が不適切な結論を報告する可能性をいい，一般に(1)固有リスク（関連する内部統制が存在していないとの仮定のうえで重要な虚偽の表示がなされる可能性），(2)統制リスク（重要な虚偽の表示が，関連する内部統制によって適時に防止または適時に発見されない可能性），(3)発見リスク（業務実施者により重要な虚偽の表示が発見されない可能性）の要素から構成されるという（企業会計審議会［2004］，七，5）。

　また，監査人である「業務担当者は，保証業務リスクを合理的保証業務又は限定的保証業務に求められる水準に抑えるため，固有リスク及び統制リスクを個別に又は結合して評価することにより，発見リスクの水準を決定し，それに基づいて，証拠を収集する手続の選択，実施の時期及び範囲を決定する（企業会計審議会［2004］，七，(2)）」ことになる。

　したがって，保証業務リスクの水準は，監査人の意見形成に足る合理的基礎を得るための入手し得る十分かつ適切な監査証拠収集手続の選択，範囲等によって決定されることを意味し，逆にいえば，上記3つのリスクの関数と考えられる保証業務リスクが高ければ高いほど，それだけ強力な監査証拠を入手できないことになる。その意味では，監査報告書の意見表明に該当する保証報告書での保証業務にかかわる結論の報告は，監査証拠により心証を左右する従来

の財務諸表監査の意見表明形態と異ならないといえよう。

さらに，企業会計審議会（2004）では，業務実施者が主題情報についての結論を報告するために一定の規準が備えていなければならない要件として，次のものをあげている（企業会計審議会［2004］，六，1）。

1 目的適合性
2 完全性
3 信頼性
4 中立性
5 理解可能性

かかる要件を備えている一定の規準の具体例として，幅広い関係者による公正かつ透明性のある適切な手続を通じて権威あるまたは認められた機関によって公表された法令，一般に公正妥当と認められている企業会計の基準などが想定され，「個別に策定される規準については，上記の要件に基づき業務実施者が特定の業務に対する適合性を評価する（企業会計審議会［2004］，六，3）」とされている。したがって，保証業務では，財務諸表監査と同様に合理的基礎を得るための一定の規準が整備され，入手しうる十分かつ適切な監査証拠収集手続を選択できることが想定されているといってよい。

第9章　知的財産会計情報の監査

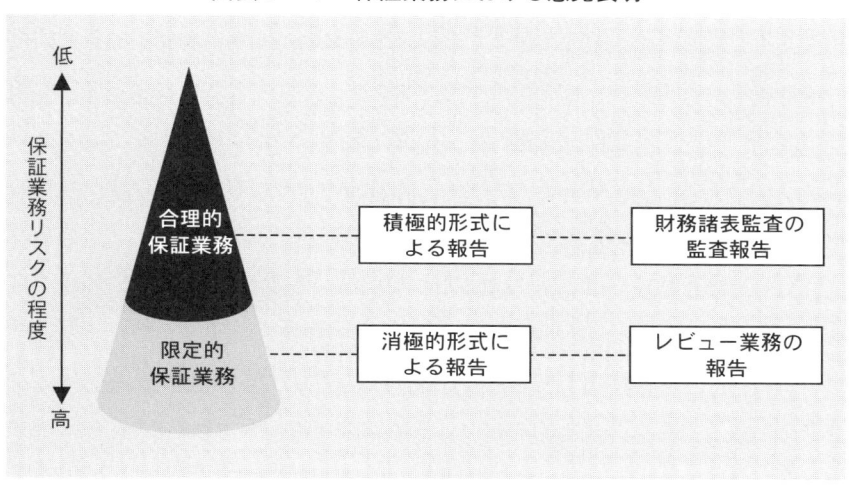

図表9－1　保証業務における意見表明

```
低 ↑
         ┌──────┐        ┌──────┐
保  │   合理的  │------│ 積極的形式に │------│ 財務諸表監査の │
証  │  保証業務 │      │  よる報告  │      │   監査報告   │
業         └──────┘        └──────┘
務
リ         ┌──────┐        ┌──────┐
ス  │   限定的  │------│ 消極的形式に │------│  レビュー業務の │
ク  │  保証業務 │      │  よる報告  │      │     報告    │
の         └──────┘        └──────┘
程
度
高 ↓
```

「保証の枠組み」では，合理的保証業務の場合には積極的な結論を，また限定的保証業務の場合には消極的な結論を保証報告書に報告する（企業会計審議会［2004］，八，2）とされ，要するに前者は財務諸表監査の監査報告にほかならないし，後者は財務諸表監査と意見表明形態を異にするレビュー業務の報告形態に該当するといえよう。

このように，保証業務の報告と財務諸表監査の監査報告が軌を一にしている以上，合理的保証業務による信頼性の保証の程度を調べるためには，財務諸表監査においてはどのようにして信頼性の保証が行われているのかについて明らかにすればよいことになるものと思われる。

卑見によれば，財務諸表監査における信頼性の保証は，監査証拠に裏打ちされた監査人の心証に基づく監査意見の表明を通じて行われているものと解される。もちろん，その場合の意見表明は監査責任を前提にするものであることはいうまでもない。なぜならば，監査責任を前提としないような意見表明は情報利用者にとって何の意味もなく，かかる監査責任こそが意見表明の信頼性を判

定する指標となっていると思われるからである。

　かくして，財務諸表監査を包摂する保証業務においても財務諸表監査と同様の監査意見の表明が行われるか否かをメルクマールにすることによって，信頼性の保証いいかえれば保証業務の程度の違いを明らかにすることができるといえよう。そうであるからこそ，合理的保証業務の保証報告書において，積極的形式によって結論を報告する場合に「すべての重要な点において，一定の規準に照らして適正性や有効性等が認められているかどうかを報告する（企業会計審議会［2004］，八，2，(1)）」のであり，規準との準拠性を重視しているという意味において，財務諸表監査における適正意見表明と全く同じである。

　さらに敷衍すれば，消極的形式によって結論を報告する場合には，「すべての重要な点において，一定の規準に照らして適正性や有効性等がないと考えられるような事項が発見されなかったかどうか報告する（企業会計審議会［2004］，八，2，(2)）」ので，主題を規準によって立証するという意味では，積極的形式によって結論を報告する場合と同様である。

　しかし，消極的形式によって結論を報告する場合には，監査リスクが高く，したがって監査証拠の入手範囲に制約があるために，積極的形式によって結論を報告する場合に比べると，意見形成または心証の合理的基礎を得るための保証対象内容が異なると解される。

　かくして，合理的保証業務と限定的保証業務の違いが，監査証拠の強弱を前提とする保証対象内容を異にする監査意見の表明の程度の違いであるとする理解が認められるとすれば，そこには2つの異なる意味があるものと思われる。

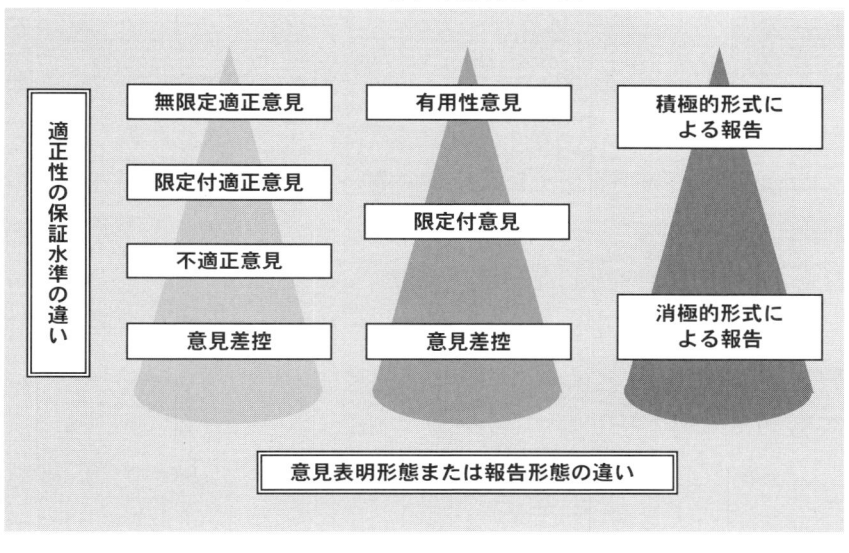

図表9-2 保証業務概念の違い

（左の円錐：適正性の保証水準の違い）
- 無限定適正意見
- 限定付適正意見
- 不適正意見
- 意見差控

（中央の円錐）
- 有用性意見
- 限定付意見
- 意見差控

（右の円錐）
- 積極的形式による報告
- 消極的形式による報告

意見表明形態または報告形態の違い

　1つは，あるひとつの究極的要証命題（例えば，「当該企業の財務諸表は財政状態および経営成績を適正に表示している」）を前提に，例えば，無限定適正意見，限定付適正意見，不適正意見，または意見差控のように，無限定適正意見を最上位とする「適正性の保証水準の違い」という意味である。

　もう1つは，例えば，適正性意見の表明，適法性意見の表明もしくは有用性意見の表明または消極的保証の報告などのように，究極的要証命題に対する監査意見を最上位とする「意見表明形態または報告形態の違い」という意味である。

　まず，前者は「適正性の保証水準の違い」と述べたが，これはいいかえると，意見形成のための合理的基礎を得るための保証対象内容の違いともいえる。したがって，内藤教授が的確に指摘されているように，「会計監査による財務諸表の信頼性の保証水準は，財務諸表の適正性に対する保証も，財務諸表の不適正性に対する保証もともに高い水準にある。すなわち，前者の場合，財務諸表

が信頼できるということに対して高い水準の保証を与えている。これに対して，後者の場合，財務諸表が信頼できないということに対して高い水準の保証を与えている（内藤［2004］，215頁）」といえ，信頼性の保証水準が違うわけではない。

したがって，信頼性に関する保証水準の違いとは，**図表9－2**の横軸の究極的要証命題に対する「監査意見表明形態または報告形態の違い」であると解される。例えば，財務諸表監査に基づく監査意見の表明の方が有用性の意見表明よりも，また有用性の意見表明の方がリビュー業務に属する限定的保証業務に基づく報告形態よりも保証の程度は高く，また，リビュー業務に基づく報告形態の方がその他の関与に基づく報告形態よりも保証の程度が高いなどである。

しかし，このような保証対象内容の違いによる意見表明形態または報告形態の単純なレイティングは可能であるにせよ，それを数値などの定量要因でもって表現することは不可能であり，また意味があるとも思われない。

そうしてみると，「意見表明形態または報告形態の違い」も，監査人が主題情報に係わる究極的要証命題の立証にあたり，どの程度の監査リスク（この場合にはどの程度の保証業務リスク）[10]にさらされているか，いいかえればどの程度の監査手続を実施し，どの程度の合理的証拠を入手しうるかという監査証拠能力によって相対的かつ定性的にしか決定できなく，それは結局のところ前者と同様に，適正意見とよぶか否かは別にして，総合意見の水準の違いであるといわざるを得ないと考えられる。

敷衍すれば，後者の「監査意見表明形態または報告形態の違い」といっても，結局は前者と同様に，その意見表明は入手可能な監査証拠の能力によって相対

---

footnotes

[10]「保証の枠組み」によれば，保証業務リスクは，固有リスク，統制リスク，および発見リスクから構成されるという（企業会計審議会［2004］，七, 5）。

的かつ定性的にしか決定できないといえる。この考え方は，保証業務概念も同様であるといってよい。

すでに述べたように，保証業務概念は，合理的保証業務と限定的保証業務とに分けられるが，前者が無限定適正意見を最上位とする意見表明形態であり，後者が入手可能な監査証拠に制約があるために適正意見を最上位とする総合意見を述べられない意見表明形態または報告形態であるといってよい。

ちなみに，合理的保証業務の保証報告書における結論には，財務諸表監査の意見表明形態と軌を一にするために，財務諸表監査と同様に，次の4種類があるとされる（企業会計審議会［2004］，八，2，(3)）。

1 「無限定適正意見」に該当する「無限定の結論」
2 「限定付適正意見」に該当する「限定付の結論」
3 「不適正意見」に該当する「適正性，有効性等が認められないとの結論」
4 「意見差控」に該当する「結論を表明しない旨の報告」

上記1ないし4が保証報告書における積極的形式による結論の報告（合理的保証業務）であるが，2または4は業務実施者の業務範囲に制約があり，いいかえれば監査人が合理的証拠を入手するための監査手続に制約があるケースである。

これら合理的保証業務における「4種類の結論を区画する判断規準は財務諸表監査と同様（内藤［2005］，30頁）」であるので，究極的要証命題は主として監査証拠能力などによって，それぞれ「無限定の結論」，「限定付の結論」，「適正性，有効性等が認められないとの結論」，「結論を表明しない旨の報告」が立証されており，高い保証水準の信頼性が賦与されているとみることができる。

なお，「保証の枠組み」では，上記の他にも，保証業務を受託した後に主題が保証業務に適合しないことが判明した場合などには，業務担当者は重要性および影響の程度を勘案し，上記2もしくは3または4の処置をとり，さらに保

証業務の継続の可否についても検討する（企業会計審議会［2004］，八，4）ことになる。

　これに対して，敷衍することになるが限定的保証業務は，意見表明形態を異にしているために，このフレームワークには入らないのはいうまでもない。すなわち，限定的保証業務などのリビュー業務は，限定した手続により保証業務リスクを限定的保証業務に求められる水準に抑えるための手続を実施したことを記したうえで，すべての重要な点において，一定の規準に照らして適正性，有効性等がないと考えられる重要な事項が発見されなかったとする消極的な結論を報告するものであるところから，財務諸表全体が適正か否かについての意見表明を行う監査とは保証の程度を明確に異にしているといえよう。

　以上の考察を前提に知的財産会計情報の監査を考えることにするが，当面の最重要課題である知的財産会計情報の信頼性の保証から検討する。

　すでに述べたように，現在，知的財産会計が制度化されていないので，知的財産会計情報の会計基準が存在しないが，準拠性監査が基本であることは間違いない。

　すなわち，知的財産のようなインタンジブルズは期待キャッシュ・フローで知的財産の価値を測定することが多いところから，その監査にあたっては価値評価の妥当性こそがポイントになるといえるが，その妥当性は何らかの規準に照らして判断せざるを得ない。会計基準が確立されていない場合について，「保証の枠組み」では，業務実施者である監査人が特定の業務に関する証拠を入手しこれと一定の規準を照らし，その適合性を評価するとされている（企業会計審議会［2004］，六，3）ので，知的財産価値評価額およびその情報の妥当性の検証は価値評価モデルとの準拠性の検証にほかならないといえよう。

　知的財産会計情報は，拠りどころとする会計基準も未整備であり，固有リスク，統制リスクおよび発見リスクからなる監査リスクが財務諸表監査のような

合理的保証業務よりも高いという意味では，限定的保証業務に依存せざるを得ないといえようが，主題である価値評価モデルが検証可能であれば，限定的業務にせよ監査は十分に可能であるといえよう。

ただし，知的財産会計情報といっても，ブランドと特許権ではその性質が全く異なり，したがってその監査も異なると考えるが，その本質が準拠性監査にあり，そのための前提条件として当該モデルからアウトプットされる主題情報たる価値評価額が追跡可能であり，検証可能でなければならないことに変わりはない。

敷衍すれば，知的財産会計情報の監査にあたり重要なのは，「ブランド価値評価モデル」にせよ「特許権価値評価モデル（PatVM）」にせよ，モデル自体がそれを構築するためのデータ，プロセスなどが監査資料として検証可能であり，かつ企業全体のキャッシュ・フローから当該知的財産が生み出すキャッシュ・フローの切り出しの妥当性を検証できることが前提である。そうでなければ，客観性を担保しうる価値評価額にならないからである。そうであってはじめて，主題情報と価値評価モデルの準拠性を立証できるからである。

したがって，主題情報である知的財産価値評価額とその価値評価モデルが保証業務によって得られる心証形成に影響を及ぼすと考えられるところから，知的財産に係わる保証業務実施者は，保証業務の受託にあたり，当該知的財産情報の性格，モデルの構造，モデルの検証可能性等について，保証業務を適正に遂行できるものであるかどうかを判断することが求められる（企業会計審議会[2004]，二，3，(1)）といえる。

しかし，知的財産のようなインタンジブルズ情報は，固有リスクなどの保証業務リスクを棚卸資産などタンジブルズに比べて高めに設定せざるを得なく，いいかえれば監査証拠の点でタンジブルズの監査に比べて劣るので，財務諸表監査または合理的保証業務に比べて保証水準は劣るといわざるを得ない。すな

わち，インタンジブルズに係る主題情報も見えざる情報であるだけに，タンジブルズの監査とはリスクの程度が異なることはもとより，得られる監査証拠も実査，立会または確認などタンジブルに適用する監査手続を適用できず，モデルとの準拠性を中心とする質問，比較，リビュー手続などの監査手続によって得られる証拠能力に止まることが多いので，タンジブルズの監査に比較すると信頼性に関する保証水準は低くならざるを得ないといえよう。

ともかく，知的財産会計情報に保証業務概念をとり入れることによって，信頼性を担保することが可能となり，その結果，情報利用者に対する情報価値も高まるものと思われる。

5　知的財産会計情報の監査と保証業務概念の課題

以上，本章は知的財産会計情報の信頼性を担保しなければならないとする立場から，保証概念に関する諸問題について考察を加えてきた。

最後に，制度的に知的財産会計情報に保証概念を導入するにあたり，今後，検討しなければならないと思われる若干の課題を指摘しておきたい。

第1に，知的財産会計情報といっても，監査に耐え得るモデルからアウトプットされる情報から，定量であると定性であるかは問わないにせよ，全く価値評価がなされていないかまたは価値評価が考えられていないモデルからアウトプットされる情報まで実に広範囲である。もちろん，合理的保証業務にせよ限定的保証業務にせよ，それらの対象になるためには，当該知的財産がキャッシュ・フローをすでに創出しており，何らかの価値評価がなされていることが前提である。キャッシュ・フローの創出もなく，価値評価を前提にしていない知的財産会計情報は，会計の対象にはならないからである。

したがって，保証業務概念を導入するためには，知的財産会計情報を主題または監査リスクごとにあらかじめ分類しておく必要があるように思われる。そのうえで，さしあたり，キャッシュ・フローをすでに創出し，価値評価モデルが存在するブランドおよび特許権から保証業務概念を導入して，漸次，保証する主題情報を拡張していくなどのアプローチをとることが肝要ではなかろうか。

第2に，必ずしも知的財産会計情報に限ったことではないが，保証業務概念を定着させるためには，情報の種類または性質に応じた保証基準・準則などの設定をはじめ，現行の監査基準・準則の再編成を図る必要があるように思われる。もとより，監査基準・準則は監査人が判断を行うための合理的基礎であるとともに，監査人の報告責任と限界を明らかにするものでもある。

したがって，情報の種類または性質ごとに何らかの保証基準・準則などを設定することは，監査人に対しては過大な監査責任負担についての危惧の念を除去させ得ることになるとともに，また情報利用者に対しても保証業務概念の限界を認識させることができることになると思われるので，急を要するといえよう。

第3は，いまさらながらの感は否めないが，知的財産会計情報に監査人による信頼性の保証を付与し，知的財産を活用し，バリュー・ドライバーにするためには，知的財産関係者はもっと知的財産の啓蒙をする必要がある。そのためには，知的財産関係者は知的財産の創造，保護，活用のフェーズを一体に考える必要があり，覇権主義的な考えを捨てて学際的な視点にたち知的財産立国の実現にむけなければならないといえよう。

Reference

- American Accounting Association (1973), *A Statement of Basic Auditing Concepts (ASOBAC)*, AAA（青木茂男監訳・鳥羽至英訳「基礎的監査概念」国元書房, 1982 年）.
- American Institute of Certified Public Accountants (1975), *Statements on Auditing Standard: AU Section 550: Other Information in Documents Containing Audited Financial Statements*, AICPA.
- American Institute of Certified Public Accountants (1978), *Report, Conclusions and Recommendation (The Cohen Commission Report)*, AICPA.
- American Institute of Certified Public Accountants (1988), *Statements on Auditing Standard: AU Section 558: Required Supplementary Information*, AICPA.
- American Institute of Certified Public Accountants (1989), *Statements on Auditing Standard: AU Section 329: Analytical Procedures*, AICPA.
- American Institute of Certified Public Accountants (1992), *Statements on Auditing Standard: AU Section 722: Interim Financial Information*, AICPA.
- Bevis, H. W. (1962), "The CPA's Attest Function in Modern Society," *The Journal of Accountancy*.
- Carmichael, D. R. (1974), "The Assurance Function – Auditing at the Crossroads," *The Journal of Accountancy*.
- Clarke, R. W. (1968), "Extension of the CPA's Attest Function in Annual Reports," *The Accounting Review*.
- Financial Accounting Standards Board (1980), *Statement of Financial Accounting Concepts No.2: Qualitative Characteristics of Accounting Information*, FASB（平松一夫・広瀬義州訳「FASB 財務会計の諸概念（増補版）」中央経済社, 2002 年）.
- 新井清光（1978）「会計公準論（増補版）」中央経済社.
- 石田三郎（1981a）「会計情報の信頼性と監査機能」商学論究（関西学院大学）, 第 28 巻第 4 号.
- 石田三郎（1981b）「監査意見の保証程度に関する考察」企業会計, 第 33 巻第 13 号.
- 岩田巌（1954）「会計士監査」森山書店.
- 企業会計審議会（2004）「財務情報等に係る保証業務の概念的枠組みに関する意見書」.
- 日下部興市（1958）「財務諸表監査」日本評論新社.
- 高田正淳（1980）「財務諸表監査の過去・現状と発展」（高田正淳編「体系　近代会計学Ⅸ―財務諸表の監査」中央経済社, 所収）.
- 内藤文雄（2004）「財務諸表監査の考え方」税務経理協会.
- 内藤文雄（2005）「保証報告書―合理的保証業務と限定的保証業務」企業会計, 第 57 巻第 4 号.
- 日本公認会計士協会（2005）「財務諸表監査以外の保証業務等に関する実務指針（公開草案）」日本公認会計士協会.

第 9 章　知的財産会計情報の監査

・広瀬義州（1982）「監査証明機能に関する考察」商学論叢（福岡大学），第 27 巻第 4 号。
・広瀬義州（2005）「財務会計（第 5 版）」中央経済社。
・森實（1969）「監査意見の展開」香川大学経済学部研究年報，第 8 号。
・森實（1974）「監査証明機能の拡張と監査概念について」会計ジャーナル，第 6 巻第 11 号。
・森實（1975）「監査概念の変化について」企業会計，第 27 巻第 4 号。
・森實（1976a）「監査論研究」白桃書房。
・森實（1976b）「監査機能の拡張と監査構造の発展」会計，第 109 巻第 6 号。
・森實（1982）「監査証明機能の拡張」税経セミナー，第 27 巻第 8 号。
・森實（1988）「監査要論」中央経済社。

10 知的財産会計と企業会計の再構築
－全面公正価値会計構想－

1 IASB－FASBを中心とする全面公正価値会計構想

　前章までに検討を加えてきたように，現行企業会計制度を前提にする限り，自己創設ブランドおよびキャッシュ・フローを生み出す自社実施の特許権を資産としてオン・バランスすることはもとより，それらの価値評価額を注記事項としてディスクローズすることもさほど容易ではないといえよう。

　さればといって，投資意思決定情報の有用性を高めるためにも知的財産情報を無視してよいことにはならないし，それどころか現行企業会計にみられる情報の非対称性を解消し，透明性を高めるためにも，知的財産情報を積極的に企業会計の俎上に載せるべきである。それでは，どのような会計システムであるならば，かかる知的財産情報を制度的に包摂できるのであろうか。

　その1つの手がかりとして参考になるのは，最近のIASBとFASBのジョイント・プロジェクトなどである。第1は，2002年1月から始まったFASBの「収益認識」プロジェクトであり，これはIASBとのジョイント・プロジェクトでもある[*1]。第2は，IASB-FASBのジョイント・プロジェクト「企業結合会計

footnotes
────────────────────────────────
[*1] この収益認識ジョイント・プロジェクトの目的は，収益認識に関する体系的な「財務会計基準に関するステートメント（SFAS）」の設定ならびに「財務会計諸概念に関するステートメント（SFAC）」の収益および負債に関する指針の修正にある。具体的には，(a)FASBの基準，解釈指針など現行の権威のある文書と広く認められて

―フェーズⅡ」である。第3は，IASBの「包括利益の報告」プロジェクトである。第4は，FASBの「営利企業の財務業績報告」プロジェクト*2であり，これはイギリスのASBとのジョイント・プロジェクトである。第5は，FASBの「公正価値測定」プロジェクトである。

いる実務におけるギャップを解消する，(b) 近年の収益認識指針にみられる不備をなくす，(c) 将来生じる問題に対処するための指針を作ることにあるとされる。「実現および利益プロセスの完了」アプローチの遂行にあたり，次のような「構成要素規準」と「測定規準」からなる「収益認識運用規準（working criteria for recognition of revenues）」を提案している。

「構成要素規準」は，資産または負債の変動の発生を条件とするものであり，具体的には，(1)資産が増加するとともに，それと同額の取引先に対する負債または所有主による投資がなく，持分が増加する，(2)負債が減少するとともに，それと同額の（債務免除のように）所有主による投資がなく，持分が増加することである。また，この構成要素規準には，次のような副次規準が設けられている。

(1a) ―― (a) 新規の資源が獲得もしくは創出されるかまたは既存の資源が増価する場合，(b) 資源が実体に流入すると期待される将来の経済的便益を表している場合，(c) 実体が資源を支配している場合に，資産の増加が生じる。

(1b) ―― (a) 新規の債務履行が生じるかまたは既存の債務履行が増加する場合，(b) 債務が経済的便益を表す資源の実体から予想される流出を伴う場合，(c) 実体が取引先に対して債務を負っている場合に，取引先に対する債務の増加が生じる。

(2) ――実体の既存の債務が減るかまたは弁済によってなくなるか，さもなければ法的に引き受ける第三者に移転されるのではなく消滅する場合に，負債の減少が生じる。

「測定規準」は，資産または負債の変動が適切に測定されることを条件とするものであり，具体的には，(1)資産または負債が目的適合性を有する属性手段によって測定され，(2)資産の増加または負債の減少が十分に信頼性をもって測定可能である。また，この測定規準にはそれぞれ次のような副次規準が設けられている。

(ⅰ)――原初認識時およびフレッシュスタートの認識時に資産または負債を測定するために目的適合性を有している属性は，公正価値である。

(ⅱ)―― (a) 該当する適切な市場でもっとも信頼しうる利用可能な測定値である場合，(b) 測定値の信頼性がSFAC 2号の信頼性の定義に基づいて評価される場合に，測定値は十分に信頼できる。

収益認識プロジェクトの詳細については，FASBウェブサイト「収益の認識」（http://www.fasb.org/project/revenue_recognition.shtml）を参照のこと。

第10章 知的財産会計と企業会計の再構築

そこで,このニュー・プロジェクトの特徴を端的にいえば,次の4点にある。

1　財務諸表項目の公正価値[*3]評価
2　全部のれんを計上し,企業価値または事業価値の重視
3　伝統的収益認識規準から発生主義をベースとする新しい収益認識規準へのシフト
4　稼得利益・包括利益計算書のみに統一

IASB-FASB主導で進められているこれらのニュー・プロジェクトは,IASB-FASBを機軸とする会計基準のコンバージェンス(または収斂ともいう)の一環でもあるが,これらのプロジェクトは相互に密接に関連しており,目指すところは,おそらく資産負債アプローチを徹底し,金融商品はもとより事業用資産まで公正価値で評価する全面公正価値会計―稼得利益・包括利益計算書構想にあるものと思われる。

全面公正価値会計はその全貌が明らかにされていないので,推測の域を出ない部分もあるが,さしあたり原則として資産および負債を公正価値で評価し,その評価差額は資本取引によるものを除き,その他の包括利益に計上する会計システムであると措定できよう。以下,全面公正価値会計―稼得利益・包括利

---

footnotes

[*2]「営利企業の財務業績報告プロジェクト」は,もともとIASBが2001年からこのプロジェクトに着手していたFASBとの調整も視野に入れたイギリスのASBとのジョイント・プロジェクトであったが,FASBも2004年4月にIASBとジョイント・ミーティングを行い,このプロジェクトを進めることに同意した。このプロジェクトの目的は,(1)財務諸表で表示される情報の質を改善し,(2)投資者および債権者が用いるのに重要な財務的測定値の計算を可能にする十分な情報が財務諸表に記載されているかどうかを確認することにあるが,収益認識プロジェクトおよび包括利益プロジェクトとも密接に結びついている。

[*3]「公正価値とは,独立した当事者間による競売または清算による処分以外の現在の取引において,資産(または負債)の購入(または負担)または売却(または弁済)を行う場合のその価額(FASB[2000], par. 24)」をいう。

益計算書構想にむけた IASB-FASB を中心とするいわゆるデファクト・スタンダードベースのプロジェクトについて検討を加えよう。

1－1 公正価値測定プロジェクト

まず，「公正価値測定」プロジェクトは，2003 年 6 月に審議議題に入れられたものであり，その目的は公正価値を測定するための指針を体系化し，改善することにあるが，短期的には公正価値測定のフレームワークを設定し「公正価値ステートメント」を策定し，長期的には SFAC 5 号の測定についての記述を修正することにあるという（FASB［2004a］, pars. C2-C5）。

また，FASB は公正価値評価に伴う実務上の問題を明らかにし，打開策をアシストするために，発行体,監査人および評価専門家からなる「評価支援グループ（Valuation Resource Group; VRG）」を組織したという。2005 年 6 月 23 日に公表された公正価値ステートメントの公開草案[4]では，「公正価値の定義の見直し」，「評価手法－期待キャッシュ・フロー・アプローチの指針のアップデイト」，「見積もりレベルの整理」，「ディスクロージャー」などについて検討されている。

さらに，FASB は，「企業結合会計プロジェクト[5]」，「株式報酬プロジェクト」，「収益認識プロジェクト」などでも，公正価値の認識・測定問題に取り組んでいる。なお，IASB およびカナダの AcSB も，ジョイント・リサーチ・プロジェクトでこのプロジェクトに類似する測定問題に着手しており，FASB はこれらの機関に公正価値測定プロジェクトの研究成果を提供しているという。このように，公正価値測定プロジェクトは，グローバル・ベースで相当大掛かりに進

---

footnotes

[4] 公正価値測定に係る最終ステートメントは，2006 年第 2 四半期に公表される予定とされている。

1-2　企業結合プロジェクト―フェーズⅡ

IASB-FASBのジョイント・プロジェクト「企業結合―フェーズⅡ」の最大の特徴は，取得企業の買入のれんではなく，全部のれんを計上する点にある。

ジョイント・プロジェクトでは，「全部のれん」を「支配獲得日現在の被取得企業全体の公正価値と被取得企業の識別可能純資産の純公正価値との差額」と定義している（IASB〔2004〕, p. 15）。この場合の公正価値は，支払対価またはこれを直接把握する方法のいずれか明確な方で測定することになっており，しかも直接測定のガイダンスは企業結合にかかわらず，測定全般にかかわる問題であるので，企業結合の第2フェーズでは扱わないとされていた。しかし，その後，次のように変更された（FASB〔2004a〕, pars. 49-51, 58, A15-A17, and A62-A63）。

---
footnotes

*5　なお，IASB-FASBジョイント・プロジェクトである「公正価値測定」で，次のような「公正価値の階層」を提示している（FASB〔2004a〕, pars. 14-24）。
　レベル1　公正価値の見積もりは，情報が入手可能な場合には，測定日または測定日直近日の同一資産または負債の観察可能な市場取引価格を参照して決定する。
　レベル2　測定日または測定日直近日の同一資産または負債の観察可能な市場取引価格が入手可能でない場合には，測定日または測定日直近日に生じる類似資産または負債の観察可能な市場取引価格を修正して決定する。
　レベル3　測定日または測定日直近日の同一資産または負債の観察可能な市場取引価格が入手可能でない場合には，公正価値の見積もりはマーケット・アプローチ，インカム・アプローチ，コスト・アプローチその他の評価手法を用いて決定する。評価手法は公正価値の見積目的と首尾一貫した方法で適用しなければならず，すなわち，その適用は市場参加者が過度のコストと労力をかけずに情報をいつ入手し得るとしても，測定日現在の既知または知り得る事実もしくは情報に基づいて用いる前提が織り込まれたものでなければならない。

1 取得企業が持分の100％を取得した場合には，支払対価が被取得企業から取得した純資産の公正価値である最善の証拠となる。
2 取得企業が取得する持分の100％未満で，取得企業が支払った支配プレミアムを識別でき，かつ十分な信頼性をもって測定できる場合には，取得した純資産（100％未満）の公正価値を推定（グロスアップ）する。
3 取得企業が取得する持分の100％未満で，取得企業が支払った支配プレミアムを十分な信頼性をもって測定できない場合には，鑑定または評価手法を用いて直接測定する。この場合，持分の100％を市場参加者が取得する場合に支払うであろう対価の公正価値を測定しなければならない。

そこで，次の設例を用いて全部のれんについて検討をすることにする。

(1) 被取得企業（S社）の識別可能純資産の公正価値：700
(2) 被取得企業（S社）全体の公正価値（すなわち，純資産の公正価値［鑑定等による直接測定］）は，株式時価総額を被取得企業（S社）全体の公正価値（事業価値）と想定：1,100
(3) 親会社（70％取得）の投資額（支払対価）：770
(4) 少数株主（30％）の投資額（支払対価）：330 $\left(=770\times\dfrac{30\%}{70\%}\right)$

全部のれん説の仕訳

| （借）S 社 資 本 | 700 | （貸）S 社 株 式 | 770 |
| の れ ん | 400 | 少数株主持分 | 330 |

買入のれん説の仕訳

| （借）S 社 資 本 | 700 | （貸）S 社 株 式 | 770 |
| の れ ん | 280 | 少数株主持分 | 210* |

＊子会社純資産の公正価値 700 × 30％

　FASB の公開草案によれば，「企業結合は，通常，独立かつ取引を行う意思のある当事者間が等価交換を行う公正な取引である（FASB［2005］, par. 20）[6]」ので，取得した純資産の公正価値の持分相当額（事業価値）と支払対価とに差異が生じるのはきわめてレアケースであるとされる。しかし，両者に差異が生じる場合には取得した純資産と支払対価の両方の公正価値の測定の見直しをしなければならない。見直しても，企業結合が等価交換ではない証拠がある場合には，次の処理をする（*ibid.*, pars. 58-61 and A62-A70, IASB［2004］, p.17）。

　1　支払対価が被取得企業の純資産の公正価値に対する取得持分相当額を超過する場合（過大支払）は，その額を取得日現在の損益に認識しなければならない。例えば，上記の設例で，被取得企業の純資産の公正価値に対する取得持分相当額である 770 を支払対価 870 で取得した場合には，過大支払 100 を損失に計上する。

　2　被取得企業の純資産の公正価値に対する取得持分相当額が支払対価を超過する場合は，全部のれんがゼロになるまで減額しなければならない。例えば，前頁の設例で，被取得企業の純資産の公正価値に対する取得持分相当額である 770 を支払対価 670 で取得した場合には，全部のれん 400 から 100 を控除する。控除してもまだ超過額がある場合には取得日現在の損益として認識しな

footnotes

＊6　反証する証拠がない限り，取得企業の支払対価は支配を獲得した純資産に対する持分相当額の公正価値を表している。

ければならない。

　また，取得した識別可能純資産の公正価値の取得企業持分相当額が当該持分を取得するための支払対価を超過する場合には，当該超過額だけを利得として認識しなければならないし，また，かかる利得は少数株主持分に帰属させてはならないとされる。例えば，先の設例で，取得した識別可能純資産の公正価値 700 の取得企業持分相当額である 490 が当該持分を取得するための支払対価を超過した場合には，当該超過額だけを利得として認識する。

　次に，支払対価と取得した被取得企業の純資産の公正価値の持分相当額，すなわち事業価値とがイコールである等価交換の企業結合の場合には，全部のれんは図表 10 － 1 にみるように，被取得企業全体の公正価値 1,100 と被取得企業の識別可能資産の公正価値 700 の差額の 400 として計算されるが，全部のれんは支配持分と少数株主持分とに配分することができる。ちなみに支配持分に配分されるいわゆる「親会社のれん」は，「取得企業の支払対価と取得した被取得企業の識別可能純資産の公正価値の持分相当額との差額（*ibid.*, pars. 49-50 and A62，IASB ［2004］ p.16）」として算定する。

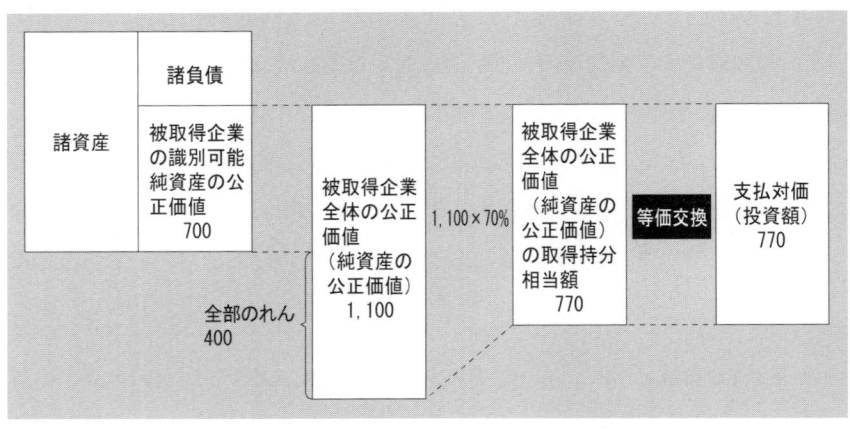

図表10－1　等価交換の企業結合と全部のれん

諸資産	諸負債				
	被取得企業の識別可能純資産の公正価値 700	被取得企業全体の公正価値（純資産の公正価値）1,100	1,100×70%	被取得企業全体の公正価値（純資産の公正価値）の取得持分相当額 770	支払対価（投資額）770
				等価交換	
		全部のれん 400			

第10章 知的財産会計と企業会計の再構築

ちなみに，本設例を用いて，親会社のれんおよび少数株主に帰属するのれんを計算してみれば，次のようになる（図表10－2参照）。取得企業（親会社）の支払対価（投資額）770と被取得企業の公正価値（のれんを含む）1,100のうち持分相当額770が等価交換であり，ここから識別可能資産の公正価値700の70％である490を差し引いた280（＝770－490）が「親会社のれん」である。すなわち，取得企業（親会社）は70％を取得するために770を支払ったのであり，少数株主も当然取得企業（親会社）と同様に等価交換であるので，被取得企業の公正価値30％（330＝1,100×30％）を取得するのに330 $\left(=770 \times \frac{30\%}{70\%}\right)$ の対価を支払う必要がある。ちなみに，少数株主に帰属するのれんを計算すれば，120 $\left(=280 \times \frac{30\%}{70\%}\right)$ となる。

それでは，このような全部のれんを計上させようとする意義は，どこにあるのであろうか。全部のれんを算定する前提には，あらかじめ被取得企業の識別可能純資産の純公正価値が認識されているので，自己創設ブランドなどの知的財産はその測定に信頼性があるならば，識別可能資産として独立して認識されていることになる。逆に，自己創設ブランドが測定の信頼性の問題で被取得企

図表10－2　親会社のれんと少数株主に帰属するのれん

諸資産	諸負債				
	被取得企業の識別可能純資産の公正価値 700	被取得企業全体の公正価値（純資産の公正価値）1,100	700×70％	被取得企業の識別可能純資産の公正価値の取得持分相当額 490	被取得企業全体の公正価値（純資産の公正価値）の取得持分相当額（770）＝投資額（770）
			全部のれん 400	親会社のれん 280	
				少数株主に帰属するのれん 120 $\left(=280\times\frac{30\%}{70\%}\right)$	

247

業（S社）の識別可能資産として認識されていないならば，全部のれんのなかの一部として計上されていることになる。さらに，被取得企業の純資産と取得企業の純資産を結合することによる期待されるシナジーその他の便益の公正価値は全部のれんの測定に含められる（*ibid.,* par. 50, IASB［2004］, p.15）。

　すなわち，全部のれんは，買入のれんのように残差または支払対価（投資額すなわちアームズレングスによる取引額）と受入純資産の差額と考えるのではなく，被取得企業の企業価値を反映させる考え方である。例えば，先の設例で，親会社がもう10％追加取得して，支払対価が880になったと仮定すると，買入のれん説で処理すれば，のれんが320（＝880＋140－700）になるのに対して，全部のれん説で処理すれば，400（＝1,100－700）で70％取得の場合と変わらない。これは，親会社がいくら投資しようと，全部のれんの額は，「支配獲得日現在の被取得企業全体の公正価値（1,100）と被取得企業の識別可能純資産の純公正価値（700）との差額」として計算されるからである。すなわち，全部のれん説は少数株主持分に相当する自己創設のれんを全部のれんとして計上させるとともに，親会社の買入のれんさえも計上させない考え方であるともいえる。

　したがって，全部のれんを計上させようとする趣旨は，（ブランドなどの知的財産が識別できないと考えられている前提では）ブランドなどの見えざる知的財産を見える知的財産にするまたはオン・バランスさせようとする考え方に結びつくものであり，いいかえれば会計測定の目的を企業価値または事業価値重視にシフトにしようとする考えの表れであると解される。

1－3　収益認識プロジェクト

　次に，FASBは「収益認識プロジェクト」で，SFAC 6号と同様に資産負債の変動に焦点を合わせ，販売時に利益が稼得され，実現するとみる伝統的な「実

現および利益プロセスの完了」という考え方を廃棄するアプローチを推進している。

具体的には,収益を「広義履行アプローチ(Broad Performance View)と「負債消滅アプローチ(Liability Extinguishment View)」で定義しようとし,前者のもとで収益は「財貨または用役の形で報告実体の資産のアウトプットから生じ」,「究極的に顧客に引き渡される製品(商品やサービス)の提供に必要不可欠な活動を企業自身が行うことによって生じる報告企業の資産の増加または負債の減少(山田 [2003], 38頁)」と定義され,後者のもとで収益は報告実体の取引先の債務の消滅から生じ,報告企業が主として義務を負っている履行義務の消滅によって生じる報告企業の負債の減少と定義される(山田 [2003], 38頁)。

両者の違いは,法的な債務の譲渡を行わずに第三者に義務の履行を行わせた場合に,収益が前者では認識されないのに対して,後者では認識される点にあるという(山田 [2003], 38頁)。

このように,IASB-FASB は従来に増して資産負債の変動に焦点を合わせて収益を定義しようとしているとともに,販売時に利益が稼得され,実現するとみる伝統的収益認識基準を廃棄し,未実現利益を含む包括利益を包摂する広義の収益認識規準にシフトしようとしているといえよう。すなわち,2006年第4四半期に予備的見解(preliminary views)が公表されるまでは,広義の収益認識規準もはっきりしないといわざるを得ないが,収益は,発生主義で認識し公正価値で測定する(収益の発生および測定を十分な信頼性をもってできる場合には,収益をその発生した期間に認識し,発生した日現在の公正価値で測定する)のが原則となる見込みである(山田 [2004], 81頁)。

1−4 包括利益の報告プロジェクトと営利企業の財務業績報告プロジェクト

　さらに包括利益については，IASB の「包括利益の報告」プロジェクトにおいて，**図表** 10−3 の雛形にみるように，すべての認識済損益を報告する単一の包括利益計算書が提案されているが（IASB [2003]），かかる包括利益計算書は全面公正価値会計が導入される場合に IASB が構想している経営成績に関する財務表である[7]。

　この「包括利益の報告」プロジェクトは，FASB とのジョイント・プロジェクトでもあり，かつ FASB の「営利企業の財務業績報告プロジェクト」とも密接に関連しており，いわば一連のニュー・プロジェクトの要であるとみることができる。

　「単一の（a single set）」という形容詞が付されているのは，従来のように，損益計算書と包括利益計算書の 2 本立てや，稼得利益・包括利益計算書などのフォームを用いるのではなく，横のコラムが活動別区分損益に，縦のコラムが再測定前と再測定になり，そのマトリックスのボトムラインを「包括利益」とし，今後，経営成績は包括利益計算書 1 本で表すという意味であると解される。

　ここで提案されている包括利益計算書の特徴は，金融商品はもとより，事業資産・負債までが公正価値で評価される結果，評価差額も公正価値で再測定された差額になっていることおよび包括利益が文字通りボトムラインで計上され，リサイクリングが禁止されているために，現行の純利益が計上されずに包

---
footnotes

[7] FASB とのジョイント・プロジェクトになっている関係で，一度インターネット上で公表した包括利益計算書の雛形（**図表** 10−3）は，現在，インターネット上ではみられないが，2005 年 11 月現在，仄聞するところ，IASB はこれを取り下げたわけではないという。

第 10 章　知的財産会計と企業会計の再構築

図表10−3　ＩＡＳＢが提案する包括利益計算書のひな形

	計	再測定前	再測定
収　　益	1,000	1,000	—
売上債権評価減	(10)	—	(10)
売上原価	(400)	(340)	(60)
販売費および一般管理費	(250)	(200)	(50)
営業利益	340		
除却損益	100	—	100
有形固定資産再評価額	150	—	150
投資不動産（評価差額）	—	—	—
のれん（評価差額）	(100)	—	(100)
純投資にかかる外貨換算損益	(50)	—	(50)
その他の事業利益	100		
関連会社収益(持分法損益)	50	50	—
持分投資（評価差額）	(60)	—	(60)
債券投資（評価差額）	20	5	15
年金資産（評価差額）	(150)	—	(150)
金融収入	(140)		
事業利益	300		
支払利息	(80)	(120)	40
年金数理費用(差異)	(120)	(200)	80
財務費用	(200)		
法 人 税	(30)	—	—
廃止事業	(10)	(5)	(5)
キャッシュ・フロー・ヘッジ	50	—	50
包括利益	110		

251

括利益を構成する事業損益等活動別区分損益のなかに埋没させられていることである。

現行の純利益概念は，業績利益として，いわば慣習として企業会計制度に溶け込んでおり，慣れ親しんでいることからみても，純利益概念を包括利益の内訳項目にせよ，廃止するのには違和感を禁じえない。

この点については，FASB も例外ではないようである。FASB は IASB の上記のマトリックス式表示法には賛同しておらず，「包括利益」を「事業」，「財務」，「非事業・非財務」，「法人税」，「廃止事業」および「その他の包括利益」に区分することを提案し（川西［2005］，85頁），同時に IASB の包括利益計算書に対する要求事項も提示している。その主なものを整理して示せば，次のとおりである（FASB［2004b］）。

1　合意事項
  (1) すべての収益，費用，利得および損失項目を単一の包括利益計算書で報告
  (2) 金融（資金調達）活動には，(a) すべての負債の経過期間に伴うすべての費用，(b) 現金・現金同等物を稼得する経過期間に伴う利益，(c) 保険，リストラクチュアリング，負債の消滅に関連する利得・損失を計上
  (3) 法人税は，上記の区分とは別に表示
  (4) 廃止事業の影響は，上記の区分とは別に表示
  (5) 異常事象・取引の影響は，該当する区分に計上
  (6) 概念ステートメント5号の包括利益計算書のなかの稼得利益という名称の小計は要求しない
  (7) セグメント（小委員会）ベースのプロジェクト（短期的収斂プロジェクトはセグメントA，実質的変更を伴う収斂プロジェクトはセグメントB）

第 10 章　知的財産会計と企業会計の再構築

に合意
2　暫定的合意事項―セグメントB*8
 (1)　純利益の小計とその他の包括利益との間の「リサイクリング」項目の考え方に価値があるか，あるならばリサイクルすべき取引の種類と事象およびどの時点でリサイクリングが起きるかについての論拠
 (2)　要求される各財務諸表の情報を分割するための首尾一貫した原則を策定
 (3)　要求される各財務諸表で報告される合計と小計の明確化，など

　今後，FASBなどの要求で包括利益計算書のなかで純利益（または稼得利益）概念が復活するのかどうかは現時点でははっきりしないが，重要課題であることは疑いもないし，業績利益としての純利益の有用性は，実証結果を待つまでもなくはっきりしているようにも思われる。純利益を独立表示しないのは，エンロン事件に見られるように純利益をＣＥＯ，ＣＦＯなどの経営者が利益操作に用いるからとの意見もあるが，投資者にとって有用な情報であるからこそ経営者が利益操作に用いるとの意見もある（齋藤［2003］，38頁注(8)）。
　また，投資者にとっての会計情報の有用性は事前に期待された投資の成果が事後にどこまで実現されたのかを測る「フィードバック価値」であり，それを表すのが他ならぬ純利益からなる実現利益であるとの見解もある（齋藤［2002］，432頁）。さらに，発行体サイドからも，実現概念に基づく純利益は投資原価に対する成果なので，現行の純利益概念を支持する旨の表明も見られる（日本経済団体連合会［2003］，3頁）。

footnotes
*9　FASBウェブサイト「営利企業による財務業績報告」プロジェクト・アップデイト参照（http://www.fasb.org/project/fin_reporting.shtml）。

しかし，これらの意見とは全く逆に，最近のFASBおよびIASBのステートメントなどにみられるように，投資意思決定に重要な情報は将来のキャッシュ・インフローの額，時期，リスクに関する情報であり，それが他ならぬ金融商品を時価評価し，事業資産を現在価値評価して合計した企業価値情報であり，包括利益はかかる企業価値評価に伴う利益測定の論理的帰結にすぎないとする考え方もある。

そうしてみると，純利益か包括利益かの二者択一でなく，もともと包括利益は一会計期間における株主との取引以外による純資産の増加分 (FASB [1984], par. 39) を意味し，稼得利益（または純利益）とその他の包括利益から構成されているわけであるので，SFAS130号「包括利益の報告」で認められている表示方式のうちの1つである様式A「損益および包括利益計算書 (Statement of Income and Comprehensive Income)」[9]が2つの利益を併記するので，これがベターであるともいえる。事実，IASB-FASBジョイント・プロジェクトでは，この方向に向かっているようであるが，重要なのはストックを公正価値で評価し，評価差額であるフローを包括利益で表示することである。

この考え方は，原価評価と時価評価のいわば混合評価型またはハイブリッド評価型の企業会計システム[10]の問題点（広瀬 [1997]，広瀬 [2000a]，広瀬 [2003] などを参照）を解消することになり，測定属性および測定時点の加法性を確保でき，概念上は整合性または首尾一貫性を確保できるという意味ではすぐれて

---
footnotes

[9] IASB-FASBジョイント・プロジェクトでは，名称を「損益および包括利益計算書」ではなく，「稼得利益・包括利益計算書 (Statement of Earnings and Comprehensive Income)」とすることが検討されている (IASBウェブサイト [http://www.iasb.org/uploaded_files/documents/16_19_May2005projectupdate.pdf] 参照，2005年4月現在)。

[10] JWGは，かかる会計システムを原価—公正価値混合アプローチ (mixed cost-fair value approaches) とよんでいる (Joint Working Group of Standard-Setters [2000], p. i)。

いるばかりでなく，現在オフ・バランスにされている重要なインタンジブルを会計の俎上に載せるためのフレームワークとしてもきわめて意義があるといえよう。

それにもかかわらず，これらの点についてはこれまで必ずしも問題にされてこなかったようにも思われる。そうしてみると，表面的には純利益概念か包括利益概念かの問題にみえるが，原価評価か時価評価かの対峙と同様に，いずれの概念にも一長一短があるところから，問題の核心は利益測定の背後にある会計測定システムのあり方，ひいてはどのような目的でどのような会計システムを選好するのかにこそあるように思われる。

2　知的財産会計のための全面公正価値会計の意義

以上のように，IASB-FASB を中心とするいわゆるデファクト・スタンダードベースで資産負債アプローチによる公正価値評価―全部のれん―新しい収益の認識規準―稼得利益・包括利益計算書（または包括利益計算書）―財務業績の表示・ディスクロージャーについてのプロジェクトが急ピッチで進行している。

このようなニュープロジェクトが完成すれば，貸借対照表項目は公正価値で評価され，利益は資産負債アプローチに基づき稼得利益・包括利益計算書に純資産の増加額である包括利益として表示されるいわば全面公正価値会計になるものと考えられる。

もとより，日本の企業会計は，長い間，原価（支払対価）―実現主義を基調にする取得原価主義会計を採用してきた。この取得原価主義会計は(1)処分可能利益の算定，(2)財務諸表監査による信頼性の担保および(3)受託責任の遂行状況の報告という目的に最も適合するところから，日本の企業会計の基本的な計算

システムとされてきた。

しかし，いわゆる金融制度改革，とりわけ1999年の「金融商品に係る会計基準」によって，測定属性を異にする会計数値が財務諸表に混入されることになり，単体ベースが前提ではあるが，日本の企業会計は処分可能利益をストレートに算定できなくなったばかりではなく，貸借対照表の空洞化ひいては情報提供機能または意思決定支援機能（以下，「情報提供機能」という）のパラドックス現象などの制度疲労を招いていた（広瀬［1998］，64－65頁）のも否めない事実であるといえよう。すなわち，伝統的に利害調整機能または契約支援機能（以下，「利害調整機能」という）を重視してきた日本の企業会計に，透明性を高め，情報提供機能を重視するという名のもとに，一部の資産項目を時価で評価する結果，貸借対照表の合計数値に原価と時価を混入させることになり，いわば測定属性の加法性を欠くことになったばかりではなく，未実現利益も計上されることになり，逆に貸借対照表が不透明かつ空洞化し，どのような情報を示しているのかがわからなくなったといわざるを得ない（広瀬［2000a］，6頁）。

本来，利益がいくらか，配当金はいくらか，さらには税金がいくらかがストレートにわかることこそが日本の企業会計が日本の企業会計であるゆえんであり，金融商品などの時価情報は処分可能利益を直接に算定できることを前提とした追加的情報価値にすぎなかったはずである[*11]。それにもかかわらず，日本の企業会計は情報提供機能を偏重するあまり，利害調整機能を片隅に追いやり，結果的に財務比率はもとより情報の持つ意味をわからなくさせ，いわば情報提供機能のパラドックスを引き起こしている。

footnotes

[*11] 例えば，アメリカの会計は情報提供機能を重視し，配当規制は州の会社法，課税所得の算定は内国歳入局に委ねるなど利害調整機能との棲み分けが図られているので，日本の企業会計のような問題は起きにくい。

第 10 章　知的財産会計と企業会計の再構築

　もちろん，このような原価と時価が混在する会計システムについては，例えば旧「商法」では，290 条 1 項 1 号ないし 3 号の配当規制のみを旧「商法」本法に残し，また資産評価などの実体規定および時価評価に伴う配当規制をすべて法務省令に移す一方で，評価差額について資本直入方式を導入するなど制度上の手当てが施され，表面的には単体上の利害調整機能と情報提供機能のバランスがとられていたようにも思われる。

　しかし，平成 18 年 5 月 1 日から施行予定の「会社法」では，次のように「剰余金」概念が変更され，この問題をますます複雑にしている。すなわち，「会社法」にいう「剰余金」の額とは，最終事業年度末日の資産額と自己株式の簿価額の合計額との総額から負債額，資本金および準備金額の合計額ならびに会社計算規則で定める各勘定科目（評価・換算差額等，新株予約権および少数株主持分（117 条））に計上した額の合計額の総額を控除した額，最終事業年度末日後（以下，「期中」という）に資本金を減少させた場合にはその減少額（準備金を増加させた額を除く）および期中に準備金を減少させた場合にはその減少額（資本金を増加させた額を除く）をそれぞれ加算し，期中に自己株式を消却した場合には，当該自己株式の簿価，期中に剰余金の配当をした場合には，配当財産の簿価総額（金銭分配請求権を行使した株主に割り当てた当該配当財産の簿価を除く），金銭分配請求権を行使した株主に交付した金銭の合計額の総額および会社計算規則で定める各勘定科目（期中に剰余金の配当を行った場合における当該配当に伴う準備金積立額（178 条））に計上した額の合計額を，それぞれ控除した額（「会社法」446 条，同条 2 号，「会社計算規則」45 条，46 条，177 条，178 条）である。少し，わかりにくいので数式と図解にすると，それぞれ次のとおりである。

剰余金＝｛(資産＋自己株式の簿価合計額) － (負債＋資本金＋評価・換算差額等，新株予約権および少数株主持分の合計額)｝＋自己株式処分差額（自己株式処分差額－当該自己株式簿価）＋資本金・準備金減少差益－消却自己株式の簿価－期中剰余金配当合計額－期中に剰余金の配当をした額の合計額

図表10－4　剰余金の算定（最終事業年度末日後に「会社法」446条2号ないし7号に該当する事項が生じなかった場合）

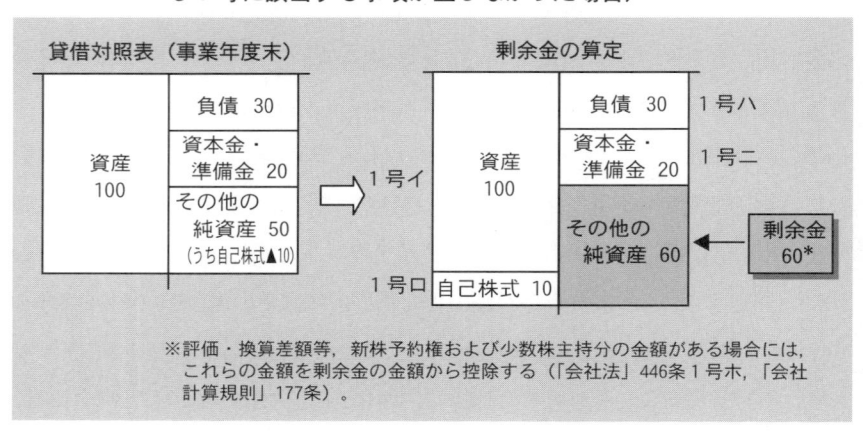

貸借対照表（事業年度末）		剰余金の算定	
資産 100	負債 30	資産 100	負債 30　1号ハ
	資本金・準備金 20		資本金・準備金 20　1号ニ
	その他の純資産 50（うち自己株式▲10） 1号イ		その他の純資産 60 ← 剰余金 60*
	1号ロ	自己株式 10	

※評価・換算差額等，新株予約権および少数株主持分の金額がある場合には，これらの金額を剰余金の金額から控除する（「会社法」446条1号ホ，「会社計算規則」177条）。

　確かに，剰余金の配当は「会社法」の理念である債権者保護の立場からは，株主に対する会社財産の払戻しであり，会社の担保財産の減少であるという意味においては，資本の払戻しも利益の配当も等しく「剰余金」を払戻す行為であることに疑いがなく，またかかる立法処置が従来から実務上も払戻方法により異なっていた配当可能限度額などの計算の煩雑さを解消できる利点があることからみれば，否めない処置であるとはいえる。

　しかし，剰余金の配当は債権者に対する担保財産の流出であるという意味では共通しているものの，成果である利益の配当と資本の払戻しとでは，その会計学的性格を著しく異にしている。

　このように，「会社法」では，「剰余金」概念が「利益」と「資本」が混在す

第 10 章　知的財産会計と企業会計の再構築

図表10―5　剰余金の算定（最終事業年度末日後）

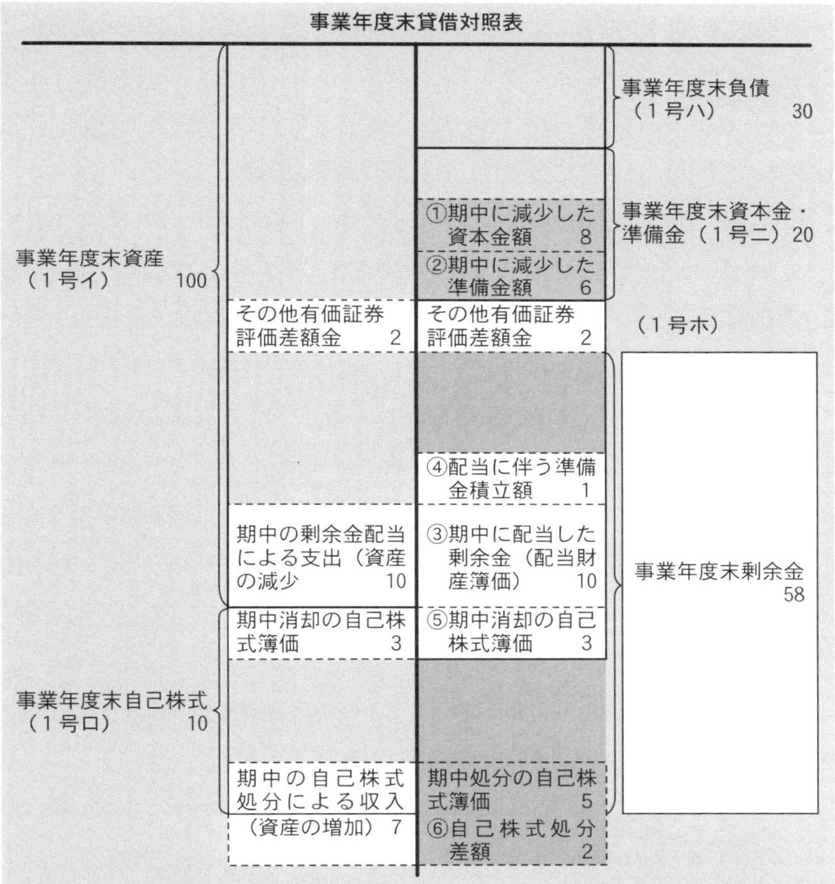

事業年度末貸借対照表

事業年度末資産 （1号イ）　100			事業年度末負債 （1号ハ）　30
		①期中に減少した 　資本金額　　8	事業年度末資本金・ 準備金（1号ニ）20
		②期中に減少した 　準備金額　　6	
	その他有価証券 評価差額金　2	その他有価証券 評価差額金　2	（1号ホ）
		④配当に伴う準備 　金積立額　　1	事業年度末剰余金 58
	期中の剰余金配当 による支出（資産 の減少）　　10	③期中に配当した 　剰余金（配当財 　産簿価）　　10	
	期中消却の自己株 式簿価　　　3	⑤期中消却の自己 　株式簿価　　3	
事業年度末自己株式 （1号ロ）　10			
	期中の自己株式 処分による収入 （資産の増加）7	期中処分の自己株 式簿価　　　5	
		⑥自己株式処分 　差額　　　　2	

```
　　　最終事業年度末剰余金　　　　　　　　　　　　　58
＋①　最終事業年度末日後に減少した資本金額　　　　 8（3号）
＋②　最終事業年度末日後に減少した準備金額　　　　 6（4号）
－③　最終事業年度末日後に配当した剰余金額　　　　10（6号イ）
－④　最終事業年度末日後の配当に伴う準備金積立額　 1（7号）
－⑤　最終事業年度末日後に消却した自己株式簿価　　 3（5号）
＋⑥　最終事業年度末日後の自己株式処分差額　　　　 2（2号）
　　　最終事業年度末日後の剰余金　　　　　　　　　60
```

るように拡張されたことによって，企業会計が伝統的に峻別してきた「資本」と「利益」が混合されることになり，その結果，「会社法」の論理と企業会計の論理に齟齬をきたすことになった。これによって，アメリカと同様に「会社法」が企業会計から分離したともいえ，企業会計の本質的機能でありいわば生命線である利害調整機能が後退させられつつあるといえよう。

さらには，このように剰余金概念を変更しても，相変わらず現行の企業会計は測定属性の加法性と測定時点の加法性を欠き（ちなみに，測定属性の加法性を有する原価主義会計も測定時点の加法性は欠いている），この傾向はますます加速化され，その結果，利害調整機能を不十分なものにしている。

また，すでに第2章「知的財産会計のフレームワーク」および付録で示したように，現行の企業会計のもとでは，バリュー・ドライバーである知的財産などのインタンジブルはオフ・バランスのままにされ，簿価と時価総額などにみられる経済的実態からの乖離に加えて，情報の比較可能性をめぐる非対称な処理も顕著になってきている。

要するに，このような問題をかかえているにもかかわらず，対処しきれずに，結果的に利害調整機能を失いかけていることに，現行企業会計がかかえる制度疲労の深さ，問題の複雑さの縮図をみることができよう。

したがって，このようなジレンマを解消するためには，いまこそグローバルベースの会計制度の再構築が必要であり，それが測定属性の加法性と測定時点の加法性を兼ね備えている会計システムの構築であり，それがほかならぬ全面公正価値会計構想であると考えられる。

3 全面公正価値会計導入のための条件

　それでは，英米はともかく，日本の企業会計に全面公正価値会計が導入される環境が整っているのであろうか。結論的にいえば，全面公正価値会計が導入される環境は整っていると思われる。

　その理由の第1は，IASB-FASBを中心とする会計基準の収斂の潮流を無視できないことである。とりわけ，欧州連合（EU）が国際会計基準（IAS）を2005年から域内の全上場企業の連結財務諸表に導入することを決定したいわゆる「2005年問題」は，もはや対岸の火事ではすまされないことである。もちろん，EUがIASを導入するからといって直ちに日本基準を同一にしなければならないことにはならないが，国際的な基準と日本基準とにギャップがあるままでは海外でのCBおよびWB両債券の起債等資金調達戦略に支障をきたしかねない以上，会計基準の国際的コンバージェンスが及ぼす影響は少なくないといえる。

　さらに重要なのは，国際化に向かう状況は，もはや対等の立場で会計基準のすりあわせを行うという本来の意味でのコンバージェンスでも国際化でもなく，世界の各国がハイ・クオリティ（High Quality）なI-GAAP（国際的に一般に認められた会計原則）であるとみなしているIASBひいてはFASBの会計基準に統合するという意味でのコンバージェンスに向かっている現実を直視しなければならない。また，国際化に向かう舞台がEUというだけで，投資者が第三国の会計基準に準拠した財務諸表に基づき，IASに準拠した財務諸表に基づく場合と類似する投資意思決定をすることが可能であれば，「同等」とみなすとする「同等性評価問題」もしかりである。

　かねてより指摘してきたように，FASBの考える国際化とは，妥協の産物ま

たは最低の公分母としてのすりあわせではなく，あくまでも US GAAP のようなハイ・クオリティな会計基準へのコンバージェンスであって，質の悪い（Low Quality）会計基準へのコンバージェンスではない[*12]。

　この点は，われわれの日常生活でも同じである。例えば，高度に資本主義が発達している国が，資本主義の発達していない国の経済システムにあわせることがありえないのと同じである。

　また，卑近な例を用いてこの点を説明すれば，次のとおりである。昨今，アメリカのメジャーリーグと日本のプロ野球との交流試合が行われ，ゆくゆくは公式試合を行うことが関係者の間では期待され，悲願とされているようである。その公式試合を行おうとする場合，メジャーリーグと日本のプロ野球とにいくつかの違いがある。それは，ライト側およびレフト側両翼の深さと広さに加えて，ストライクゾーン，ボール（2005年度の公式戦から，日本でもメジャーリーグと同様に，いわゆる飛ばないボールが採用された）が全く違う。しかし，その場合であっても，メジャーリーグが日本のプロ野球に合わせることはなく，当然のように日本のプロ野球がメジャーリーグに合わせている。現在，行われようとしている国際化はまさしく，これと同じである。このような事情であったからこそ，FASB は IFRS を認める条件としてハイ・クオリティな国際的な会計基準を終始提案してきたとともに，それに従わないような会計基準を IASB が公表しようとすれば，その国際化戦略を「体裁良く無視（benign neglect）」することによって，好むと好まざるとを問わず，IASB をハイ・クオリティ・スタンダード作りに誘導するとともに，国際化の主導権を FASB が握ってしまったことに国際化の本質がある。

footnotes
[*12] 広瀬（1993），広瀬（1998），広瀬（1999），広瀬（2000a），広瀬（2000b）を参照されたい。

第10章　知的財産会計と企業会計の再構築

　このように，英語圏を取り込んだIASB-FASBを中心とする会計基準の世界統合化またはコンバージェンスが急ピッチで本格的に進んでいる。上述したIASB-FASBを中心とする会計基準のジョイント・プロジェクトはもとより，「会計基準を設定するための基準」である概念フレームワークについてもIASBとFASBとが統一するべく作業を進めている。

　かかる状況で，果たして日本だけが全面公正価値会計－稼得利益・包括利益計算書の導入を見送ることができるのであろうか。日本が独自性を重視した日本基準を設定するのも一案である。しかし，その場合であっても日本基準を英米に認知させなければ，鎖国下の会計基準と変わりない。さらに，英米の会計基準を参考に，これをアレンジして日本基準を設定してきた長い歴史から見ても，独自の日本基準を設定するのはさほど容易とも思われない。

　かりに，独自の日本基準を設定し，これをIASB，英米などに認知させたり，相互承認を求めようとするのであれば，例えば「知的財産会計基準」など他のどこの国のどこの機関も手をつけられないでいる重要な会計基準の策定に着手し，会計基準設定能力の実力を世界に発信する必要があるといえよう。

　その理由の第2は，全面公正価値会計の導入が措定されているのは，連結財務諸表であり，処分可能利益の算定を目的とする利害調整機能とは抵触しない点である。

　周知のように，わが国は，長い間，商法および法人税法に基づく会計においては，処分可能利益の算定を目的とする利害調整会計を重視してきた。また，証券取引法に基づく会計においては，投資意思決定情報の提供が図られてきた歴史的経緯があり，後者の会計にしても前者のフレームワーク内において投資意思決定情報の提供および拡充が図られてきたといえる。その意味で，かつて商法，法人税法および証券取引法に基づく会計はトライアングル体制とよばれ，日本の企業会計の特徴とされた（新井・白鳥［1991］，13－19頁）。

しかし，同時に，会計基準の国際化にあたり，トライアングル体制であることがネックであると主張されることが少なくなかったが，その場合の論点は，単体ベースの会計基準の設定が処分可能利益の算定機能に最重点がおかれ，その範囲内においてしか情報提供機能を拡充できなかったことにある。いいかえれば，トライアングル体制の問題は，会社の計算規定と連動しない限り証券取引法ベースの会計基準の設定を行えなかった点にある。

　しかし，平成15年4月1日に施行された「商法等の一部を改正する法律」および「株式会社の監査等に関する商法の特例に関する法律」19条の2において，商法上の大会社（平成14年改正附則第9条によれば，当分の間，大会社のうち証券取引法適用会社）に連結計算書類の作成・公開が義務づけられ，日本の企業会計が名実ともに連結中心にシフトすることになり，トライアングル体制の問題も解消することになった。

　したがって，英米と同様に，日本の企業会計上，形式的にも実質的にも連結財務諸表が主たる財務諸表と制度上周知徹底されつつある以上，全面公正価値評価も利害調整機能の問題ではなく，情報提供機能の問題であると考えられるので，少なくとも制度上の障害は特段生じないし，全面公正価値会計を導入することは可能である。

　したがって，いまさら全面公正価値会計－稼得利益・包括利益計算書構想プロジェクトに反対することが，処分可能利益を算定できない連結財務諸表中心にシフトしつつある日本の企業会計にとってどれほどの意味があるのかについて，今一度考えてみる必要がありそうである。

　それにもかかわらず，全面公正価値会計に対しては産業界を中心に反対意見が少なくない。その理由の多くは，おそらく公正価値評価に伴う評価損が企業利益に及ぼす影響を懸念してのことであると思われる。もちろん，金融商品ならいざ知らず，事業資産までを公正価値評価することについては，疑義が全く

ないわけではない。例えば，機械，建物などについては，継続的使用または使用後の処分によって生じるキャッシュ・フローを割り引いて求める現在価値情報は意味あるにせよ，もう一度購入したら，またはたった今売却したらと想定する時価情報の意味をどこに求めればよいのかわからないといわざるを得ない。

しかし，歴史を紐解くまでもなく，取得原価主義会計の長所が時価主義会計の短所であり，逆に取得原価主義会計の短所が時価主義会計の長所であるように，完全無欠の会計システムなど存在しない。全面公正価値会計にしても，短所ばかりではなく，すでに指摘してきたように，知的財産情報を企業会計の俎上に載せることによるメリットも計り知れないほど大きい。

そうしてみると，全面公正価値会計についても，感情論や推測論からではなく，かかる全面公正価値会計がどのような目的から提唱され，また導入されようとしているのかを日本の企業会計制度はもとより，会計基準の統合化または国際的なコンバージェンスという広い視点から客観的かつ冷静に検討する必要があるように思われる。そうすることが，知的財産会計を企業会計の俎上に載せることの早道であるように思われる。

Reference

- Financial Accounting Standards Board（1980），*Statement of Financial Accounting Concepts No. 2: Qualitative Characteristics of Accounting Information,* FASB（平松一夫・広瀬義州訳「FASB財務会計の諸概念（増補版）」中央経済社，2002年）．
- Financial Accounting Standards Board（1984），*Statement of Financial Accounting Concepts No. 5: Recognition and Measurement in Financial Statements of Business Enterprises,* FASB（平松一夫・広瀬義州訳「FASB財務会計の諸概念（増補版）」中央経済社，2002年）．
- Financial Accounting Standards Board（1985），*Statement of Financial Accounting Concepts No. 6: Elements of Financial Statements: a replacement of FASB Concepts*

- Statement No. 3 (incorporating an amendment of FASB Concepts Statement No. 2), FASB（平松一夫・広瀬義州訳「FASB財務会計の諸概念（増補版）」中央経済社，2002年）．
- Financial Accounting Standards Board（1997），*Statement of Financial Accounting Standards No. 130: Reporting Comprehensive Income*, FASB.
- Financial Accounting Standards Board（2000），*Statement of Financial Accounting Concepts No. 7: Using Cash Flow Information and Present Value in Accounting Measurements*, FASB（平松一夫・広瀬義州訳「FASB財務会計の諸概念（増補版）」中央経済社，2002年）．
- Financial Accounting Standards Board（2004a），*Exposure Draft: Proposed Statement of Financial Accounting Standards: Fair Value Measurements*, FASB.
- Financial Accounting Standards Board（2004b），*Project Updates: Financial Performance Reporting by Business Enterprises*, FASB.
- Financial Accounting Standards Board（2005），*Exposure Draft: Business Combinations: a replacement of FASB Statement No. 141*, FASB.
- Financial Accounting Standards Board（2005），*Working Draft: Statement of Financial Accounting Standards No.15X: Fair Value Measurements*, FASB.
- International Accounting Standards Board（2003），*Project Updates: Reporting Comprehensive Income*, IASB.
- International Accounting Standards Board（2004），*Project Updates: Business Combinations (Phase II) - Application of the Purchase Method*, IASB.
- Joint Working Group of Standard-Setters（2000），*Financial Instruments and Similar Items*, JWG.
- Littleton, A. C.（1933），*The Accounting Evolution to 1900,* American Institute Publishing Co, Inc（片野一郎訳「リトルトン会計発達史」同文舘，1952年）．
- Littleton A. C.（1953），*Structure of Accounting Theory*, AAA（大塚俊郎訳「会計理論の構造」東洋経済新報社，1955年）．
- 新井清光・白鳥庄之助（1991）「日本における会計の法律的及び概念的フレームワーク」JICPAジャーナル，第3巻第10号。
- 川西安喜（2005）「ノーウォーク合意の現状」JICPAジャーナル，第17巻第6号。
- 齋藤静樹（2002）「会計基準の基礎概念」中央経済社。
- 齋藤静樹（2003）「会計基準の動向と概念フレームワークのあり方」企業会計，第55巻第1号。

- 日本経済団体連合会（2003）「国際会計基準に関する国際協調を求める」。
- 広瀬義州（1993）「会計基準の国際化と日米間協会」国際会計研究学会年報。
- 広瀬義州（1997）「『企業会計原則』の見直しに伴う課題」旬刊商事法務，第1446号。
- 広瀬義州（1998）「企業会計の国際的調和化と国内的調和化」旬刊商事法務，第1500号。
- 広瀬義州（1999）「日本の会計の現状──国際会計基準との関連で──」国際会計研究学会年報。
- 広瀬義州（2000a）「国際会計基準と連結企業会計」旬刊商事法務，第1549号。
- 広瀬義州（2000b）「国際会計基準の現状と日本の企業課題」企業福祉情報，第6号。
- 広瀬義州（2003）「連結会計制度と配当可能利益算定機能」企業会計，第55巻第1号。
- 山田辰巳（2003）「IASB会議報告」JICPAジャーナル，第15巻第9号。
- 山田辰巳（2004）「IASB会議報告」JICPAジャーナル，第16巻第5号。

Epilogue
知的財産会計の課題

　以上，本書ではブランドと特許権の活用を中心とする知的財産会計について検討を加えてきた。この間,「ブランド価値評価モデル」については，FASB,ブルッキングス研究所，Standards and Poor's（S＆P），ブルガリア政府，イタリア政府，台湾などから評価されているし，日本でも野村総研（NRI）などが中心になりブランド価値評価モデルに基づく投資意思決定指標の開発を行いはじめている。また,「特許権価値評価モデル（PatVM）」についても，S＆P，FASB Valuation Group，NRI，NRIサイバーパテント，KPMG FASなどが高く評価し，Non-Disclosure Agreementを締結している。その意味では，これらの知的財産価値評価モデルを世界に向けて発信しているといえる。

　しかし，知的財産会計はまだ緒についたばかりであり，解決しなければならない課題が少なくないともいえよう。

　第1の課題は，知的財産会計の制度的認識についての利害関係者の社会的合意が必ずしもまだ十分に得られていないことである（日本会計研究学会［2005］，425頁）。その理由としては，いろいろな要因が考えられる。

　その1として，知的財産はきわめて学際的な学問領域に関連しており，横断的な研究または研究体制を必要とするために，一見わかりやすそうであるが自己完結することが難しく，そのために利害関係者に理解されにくい点が少なくないことをあげることができる。

　その2は，その1とも無関係ではなく，また本書でもしばしば指摘してきたことであるが，知的財産が創造および保護のフェーズに長い間終始しており，活用のフェーズが新興であるためか，さらには創造および保護のフェーズの分

野からすれば，会計は特殊技能と考えられているためか，会計を中心とする活用のフェーズの重要性があまり理解されていないように思われることをあげることができる。

その3は，知的財産または知的財産会計については，覇権主義的な考え方が横行しており，横断的に協調する体制が整っていないことをあげることができる。

第2の課題は，知的財産市場の確立である。会計は古くから経験の蒸留の所産であり，その意味では実務で盛り上がらなければ，制度として確立しにくい。知的財産市場を確立するための方策の1つは，経営者に知的財産がバリュー・ドライバーであることを浸透させていくことである。従来はこの点が欠けていた。知的財産がバリュー・ドライバーであることを理念ではなく，実質的に浸透させるためには，知的財産のビジネススキームを確立することである。しかし，この点は，野村総研の知的財産の投資戦略[*1]，みずほ信託銀行の音楽著作権の信託[*2]，ＵＦＪ信託銀行の大田区中小企業知財信託[*3]，東京都民銀行の中小企業知財担保融資[*4]，日本政策投資銀行の知的財産担保融資[*5]，横浜銀行[*6]，東京三菱銀行の知財保険[*7]などで着々と取り組まれているので，今後，期待できるといえよう。

もう1つの方策は，知的財産戦略が国家戦略である以上，ビジネススキーム

---

footnotes

[*1] 「上場企業500社『ブランド価値』ランキング」，週刊ダイヤモンド，2005年10月15日号，128－139頁。
[*2] 日本経済新聞，2004年7月10日朝刊4面。
[*3] 日本経済新聞，2004年7月6日朝刊7頁。および2004年7月10日朝刊4面。
[*4] 日本経済新聞，2004年2月5日朝刊7面。
[*5] 日本経済新聞，2004年2月20日朝刊7面。
[*6] 日本経済新聞，2004年3月30日朝刊地方経済面（神奈川）26面。
[*7] 日本経済新聞，2005年6月4日朝刊4面。

Epilogue 知的財産会計の課題

も経済産業省などが中心になり，省庁横断的に永続的に行うことである。もっとも，このような試みは，経済産業省が，第7章でもとりあげた特許権の証券化についてのストラクチャード・ファイナンス（鮫島[2003], 99 ― 130 頁参照），第8章でとりあげた知的財産報告書作成の奨励など，さらには神奈川県と横浜市などが中小企業の知的財産戦略支援[*8]を行っているが，このような支援の進展が一段と望まれる。

footnotes

[*8] 日本経済新聞, 2005年3月9日朝刊地方経済面（神奈川）26面, 日経金融新聞, 2005年3月9日4面および日経産業新聞, 2005年3月9日20面。

Reference

- 鮫島正洋（2003）「特許権の証券化」（広瀬義州・桜井久勝編著「知的財産の証券化」日本経済新聞社，所収）。
- 日本会計研究学会（2005）「特別研究委員会報告―無形資産・報告の課題と展望（最終報告）」（委員長伊藤邦雄），日本会計研究学会。

引用・参考文献一覧

会計基準・監査基準等

AAA (American Accounting Association) (1973), *A Statement of Basic Auditing Concepts (ASOBAC)*, AAA (青木茂男監訳・鳥羽至英訳「基礎的監査概念」国元書房, 1982年).

AICPA (American Institute of Certified Public Accountants) (1994), *Comprehensive Report of the Special Committee on Financial Reporting; Improving Business Reporting — A Customer Focus*, AICPA.

AICPA (1970), *Statement of the Accounting Principles Board No. 4: Basic Concepts and Accounting Principles Underlying Financial Statements of Business Enterprises*, AICPA (川口順一訳「アメリカ公認会計士協会 企業会計原則」同文舘, 1973年).

AICPA (1975), *Statements on Auditing Standard: AU Section 550: Other Information in Documents Containing Audited Financial Statements*, AICPA.

AICPA (1978), *Report, Conclusions and Recommendation (The Cohen Commission Report)*, AICPA.

AICPA (1988), *Statements on Auditing Standard: AU Section 558: Required Supplementary Information*, AICPA.

AICPA (1989), *Statements on Auditing Standard: AU Section 329: Analytical Procedures*, AICPA.

AICPA (1992), *Statements on Auditing Standard: AU Section 722: Interim Financial Information*, AICPA.

ASB (Accounting Standards Board) (1984), *Statement of Standard Accounting Practice 22: Accounting for Goodwill*, ASB.

ASB (1997), *Financial Reporting Standards 10: Goodwill and Intangible Assets*, ASB.

CICA (Canadian Institute of Chartered Accountants) (1995), *Performance Measures in the New Economy*, CICA.

FASB (Financial Accounting Standards Board) (1976), *FASB Discussion Memorandum: Conceptual Framework for Financial Accounting and Reporting: Elements of Financial Statements and Their Measurement*, FASB (津守常弘監訳

「FASB 財務会計の概念フレームワーク」中央経済社, 1997 年).

FASB (1977), *Statement of Financial Accounting Standards No. 16: Prior Period Adjustments*, FASB.

FASB (1978), *Statement of Financial Accounting Concepts No. 1: Objectives of Financial Reporting by Business Enterprises*, FASB (平松一夫・広瀬義州訳「FASB 財務会計の諸概念(増補版)」中央経済社, 2002 年).

FASB (1980), *Statement of Financial Accounting Concepts No. 2: Qualitative Characteristics of Accounting Information*, FASB (平松一夫・広瀬義州訳「FASB 財務会計の諸概念(増補版)」中央経済社, 2002 年).

FASB (1984), *Statement of Financial Accounting Concepts No. 5: Recognition and Measurement in Financial Statements of Business Enterprises*, FASB (平松一夫・広瀬義州訳「FASB 財務会計の諸概念(増補版)」中央経済社, 2002 年).

FASB (1985), *Statement of Financial Accounting Concepts No. 6: Elements of Financial Statements: a replacement of FASB Concepts Statement No. 3 (incorporating an amendment of FASB Concepts Statement No. 2)*, FASB(平松一夫・広瀬義州訳「FASB 財務会計の諸概念(増補版)」中央経済社, 2002 年).

FASB (1991), *Statement of Financial Accounting Standards No. 107: Disclosures about Fair Value of Financial Instruments*, FASB.

FASB (1993), *Statement of Financial Accounting Standards No. 115: Accounting for Certain Investments in Debt and Equity Securities*, FASB.

FASB (1996), *Invitation to Comment: Recommendations of the AICPA Special Committee on Financial Reporting and the Association for Investment Management and Research*, FASB.

FASB (1997), *Statement of Financial Accounting Standards No. 130: Reporting Comprehensive Income*, FASB.

FASB (1999), *Invitation to Comment No. 17: Preliminary Views on Major Issues Related to Reporting Financial Instruments and Certain Related Assets and Liabilities at Fair Value*, FASB.

FASB (2000), *Statement of Financial Accounting Concepts No. 7: Using Cash Flow Information and Present Value in Accounting Measurements*, FASB (平松一夫・広瀬義州訳「FASB 財務会計の諸概念(増補版)」中央経済社, 2002 年).

FASB (2000), *Electronic Distribution of Business Reporting Information*, FASB.

FASB (2001), *Improving Business Reporting: Insight into Enhancing Voluntary*

Disclosures, FASB.

FASB (2001), *GAAP-SEC Disclosure Requirements*, FASB.

FASB (2001), *Exposure Draft: Business Combinations and Intangible Assets – Accounting for Goodwill*, FASB.

FASB (2001), *Disclosure of Information about Intangible Assets Not Recognized in Financial Statements*, FASB.

FASB (2001), *Statement of Financial Accounting Standards No. 141: Business Combinations*, FASB.

FASB (2001), *Statement of Financial Accounting Standards No. 142: Goodwill and Other Intangible Assets*, FASB.

FASB (2004), *Exposure Draft: Proposed Statement of Financial Accounting Standards: Fair Value Measurements*, FASB.

FASB (2004), *Project Updates: Financial Performance Reporting by Business Enterprises*, FASB.

FASB (2005), *Exposure Draft: Business Combinations: a replacement of FASB Statement No. 141*, FASB.

FASB (2005), *Working Draft: Statement of Financial Accounting Standards No.15X: Fair Value Measurements*, FASB.

IASB (International Accounting Standards Board) (2003), *Project Updates: Reporting Comprehensive Income*, IASB.

IASB (2003), *International Accounting Standards 39 (revised): Financial Instruments: Recognition and Measurement*, IASB.

IASB (2004) *Project Updates: Business Combinations (Phase II) - Application of the Purchase Method*, IASB.

IASB (2004), *International Accounting Standards 38 (revised): Intangible Assets*, IASB.

IASB (2004), *International Financial Reporting Standards 3: Business Combinations*, IASB.

IASB (2005), *Exposure Draft of Proposed Amendments to IFRS 3, Business Combinations, and of Proposed Amendments to IAS 27, Consolidated and Separate Financial Statements*, IASB.

IASC (1997), *Discussion Paper: Accounting for Financial Assets and Liabilities*, IASC.

IASC (1998), *International Accounting Standards 38: Intangible Assets,* IASB.
Joint Working Group of Standard-Setters (2000), *Financial Instruments and Similar Items,* JWG.

外国語文献

Aaker, D. (1996), *Building Strong Brands,* Free Press (陶山計介他訳「ブランド優位の戦略―顧客を創造する BI の開発と実践」ダイヤモンド社, 1997 年).
Aboody, David and B. Lev (1998), "The Value Relevance of Intangibles: The Case of Software Capitalization, *Journal of Accounting Research* (supplement), No. 36.
Aboody, David and B. Lev (2000), Information Asymmetry, R&D, and Insider Gains, *Journal of Finance,* No. 55.
Aboody, David and B. Lev (2001), The Productivity of Chemical Research and Development, *Working Paper,* New York University, Stern School of Business.
Amir, Eli and B. Lev (1996), "Value-Relevance of Nonfinancial Information: The Wireless Communications Industry," *Journal of Accounting and Economics,* No. 22.
Association for Investment Management and Research (1993), *Financial Reporting in the 1990s and Beyond,* Charlottesville, Va.
Berlo, D. K. (1960), *The Process of Communication-An Introduction to Theory and Practice,* Holt, Rinehart and Winston Inc. (布留武郎・阿久津喜弘訳「コミュニケーションプロセス―社会行動の基礎理論」共同出版社, 1972 年).
Bevis, H. W. (1962), "The CPA's Attest Function in Modern Society," *The Journal of Accountancy.*
Blair, M. M. and S. M. H. Wallman (2001), *Unseen Wealth : Report of the Brookings Task Force on Intangibles,* Brookings Institution Press (広瀬義州他訳「ブランド価値評価入門―見えざる富の創造」中央経済社, 2002 年).
Carmichael, D. R. (1974), "The Assurance Function – Auditing at the Crossroads," *The Journal of Accountancy.*
Clarke, R. W. (1968), "Extension of the CPA's Attest Function in Annual Reports," *The Accounting Review.*

Copeland, T., T. Koller and J. Murrin (1994), *Valuation – Measuring and Managing the Value of Companies,* McKinsey & Company, Inc. (伊藤邦雄訳「企業評価と戦略経営 (新版) ―キャッシュフロー経営への転換」日本経済新聞社, 1999年).

Danish Agency for Development of Trade and Industry (1997), *Intellectual Capital Accounts: Reporting and Managing Intellectual Capital,* DADRI.

Deng, Zhen and B. Lev (1998), "Flash-then-Flush : The Valuation of Acquired R&D-in-Process," *Working Paper,* New York University, Stern School of Business.

Eccles, R. G., R. H. Herz, E. M. Keegan and D. M. H. Phillips (2000), *The ValueReporting Revolution: Moving Beyond the Earnings Game,* PricewaterhouseCoopers LLP (中央青山監査法人・PwC コンサルティング訳「企業情報の開示―次世代ディスクロージャーモデルの提案」東洋経済新報社, 2002年).

Edwards E. O. and P. W. Bell (1961), *The Theory and Measurement of Business Income,* University of California Press (伏見多美雄・藤森三男訳編「意思決定と利潤計算」日本生産性本部, 1964年).

Hendriksen, E. S. and M. F. Van Breda (1992), *Accounting Theory; 5th ed.,* Richard D. Irwin, Inc.

International Institute for Management Development (2005), *World Competitiveness Yearbook 2005,* IMD.

Leadbeater, C. (2000), *New Measure for New Economy,* ICAEW.

Lev, B. and P. Zarowin (1999), "The Boundaries of Financial Reporting and How to Extend Them," *Journal of Accounting Research (supplement),* No. 37.

Lev, B. (2001), *Intangibles: Management, Measurement, and Reporting,* Brookings Institution Press (広瀬義州・桜井久勝監訳「ブランドの経営と会計」東洋経済新報社, 2002年).

Littleton, A. C. (1933), *The Accounting Evolution to 1900,* American Institute Publishing Co, Inc (片野一郎訳「リトルトン会計発達史」同文舘, 1952年).

Littleton A. C. (1953), *Structure of Accounting Theory,* AAA (大塚俊郎訳「会計理論の構造」東洋経済新報社, 1955年).

Netherlands Ministry of Economic Affairs (1999), *Intangible Assets, Balancing Accounts with Knowledge,* NMEA.

Organization for Economic Co-operation and Development (1999), *Symposium on Measuring and Reporting Intellectual Capital: Experience, Issues, and Prospects,* OECD.

Razgaitis, R.（1999），*Early-Stage Technologies: Valuation and Pricing,* John Wiley & Sons（菊池純一・石井康之監訳「アーリーステージ知財の価値評価と価格設定」中央経済社，2004年）．

Shannon, C. E. and W. Weaver（1964），*The Mathematical Theory of Communication,* University of Illinois Press（長谷川淳・井上光洋訳「シャノン・コミュニケーションの数学理論—情報理論の基礎」明治図書，1969年）．

Smith, C. V. and R. L. Parr（2000），*Valuation of Intellectual Property and Intangible Assets;* Third Edition, John Wiley & Sons.

Sullivan, P. H.（2000），*Value-Driven Intellectual Capital,* John Wiley & Sons, Inc.（森田松太郎監修「知的経営の真髄—知的資本を市場価値に転換させる方法」東洋経済新報社，2002年）．

Tollington, T.（2002），*Brand Assets,* John Wiley & Sons（古賀智敏監訳「ブランド資産の会計—認識・評価・報告—」東洋経済新報社，2004年）．

Upton, W. S., Jr.（2001），*FASB Special Report: Business and Financial Reporting, Challenges from the New Economy,* FASB.

和書単行本

新井清光（1978）「会計公準論（増補版）」中央経済社。
伊藤邦雄（2000）「コーポレートブランド経営—個性が生み出す競争優位」日本経済新聞社。
岩田巌（1954）「会計士監査」森山書店。
岩田巌（1956）「利潤計算原理」同文舘。
岡田依里（2002）「企業評価と知的資産」税務経理協会。
岸田雅雄（2002）「証券取引法」新世社。
日下部與市（1958）「財務諸表監査」日本評論新社。
工業所有権法研究グループ編（2004）「特許法（14訂版）」国立印刷局。
小林卓泰（2004）「知的財産ファイナンス—特許・著作権等を活用した資金調達手法—」清文社。
齋藤静樹（2002）「会計基準の基礎概念」中央経済社。
桜井久勝（2003）「財務諸表分析（第2版）」中央経済社。

白石和孝（2005）「イギリスの暖簾と無形資産の会計」税務経理協会。
高橋琢磨（2005）「知的資産戦略と企業会計」弘文堂。
中央青山監査法人研究センター編「収益の認識―グローバル時代の理論と実務―」白桃書房。
内藤文雄（2004）「財務諸表監査の考え方」税務経理協会。
平野嘉秋・大藪卓也（2002）「証券化ハンドブック」税務経理協会。
広瀬義州（1995）「会計基準論」中央経済社。
広瀬義州他（2003）「『ブランド』の考え方」中央経済社。
広瀬義州・吉見宏（2003）「日本発ブランド価値評価モデル」税務経理協会。
広瀬義州（2005）「財務会計（第5版）」中央経済社。
広瀬義州編（2005）「特許権価値評価モデル（PatVM）活用ハンドブック」東洋経済新報社。
広瀬義州（2006）「特許権価値評価モデル（PatVM）」東洋経済新報社。
森實（1976）「監査論研究」白桃書房。
森實（1988）「監査要論」中央経済社。
渡邊俊輔（2002）「知的財産―戦略・評価・会計」東洋経済新報社。

和書論文等

會田将之・横山登（2005）「知的財産信託の会計・税務」企業会計，第57巻第4号。
新井清光・白鳥庄之助（1991）「日本における会計の法律的及び概念フレームワーク」JICPAジャーナル，第3巻第10号。
石田三郎（1981）「会計情報の信頼性と監査機能」商学論究（関西学院大学），第28巻第4号。
石田三郎（1981）「監査意見の保証程度に関する考察」企業会計，第33巻第13号。
大海透（1994）「資産の流動化・証券化における信託の役割」信託法研究，第18号。
蟹江章（2002）「ICAEW・ニューエコノミーリポートの概要と課題」税経通信，第57巻第3号。
神作裕之（1999）「資産流動化と信託」ジュリスト，第1164号。
神田秀樹（1999）「信託業に関する法制のあり方」ジュリスト，第1164号。
川西安喜（2005）「ノーウォーク合意の現状」JICPAジャーナル，第17巻第6号。
神田秀樹（1989）「金融の証券化と有価証券概念」旬刊商事法務，第1187号。

神田秀樹（1995）「日本の商事信託―序説」（落合誠一・江頭憲治郎・山下友信編「現代企業立法の軌跡と展望」商事法務研究会，所収）。
神田秀樹（1998）「商事信託の法理について」信託法研究，第 22 号。
倉田幸路（2002）「FASB・ビジネスリポーティングの進展」税経通信，第 57 巻第 3 号。
上妻義直（2002）「オランダ経済省・インタンジブルリポートの概要と課題」税経通信，第 57 巻第 3 号。
小林卓泰（2003）「知的財産の証券化・流動化取引に関する法的・実務的問題」NBL，第 764 号。
齋藤静樹（2003）「会計基準の動向と概念フレームワークのあり方」企業会計，第 55 巻第 1 号。
桜井久勝（2002）「インタンジブルズの会計測定」税経通信，第 57 巻第 3 号。
桜井久勝（2002）「経済産業省のブランド価値評価モデル」国民経済雑誌，第 186 巻第 5 号。
桜井久勝（2004）「知的財産の価値評価と開示」會計，第 165 巻第 2 号。
桜井久勝（2005）「証券化と PatVM」（広瀬義州編[2005]「特許権価値評価モデル（PatVM）活用ハンドブック」東洋経済新報社，所収）。
鮫島正洋（2003）「特許権の証券化」（広瀬義州・桜井久勝編著「知的財産の証券化」日本経済新聞社，所収）。
鈴木公明（2001）「知的資産担保証券化の潮流」知財管理，第 51 巻第 11 号。
高田正淳（1980）「財務諸表監査の過去・現状と発展」（高田正淳編「体系　近代会計学Ⅸ―財務諸表の監査」中央経済社，所収）。
高橋秀至（2005）「移転価格税制における知的財産価値評価基準の必要性」税経通信，第 60 巻第 9 号。
武内良正・ジャン・リンドマン（1999）「将来リスクを織り込んだブランド利益の算出法」週刊ダイヤモンド，第 87 巻第 46 号。
田邊昇（2001）「集団投資スキーム」ファイナンシャル・レビュー（財務省財務総合政策研究所），第 56 号。
寺本振透・上野元・前田敏博（2002）「知的財産権の証券化スキームと法的留意点」債権管理，第 97 号。
時友聰朗（1995）「信託を利用した資産流動化・証券化に関する一考察」信託法研究，第 19 号。
内藤文雄（2005）「保証報告書―合理的保証業務と限定的保証業務」企業会計，第 57 巻第 4 号。

久貝卓（2003）「知的財産基本法までの歩みと今後の取り組み」（日本知財学会シンポジウム「知的財産の新展開」配付資料）。
広瀬義州（1982）「監査証明機能に関する考察」商学論叢（福岡大学），第27巻第4号。
広瀬義州（1993）「会計基準の国際化と日米間協会」国際会計研究学会年報。
広瀬義州（1997）「『企業会計原則』の見直しに伴う課題」旬刊商事法務，第1446号。
広瀬義州（1998）「企業会計の国際的調和化と国内的調和化」旬刊商事法務，第1500号。
広瀬義州（1999）「日本の会計の現状——国際会計基準との関連で——」国際会計研究学会年報。
広瀬義州（2000）「国際会計基準と連結企業会計」旬刊商事法務，第1549号。
広瀬義州（2000）「国際会計基準の現状と日本の企業課題」企業福祉情報，第6号。
広瀬義州（2002）「インタンジブル会計のフレームワーク」税経通信，第57巻第3号。
広瀬義州（2002）「自己創設ブランドの資産計上について」JICPAジャーナル，第14巻第10号。
広瀬義州（2003）「連結会計制度と配当可能利益算定機能」企業会計，第55巻第1号。
広瀬義州（2003）「知的財産戦略における価値評価の重要性」税経通信，第58巻第7号。
広瀬義州（2003）「知的財産の証券化スキーム―ブランドと特許権を中心に―」税経通信，第58巻第9号。
広瀬義州（2004）「知的財産会計の意義と現状」（塩原一郎編著「現代会計―継承と変革の狭間で―」創成社，所収）。
広瀬義州（2004）「知的財産会計と全面公正価値会計―企業会計制度のリストラクチュアリング―」税経通信，第59巻第10号。
広瀬義州（2004）「知的財産のディスクロージャーとIR」早稲田商学，第400号。
広瀬義州（2005）「利益概念と利益測定―事業創出利益（知的財産価値評価差額）の本質―」税経通信，第60巻第10号。
広瀬義州（2005）「知的財産会計情報と保証業務概念」税経通信，第60巻第12号。
藤田晶子（2002）「のれんとブランド」會計，第160巻第2号。
藤田晶子（2002）「バリュー・ドライバーとしてのインタンジブル」税経通信，第57巻第3号。
藤田晶子（2003）「知的財産戦略とその評価」税経通信，第58巻第9号。
藤田晶子（2005）「無形資産に係わる情報とそのレリバンス」JICPAジャーナル，第17巻11号。
藤田誠（2002）「インタンジブルズとＩＣマネジメント」税経通信，第57巻第3号。
松井泰則（2002）「カナダCICA／CPRIの概要と課題」税経通信，第57巻第3号。

森實（1969）「監査意見の展開」香川大学経済学部研究年報，第8号。
森實（1974）「監査証明機能の拡張と監査概念について」会計ジャーナル，第6巻第11号。
森實（1975）「監査概念の変化について」企業会計，第27巻第4号。
森實（1976）「監査機能の拡張と監査構造の発展」会計，第109巻第6号。
森實（1982）「監査証明機能の拡張」税経セミナー，第27巻第8号。
山田昭（1986）「信託立法史論補遺」（加藤一郎・水本浩編「民法・信託法理論の展開」弘文堂，所収）。
山田辰巳（2003）「IASB会議報告」JICPAジャーナル，第15巻第9号。
山田辰巳（2004）「IASB会議報告」JICPAジャーナル，第16巻第5号。
渡辺剛（2002）「デンマーク通商産業開発局・ＩＣリポートの概要と課題」税経通信，第57巻第3号。
渡辺剛（2004）「ブランドのディスクロージャーの課題」税経通信，第59巻第2号。

報告書等

企業会計基準委員会（2004）「基本概念ワーキング・グループ討議資料『財務会計の概念フレームワーク』」。
企業会計審議会（2004）「財務情報等に係る保証業務の概念的枠組みに関する意見書」。
企業会計審議会（2005）「『企業結合会計基準及び事業分離等会計基準に関する適用指針』の検討状況の整理」。
企業会計審議会（2005）「企業会計基準適用指針公開草案第8号・企業結合会計基準及び事業分離等会計基準に関する適用指針（案）」。
経済産業省企業法制研究会（2002）「ブランド価値評価研究会報告書」経済産業省。
経済産業省経済産業政策局（2002）「『産業競争力と知的財産を考える研究会』報告書」経済産業省。
経済産業省産業構造審議会知的財産政策部会経営・市場環境小委員会（2002）「最適な特許審査に向けた特許制度の在り方（中間とりまとめ案）」経済産業省。
経済産業省産業構造審議会知的財産政策部会経営・市場環境小委員会（2003）「知的財産の信託に関する緊急提言」経済産業省。
経済産業省産業構造審議会知的財産政策部会経営・市場環境小委員会（2003）「特許・技術情報の開示パイロットモデル」経済産業省。

経済産業省産業構造審議会知的財産政策部会(2004)「知的財産情報開示指針―特許・技術情報の任意開示による企業と市場の相互理解に向けて―」経済産業省。

知的財産研究所(2003)「特許・技術情報のディスクロージャーについて考える研究会報告書」。

知的財産戦略会議(2002)「知的財産戦略大綱」。

知的財産戦略本部(2003)「知的財産の創造,保護及び活用に関する推進計画」。

知的財産戦略本部(2004)「知的財産推進計画2004」。

知的財産戦略本部(2005)「知的財産推進計画2005」。

日本会計研究学会(2005)「特別研究委員会報告―無形資産・報告の課題と展望(最終報告)」日本会計研究学会。

日本経済団体連合会(2003)「国際会計基準に関する国際協調を求める」。

日本公認会計士協会(2000)「会計制度委員会報告第15号・特別目的会社を活用した不動産の流動化に係る譲渡人の会計処理に関する実務指針」。

日本公認会計士協会編(2000)「決算開示トレンド」中央経済社。

日本公認会計士協会(2001)「経営研究調査会研究報告第12号・知的財産の評価(中間報告)」。

日本公認会計士協会(2004)「経営研究調査会研究報告第24号・知的財産評価を巡る課題と展望について(中間報告)」。

日本公認会計士協会(2005)「財務諸表監査以外の保証業務等に関する実務指針(公開草案)」日本公認会計士協会。

INDEX

ア行

ROE ⇒ 株主資本利益率
ROA（純資産利益率）…………… 158
RD ⇒ ロイヤリティ・ドライバー
RDS ⇒ ロイヤリティ・ドライバースコア
RV ⇒ 他社実施によるロイヤリティ
RV ⇒ 特許権収入価値
IR ………………… 19, 73-74, 56,
　　　　　　　　　198-200, 205-208
IPスパイラルサイクル …… 15, 17-18
アセット・ファイナンス
　………………… 19, 155-156, 171
アメリカの知的財産会計の現状 ……… 51
アレンジメント ………………… 162
アレンジャー ……………… 166-167
イギリスの知的財産会計の現状 ……… 60
意匠法 ………………… 12-13, 77
インカム・アプローチ ………… 84, 86
インターブランド社方式 ……… 62, 65
インタンジブル …… 35-38, 41, 53-54,
　　　　　　　　　56, 67-68, 73, 80
　──の種類 …………………… 40
　──の種類認識規準 …………… 45
　自己設立── ……………… 58, 68
インタンジブルズ ……… 1, 29-31, 39,
　　　　　　　　　60, 202, 215, 232
　買入── ……………………… 196
　技術に基づく── ……………… 40
　芸術関連の── ………………… 40
　契約に基づく── ……………… 40
　顧客関連の── ………………… 40
　自己設立の── …………… 60-61
　マーケティング関連の── …… 40
営業循環過程 …………………… 138
営業利益調整係数 ……………… 115
ABS ⇒ 資産担保証券
エクスパンション・ドライバー … 90, 97
S&P ………………… 108, 167
SPT ⇒ 特定目的信託
SPV ⇒ 特別目的媒体
応用特許 ………………………… 101
親会社のれん ……………… 246-247
オリジネーター
　………… 166-167, 173, 176, 179

カ行

買入インタンジブルズ …………… 196
買入のれん ………………… 55, 248
買入ブランド …………………… 196
改良特許 ………………………… 101
価格優位性 ……………………… 91
確実性等価 ……………… 116, 121

格付機関 …………………………… 167
価値評価 ……………………………… 37
　　スタンダードとしての── …23−25,
　　　　　　　　　105−106, 108, 156−157
　　知的財産の── ………………… 123
　　ベンチマークとしての── …24, 26,
　　　　　　　　　　105−108, 157
稼得利益 ………… 125, 136, 138−140,
　　　　　　　　　　149, 253−254
　　──・包括利益計算書 …60, 132,
　　　　　　　　　133, 241, 250, 255
株価収益率（ＰＥＲ） ……………… 4
株式公開買付（ＴＯＢ） …………… 4
株主資本利益率（ＲＯＥ） …… 4, 158
監査機能 …………………………… 216
監査証明 …… 48, 212−213, 215, 221
監査証明機能 ……………… 217−218
監査リスク ………………………… 232
企業価値 ……………………………… 79
企業結合 ……………… 68, 243, 245−246
企業評価額 …………………………… 3
技術に基づくインタンジブルズ ……… 40
基準値 ……………………………… 91
期待キャッシュ・フロー・アプローチ
　　………… 87−88, 94−95, 112, 121
基本財務諸表 ……………………… 193
基本特許 ………………… 101−102
キャッシュ・ジェネレーション・
　　ドライバー（ＣＧＤ） ……… 114, 149
　　──スコア（ＣＧＤＳ） …… 121, 149
究極的要証命題 ………… 217, 229−231
休眠特許 …………………………… 102
業績利益 ……………………………… 149

金融取引 …………………………… 178
クリーンサープラス ………… 133−134
クリーンサープラス関係 ………… 126
経済的便益 ……………… 42−44, 67, 68
芸術関連のインタンジブルズ ……… 40
契約に基づくインタンジブルズ …… 40
結論を表明しない旨の報告 ……… 231
減損 ……………………………… 53, 56
減損テスト ……………… 53−54, 56
限定的保証 ………………………… 72
限定的保証業務 …223, 227, 231−234
限定手続 …………………… 221, 223−224
コアのれん ……………………… 53, 56
工業所有権 ………………………… 12
広義履行アプローチ ……………… 249
広告宣伝費 ………………………… 92−93
公正価値 ……………… 56, 131, 213,
　　　　　　　　　241, 244−246
　　──の階層 …………………… 243
公正価値会計 …………………… 69, 81
公用 ………………………………… 101
合理的保証 ………………………… 72
合理的保証業務 ……… 223, 227−228,
　　　　　　　　　231, 233−234
コーポレート・ファイナンス
　　………………………… 156, 158, 171
コーポレート・ブランド（ＣＢ）
　　……………………………… 44, 82
顧客関連のインタンジブルズ ……… 40
国際会計基準審議会（ＩＡＳＢ）の
　　知的財産会計の現状 …………… 67
コスト・アプローチ …………… 84−85
コミュニケーション …………… 184

固有リスク ················ 225, 232−233
コンテンツ ······················ 2, 10, 29
コンバージェンス ········ 241, 261−263

サ行

サービサー ······························· 166
財産法 ······················ 125, 129, 131
最頻値 ······························· 87, 95
財務諸表監査 ······················ 48, 228
　――による信頼性 ····················· 106
財務諸表本体 ···················· 193−194
残差アプローチ ·························· 84
ＣＧＤ　⇒　キャッシュ・ジェネレーション・ドライバー
ＣＧＤＳ　⇒　キャッシュ・ジェネレーション・ドライバースコア
ＣＢ　⇒　コーポレート・ブランド
ジェンキンズ・リポート ············ 57−58
時価総額 ·························· 3, 7, 29
識別可能資産 ···························· 60
識別可能性 ······················ 41, 67, 68
事業創出利益
　·············· 72, 124, 138−140, 150
自己創設
　――インタンジブル ········ 51, 58, 68
　――のインタンジブルズ ······· 60−61
　――のれん ······················ 60, 248
　――ブランド ······· 35, 37, 68, 81,
　　　　　　　　　　171, 173, 196, 239
資産担保証券（ＡＢＳ） ················ 169
資産負債アプローチ ····· 60, 125−128,
　　　　　　　　　　　130−131, 135, 137
自社実施 ················· 26, 102−103,
　　　　　　　　　　　107, 109, 113
死蔵特許 ································ 102
実現可能利益 ··························· 146
実施許諾 ································ 103
実質優先主義 ··························· 179
実用新案法 ························· 12−13
支配 ······························· 43, 67−68
資本直入項目 ··························· 139
資本直入方式 ···················· 132−134
指名債権 ································ 163
収益費用アプローチ ········ 125−128,
　　　　　　　　　　　　　130−131, 135
修正PBR ······························· 4−5
周辺特許 ································ 101
受益証券 ··················· 163, 165, 173
主観価値 ································ 143
主観のれん ····························· 143
受託財産 ························· 161−162
準拠性監査 ··············· 215, 219, 232
純資産倍率（ＰＢＲ） ····················· 4
純利益 ··································· 253
証券化 ········ 108, 111, 155−156, 160
証券化スキーム ················ 161, 165
商事信託 ································ 162
少数株主持分 ··························· 246
譲渡益課税 ······················ 175, 179
証取法ディスクロージャー
　······························· 182, 187, 195
証取法ディスクロージャー制度
　·· 164−165
商標法 ···························· 12−13, 77

情報提供機能 ……………… 70，256，264
情報の非対称性 …………… 19，36，239
剰余金の配当 ……………………………… 258
職務発明対価 ………………………… 104，156
職務発明対価額 ……………… 107－108，111
新規性のある発明 ………………………… 101
真実かつ公正な概観 ………………………… 66
信託 …………………………………………… 160
信託受益権 ……………… 161，163－164，
　　　　　　　　　　　　　　　167，176
進歩性のある発明 ………………………… 101
信用補完 ……………………………………… 166
信頼性 ………………………………… 46，48
信頼性の保証 ……………………………… 227
スタンダードとしての価値評価 … 23－25，
　　　　　　　105－106，108，156－157
ストラクチャード・ファイナンス …… 156
正常営業循環過程 ……………… 136，150
セール・アンド・リースバック取引
　…………………………………… 177－179
世界公知 ……………………………………… 101
セレブボンド ……………………………… 157
先願の発明 ………………………………… 101
全部のれん ……… 241，243－248，255
全面公正価値会計 ……… 60，132，135，
　　　　　　　　　　151，241，255，
　　　　　　　　　260－261，263－265
専用実施権 …………………………………… 101
総合意見の水準の違い ………………… 230
想定公正価値 ………………………………… 56
総特許群起因率 …………………………… 116
測定可能性 …………………………………… 46
その他の包括利益 …… 132－133，135，
　　　　　137－138，140，144－146，150
損益および包括利益計算書 …………… 254
損益法 ………………………… 125，129，131
損害賠償額 ……………………………… 156

タ行

他社実施 ……………… 26，101－102，
　　　　　　　　　　　　　105，107，109
他社実施によるロイヤリティ（ＲＶ）
　………………………………………… 114
タックス・プランニング
　……………………………… 107－108，111
タンジブル ………………………… 35，215
タンジブルズ ……… 30－31，80，217
　──の監査 ………………………………… 234
知財評価研究会 ……………… 48，110
知的財産 … 1－2，10，14－15，22，38，
　　　　　　　72，74，104，161，172
　見えざる── ……………… 19，59，70
　見える── ……………………… 15，19
　──の格付 ………………… 107，111
　──の価値評価 ………………………… 123
　──の監査 ……………………………… 214
　──の処分可能性 ……………………… 72
　──の分類 ………………………………… 2
知的財産会計 ……………… 18－20，73
　アメリカの──の現状 ………………… 51
　イギリスの──の現状 ………………… 60
　日本の──の現状 ………………………… 69
　──基準 ………………… 214，263，265
　──情報 ……… 213－216，232－234

| 知的財産開示指針 …………………… 204
| 知的財産基本法 ……………… 1, 11－12
| 知的財産権 ………………………… 172
| 知的財産情報 ……………………… 239
| ——開示指針 …………………… 205
| 知的財産推進計画 ……………… 203－204
| 知的財産戦略 …… 9, 15, 19, 104, 155
| ——会議 ………………………… 1, 7
| ——大綱 ………………………… 1
| ——本部 ………………… 13, 203
| 知的財産法 ……………………… 1, 13
| 知的財産報告書 …………………… 203
| 知的財産立国 ……………………… 3
| 知的財産を価値評価するための
| アプローチ ……………………… 84
| 知的資本 …………………………… 38
| 知の創造戦略 ……………………… 35
| 注記 ………………………… 193－194
| 超過利益率 ………………………… 91
| 著作権 …………………………… 158
| 通常実施権 ……………………… 101
| ＴＯＢ ⇒ 株式公開買付
| ＤＣＦ法 …………………………… 21
| ディスクロージャー ……… 19, 37, 72,
| 74, 156, 181, 186,
| 202, 207－208, 212
| 定性的評価 ………………………… 22
| 定量的 ……………………………… 22
| 適正性，有効性等が認められない
| との結論 ……………………… 231
| 適正性の保証水準の違い ………… 229
| デス・バレー ……………………… 17
| デファクト・スタンダード ……… 69

伝統的アプローチ ………… 87－88, 95
倒産隔離 …………………… 166, 171
  ——性 …………………………… 170
投資意思決定指標 ……………… 3－4
統制リスク ………………… 225, 232
独占的事業価値 …………… 113, 115
特定目的信託（ＳＰＴ）…………… 166
特別目的媒体（ＳＰＶ）
  ……………………159, 166, 169
特別目的会社 …………………… 166
独立評価アプローチ ……………… 84
特許
  応用—— ……………………… 101
  改良—— ……………………… 101
  基本—— ………………… 101－102
  休眠—— ……………………… 102
  死蔵—— ……………………… 102
  周辺—— ……………………… 101
  防衛—— ……………………… 102
  未利用—— …………………… 102
特許権 …… 2, 10, 19, 26－27, 29,
        43－45, 68, 101－105,
              158, 196, 207
特許権価値評価差額 …… 139, 149, 150
特許権価値評価モデル（PatVM）
   ……………… 47, 48, 71, 110,
         112－113, 120, 147, 233
特許権収入価値（ＲＶ）……… 115, 117
特許侵害訴訟額の算定 …………… 111
特許権の出願件数 ……………………… 7
特許侵害訴訟 …………………… 104
特許侵害訴訟額 ……………… 107－103
特許請求の範囲 …………… 101, 103

特許法 ·················· 12－13, 101
トライアングル体制 ············· 263－264

ナ行

ナショナル・ブランド ············· 82
日本の知的財産会計の現状 ·········· 69
ニュー・エコノミー ············ 56, 59
のれん ········· 41, 51, 53, 56, 60, 68
 親会社── ············· 246－247
 買入── ················ 55, 248
 コア── ················ 53, 56
 自己創設── ············ 60, 248
 主観── ··················· 143
 全部── ······· 241, 243－248, 255
のれん減損 ······················ 54

ハ行

売買事例批准方式 ················· 85
ハイブリッド評価型 ·············· 254
発見リスク ················ 225, 232
発生可能性 ······················ 67
発明 ·························· 101
バリュー・ドライバー ···· 3, 7, 10, 14,
  29, 35－36, 42－43, 58, 70,
  80－81, 109, 159, 164, 196,
  202－203, 206, 235, 260
ＰＥＲ ⇒ 株価収益率
ビークル ··················· 159, 167

ＰＢ ⇒ プロダクト・ブランド
ＰＤ ⇒ プロテクション・ドライバー
ＰＤＳ ⇒ プロテクション・ドライバー
 スコア
ビジネス・リポーティング ········ 57, 73
評価 ··························· 22
評価差額 ······················ 131
評価の意味 ····················· 21
標準偏差（σ） ················· 97
ファイナンス・リース取引 ········ 179
ファブレス・カンパニー ·········· 29
フィードバック価値 ········· 46, 253
負債消滅アプローチ ············· 249
不正競争防止法 ················· 77
付属明細書 ···················· 193
プライベート・ブランド ·········· 82
ブランド ············ 2, 10, 19, 29,
  43－45, 70, 77－78,
  82, 84－86, 158, 167, 207
 買入── ··················· 196
 コーポレート・──（ＣＢ） ··· 44, 82
 自己創設── ······ 35, 37, 68, 81,
  171, 173, 196, 239
 ナショナル・── ·············· 82
 プライベート・── ············ 82
 プロダクト・──（ＰＢ） ······ 44, 82
 ──と特許権との違い ············ 110
 ──の拡張力 ··················· 97
ブランド価値 ··················· 7, 90
ブランド価値評価 ··················· 89
ブランド価値評価差額
 ············ 139, 143－144, 146, 150

INDEX

ブランド価値評価モデル
　…………… 18, 47-48, 71,
　　　　　99, 109, 141, 174,
　　　　　179, 201-202, 233
ブランド管理費用 ……………… 92
ブランド起因率 ……………… 92, 96
ブランド権 ……………………… 172
ブランド使用料 ……… 80, 174, 179
プレステージ・ドライバー
　………………… 90-91, 93, 96
プレミアム価格法 ……………… 86
プロダクト・ブランド（PB） … 44, 82
プロテクション・ドライバー（PD）
　……………………… 114, 149
　──スコア（PDS） ……… 116, 121
プロパテント ………………… 7, 27
分配可能額 ……………………… 81
平均値（μ） …………………… 97
ベンチマークとしての価値評価
　………… 24, 26, 105-108, 157
変動係数（σ/μ） ……………… 97
防衛特許 ………………………… 102
包括利益 ………………… 125, 137,
　　　　　139-140, 250, 252
　──の報告 …………………… 254
保証概念 ………………… 216, 221, 223
保証業務 …… 216, 221-222, 225, 228
保証業務概念 ………… 223, 231, 235
保証業務リスク ……………… 225, 233
保証水準 ……………………… 234
保証報告書 …………………… 227, 231

マ行

マーケット・アプローチ ………… 84-85
マーケティング関連のインタンジブルズ
　………………………………… 40
マッピング ……………… 193, 207
見えざる国富 …………………… 1, 39
見えざる資産 ………… 15, 104, 158
見えざる知的財産 …… 19, 59, 70
見える知的財産 ……………… 15, 19
見える知的財産価値 …………… 104
未利用特許 ……………………… 102
無形資産　⇒　インタンジブル（ズ）
無限定の結論 …………………… 231
無体財産 ………………… 15, 104
無リスク利子率（リスク・フリー・レート）
　………………………… 88, 116
免除ロイヤリティ法 …………… 86
目的適合性 ……………………… 46

ラ行

リーガル・リスク・ヘッジ ……… 172
利害調整機能 ………… 70, 256, 260,
　　　　　　　　　263-264
リサイクリング ………… 132, 135
リビュー ………………… 222-224
リビュー手続 …………………… 234
リポート ………………………… 209
流動化 …………………………… 156

連繋 ……… 125－126，130，134－135
ロイヤリティ ………… 103，107－108
　──・ドライバー（ＲＤ）… 114，149
　──・ドライバースコア（ＲＤＳ）
　　……………………………… 116，121
ロイヤルティ …………………………… 78
　──・ドライバー ……… 90，96－97

ワ行

割引現在価値 ……………………… 87，94

謝　　辞

本書の研究を行うにあたり，下記に掲げさせて頂きます先達および畏友から折にふれて知的刺激と啓発を受けました。本書を上梓できましたのもひとえに皆様のおかげと存じ，ここにお名前（五十音順）を記して，心よりお礼申し上げます。

安藤英義（一橋大学），石内孔治（久留米大学），伊藤邦雄（一橋大学），大崎孝三（米国公認会計士），太田正博（福岡大学），大日方隆（東京大学），大森郁夫（早稲田大学），恩蔵直人（早稲田大学），河西康之（経済産業省），金井繁雅（文京学院大学），北村敬子（中央大学），倉田幸路（立教大学），小宮義則（経済産業省），上妻義直（上智大学），古賀智敏（神戸大学），斎藤静樹（明治学院大学），櫻井和人（内閣府），桜井久勝（神戸大学），鈴木公明（東京理科大学），嶋村和恵（早稲田大学），田村龍平（米国公認会計士），西澤茂（上智大学），平井直樹（野村證券），平松一夫（関西学院大学），晝間文彦（早稲田大学），廣本敏郎（一橋大学），藤田晶子（明治学院大学），藤田誠（早稲田大学），福田眞也（公認会計士），藤原隆宏（弁護士），間島進吾（中央大学・日米公認会計士），前川武俊（日米公認会計士），松井泰則（立教大学），村山徳五郎（公認会計士），由井敏範（久留米大学），吉見宏（北海道大学），渡辺剛（福岡大学）

最後に，私事にわたり恐縮ですが，推敲目的で，書いたばかりの草稿を折に触れてゼミの冒頭その他で話すのを厭な顔もせずに聞き，ともすれば投げだしたくなり，また崩れそうになる私を励ましてくれた学部・大学院の広瀬ゼミの現役および・OB・OGの皆さんに感謝申し上げることをお許し頂きたい。彼らの応援がなければ「知的財産会計」という新領域にチャレンジできなかった。ありがとう。

広　瀬　義　州

付 録

修正ＰＢＲ一覧表（時価総額上位1,000社）

1　時価総額は2005年3月末日現在のものを使用した。
2　ブランド価値評価額は2005年3月末時点の直近の財務諸表数値から算定した。
3　自己資本額は2005年3月末時点の直近の財務諸表数値を用いた。
4　ＰＢＲは，$\dfrac{2005年3月末の株価}{1株当たりの(自己資本額＋ブランド価値評価額)}$ によって算出した。
5　ＰＢＲおよび修正ＰＢＲが負の値となるときは▲と表示した。
6　本表は，2005年3月末日現在の時価総額順に整理したものであるが，事業再編等により直近の財務諸表数値が得られない企業については，ランキングの対象外とした。

順位	銘柄名	時価総額 （百万円）	ブランド 価値評価額 （百万円）	自己資本額 （百万円）	PBR	修正 PBR
1	トヨタ自動車	14,006,790	2,430,612	8,178,567	1.713	1.320
2	エヌ・ティ・ティ・ドコモ	11,541,400	824,075	3,704,695	3.115	2.548
3	日本電信電話	9,287,313	564,941	6,397,972	1.452	1.334
4	日産自動車	5,266,633	2,032,969	2,023,994	2.602	1.298
5	ヤフー	4,790,625	938,223	59,806	80.103	4.800
6	キヤノン	4,782,489	2,439,433	1,865,545	2.564	1.111
7	本田技研工業	4,677,188	3,272,368	2,874,400	1.627	0.761
8	武田薬品工業	4,126,224	1,073,021	1,781,010	2.317	1.446
9	ソニー	4,039,184	5,976,250	2,378,002	1.699	0.483
10	松下電器産業	3,944,510	2,475,609	3,451,576	1.143	0.665
11	セブン-イレブン・ジャパン	3,126,982	1,355,708	639,016	4.893	1.568
12	日立製作所	2,718,077	637,638	2,168,131	1.254	0.969
13	KDDI	2,489,397	304,179	1,009,390	2.466	1.895
14	東日本旅客鉄道	2,188,000	1,771,209	1,100,175	1.989	0.762
15	デンソー	2,095,243	152,610	1,509,489	1.388	1.261
16	東海旅客鉄道	2,074,240	1,918,536	765,970	2.708	0.773
17	シャープ	2,064,791	758,931	943,532	2.188	1.213
18	イトーヨーカ堂	1,984,722	840,421	1,138,210	1.744	1.003
19	三菱商事	1,927,648	3,337	1,223,631	1.575	1.571
20	信越化学工業	1,851,857	5,792	900,724	2.056	2.043
21	三菱地所	1,833,150	73,471	897,499	2.043	1.888
22	ソフトバンク	1,711,497	2,114,500	238,080	7.189	0.727
23	富士写真フイルム	1,703,411	1,138,404	1,749,882	0.973	0.590
24	京セラ	1,672,043	157,897	1,153,746	1.449	1.275
25	新日本製鐵	1,654,096	7,415	938,581	1.762	1.749
26	日本電気	1,651,454	283,304	711,460	2.321	1.660
27	ローム	1,600,255	46,010	715,938	2.235	2.100
28	リコー	1,594,112	395,291	795,131	2.005	1.339
29	ファナック	1,563,989	19,507	673,686	2.322	2.256
30	村田製作所	1,548,482	31,823	700,937	2.209	2.113
31	東芝	1,519,381	640,678	754,990	2.012	1.089
32	イオン	1,496,403	802,126	479,090	3.123	1.168

順位	銘柄名	時価総額(百万円)	ブランド価値評価額(百万円)	自己資本額(百万円)	PBR	修正PBR
33	任天堂	1,488,941	1,359,581	890,247	1.673	0.662
34	三井物産	1,479,152	4,184	963,278	1.536	1.529
35	花王	1,426,676	2,427,378	427,756	3.335	0.500
36	ブリヂストン	1,409,446	620,175	887,986	1.587	0.935
37	富士通	1,331,305	295,173	827,177	1.609	1.186
38	旭硝子	1,320,973	102,150	622,798	2.121	1.822
39	大日本印刷	1,307,066	771,369	978,736	1.335	0.747
40	山之内製薬	1,293,155	594,051	725,392	1.783	0.980
41	三菱電機	1,266,849	191,076	601,532	2.106	1.598
42	東京エレクトロン	1,255,246	6,686	275,799	4.551	4.444
43	エヌ・ティ・ティ・データ	1,239,810	55,394	458,846	2.702	2.411
44	ＨＯＹＡ	1,178,663	184,704	218,978	5.383	2.920
45	キーエンス	1,158,480	281,091	261,681	4.427	2.134
46	三菱重工業	1,140,293	77,743	1,324,497	0.861	0.813
47	麒麟麦酒	1,105,603	965,667	803,882	1.375	0.625
48	三井不動産	1,077,818	178,307	659,165	1.635	1.287
49	セコム	1,059,096	138,914	403,257	2.626	1.953
50	ＴＤＫ	1,058,858	95,543	576,219	1.838	1.576
51	住友商事	997,538	2,212	730,848	1.365	1.361
52	三共	995,465	1,987,593	682,594	1.458	0.373
53	日東電工	993,898	46,100	223,114	4.455	3.692
54	三洋電機	969,871	192,553	497,302	1.950	1.406
55	凸版印刷	937,912	415,552	740,481	1.267	0.811
56	中外製薬	911,990	177,985	296,717	3.074	1.921
57	ファーストリテイリング	902,687	368,849	140,504	6.425	1.772
58	新日本石油	902,646	58,481	821,202	1.099	1.026
59	ＳＭＣ	891,899	25,750	350,722	2.543	2.369
60	電通	884,625	829,386	469,621	1.884	0.681
61	旭化成	881,439	128,894	450,451	1.957	1.521
62	スズキ	878,546	610,533	692,345	1.269	0.674
63	アドバンテスト	851,152	34,174	221,768	3.838	3.326
64	楽天	843,870	143,943	26,365	32.007	4.955

順位	銘柄名	時価総額(百万円)	ブランド価値評価額(百万円)	自己資本額(百万円)	PBR	修正PBR
65	エーザイ	836,319	1,032,689	419,461	1.994	0.576
66	西日本旅客鉄道	834,000	659,238	479,762	1.738	0.732
67	積水ハウス	832,109	200,500	667,964	1.246	0.958
68	セイコーエプソン	824,731	419,663	414,367	1.990	0.989
69	ヤマト運輸	820,643	26,317	443,715	1.849	1.746
70	ボーダフォン	817,980	217,150	361,539	2.262	1.414
71	住友化学	811,169	135,737	506,122	1.603	1.264
72	豊田自動織機	806,456	111,739	1,016,763	0.793	0.715
73	味の素	805,977	310,606	428,077	1.883	1.091
74	日本オラクル	792,243	106,934	80,340	9.861	4.230
75	コニカミノルタホールディングス	791,117	750,532	335,427	2.359	0.728
76	王子製紙	769,548	51,942	472,397	1.629	1.468
77	住生活グループ	766,025	224,529	519,425	1.475	1.030
78	フジテレビジョン	746,742	171,242	501,870	1.488	1.109
79	東京急行電鉄	743,915	278,756	160,962	4.622	1.692
80	伊藤忠商事	741,728	1,274	422,866	1.754	1.749
81	オリエンタルランド	740,907	208,621	373,759	1.982	1.272
82	大和ハウス工業	731,282	191,288	493,049	1.483	1.069
83	松下電工	729,545	267,201	557,709	1.308	0.884
84	住友電気工業	709,758	12,122	655,553	1.083	1.063
85	日本電産	703,494	1,526	104,681	6.720	6.624
86	クボタ	699,265	104,984	391,082	1.788	1.410
87	三菱化学	692,501	134,598	397,063	1.744	1.303
88	ダイキン工業	691,193	159,997	235,771	2.932	1.746
89	日本通運	686,245	12,599	421,128	1.630	1.582
90	大正製薬	685,341	981,801	500,761	1.369	0.462
91	東レ	676,916	55,673	414,247	1.634	1.440
92	三菱ウェルファーマ	669,315	51,848	197,541	3.388	2.684
93	住友金属工業	668,030	3,011	376,036	1.777	1.762
94	ＮＯＫ	664,852	34,668	146,774	4.530	3.664
95	小松製作所	659,171	54,720	425,507	1.549	1.373
96	オムロン	651,421	174,850	274,710	2.371	1.449

順位	銘柄名	時価総額 (百万円)	ブランド価値評価額 (百万円)	自己資本額 (百万円)	PBR	修正PBR
97	近畿日本鉄道	647,262	201,754	139,217	4.649	1.898
98	商船三井	646,100	74,339	221,534	2.916	2.184
99	塩野義製薬	645,388	63,136	292,187	2.209	1.816
100	住友不動産	644,144	120,165	303,875	2.120	1.519
101	アサヒビール	619,898	577,043	398,152	1.557	0.636
102	日本製紙グループ本社	613,405	51,714	429,621	1.428	1.274
103	日本郵船	611,403	88,715	358,044	1.708	1.369
104	丸井	603,497	196,299	421,826	1.431	0.976
105	アイシン精機	599,663	80,738	506,260	1.184	1.022
106	オリンパス	592,419	1,136,710	252,179	2.349	0.427
107	小野薬品工業	582,636	303,124	357,418	1.630	0.882
108	第一製薬	578,636	203,941	422,130	1.371	0.924
109	資生堂	575,707	1,467,902	374,549	1.537	0.312
110	ＪＳＲ	570,624	26,447	159,496	3.578	3.069
111	パイオニア	554,597	381,576	332,938	1.666	0.776
112	全日本空輸	551,168	134,787	150,086	3.672	1.935
113	船井電機	544,100	64,119	149,748	3.633	2.544
114	東燃ゼネラル石油	538,622	4,894	225,882	2.385	2.334
115	大東建託	538,079	39,191	214,458	2.509	2.121
116	野村総合研究所	532,800	8,002	229,331	2.323	2.245
117	ニコン	512,374	477,574	171,194	2.993	0.790
118	三井化学	505,849	56,928	383,365	1.319	1.149
119	トレンドマイクロ	479,365	237,044	43,952	10.907	1.706
120	テルモ	476,580	219,952	195,075	2.443	1.148
121	神戸製鋼所	473,195	3,555	330,126	1.433	1.418
122	鹿島建設	472,618	248	216,509	2.183	2.180
123	日本テレビ放送網	471,527	94,243	354,046	1.332	1.052
124	ヒロセ電機	463,040	11,092	176,672	2.621	2.466
125	東洋製罐	448,345	17,934	582,695	0.769	0.746
126	清水建設	447,876	346	271,191	1.652	1.649
127	富士重工業	440,753	438,270	453,708	0.971	0.494
128	東陶機器	434,474	143,503	189,857	2.288	1.303

順位	銘　柄　名	時価総額 （百万円）	ブランド 価値評価額 （百万円）	自己資本額 （百万円）	PBR	修正 PBR
129	日野自動車	431,510	14,749	219,700	1.964	1.841
130	住友金属鉱山	431,192	9,893	253,071	1.704	1.640
131	ローソン	429,324	257,635	154,317	2.782	1.042
132	大成建設	424,513	5,201	204,242	2.078	2.027
133	マツダ	424,206	762,350	222,605	1.906	0.431
134	丸紅	422,808	3,891	392,982	1.076	1.065
135	小田急電鉄	419,232	243,624	166,220	2.522	1.023
136	ＳＡＮＫＹＯ	417,717	145,709	244,715	1.707	1.070
137	京王電鉄	415,219	181,816	189,749	2.188	1.117
138	大林組	410,539	377	344,273	1.192	1.191
139	ヤマハ	401,690	322,552	259,731	1.547	0.690
140	東武鉄道	396,707	223,082	127,861	3.103	1.130
141	ライブドア	394,187	3,509	7,093	55.574	37.180
142	ヤマハ発動機	393,160	191,243	249,406	1.576	0.892
143	横河電機	392,127	72,986	160,346	2.446	1.681
144	コナミ	391,362	304,899	102,129	3.832	0.962
145	三菱自動車工業	390,144	212,756	29,972	13.017	1.607
146	日本電気硝子	388,246	63,305	208,247	1.864	1.430
147	積水化学工業	383,590	167,918	291,756	1.315	0.834
148	東京放送	376,194	12,618	326,107	1.154	1.111
149	スタンレー電気	374,222	21,254	130,738	2.862	2.462
150	カネカ	373,347	17,057	204,779	1.823	1.683
151	京浜急行電鉄	367,336	146,343	119,433	3.076	1.382
152	日立化成工業	364,772	14,682	157,311	2.319	2.121
153	豊田合成	361,428	18,565	159,783	2.262	2.027
154	高島屋	360,159	151,818	183,275	1.965	1.075
155	スカイパーフェクト・コミュニケーションズ	356,014	27,110	96,258	3.699	2.886
156	マブチモーター	354,481	10,692	212,803	1.666	1.586
157	ＣＳＫ	354,374	6,307	128,686	2.754	2.625
158	伊勢丹	352,206	91,163	153,128	2.300	1.442
159	昭和シェル石油	350,094	22,358	234,773	1.491	1.362
160	ユニ・チャーム	343,528	210,409	123,708	2.777	1.028

順位	銘柄名	時価総額（百万円）	ブランド価値評価額（百万円）	自己資本額（百万円）	PBR	修正PBR
161	スクウェア・エニックス	342,506	161,526	96,700	3.542	1.326
162	クラレ	342,280	7,228	300,306	1.140	1.113
163	ヤマダ電機	339,099	111,368	146,738	2.311	1.314
164	日清食品	338,416	330,347	244,439	1.384	0.589
165	阪急電鉄	336,812	245,056	247,840	1.359	0.683
166	カシオ計算機	334,808	127,225	144,403	2.319	1.233
167	ベネッセコーポレーション	333,950	1,152,684	170,780	1.955	0.252
168	帝人	325,833	49,509	293,897	1.109	0.949
169	東宝	323,171	199,842	197,868	1.633	0.813
170	シチズン時計	321,471	118,210	224,855	1.430	0.937
171	川崎汽船	320,650	33,818	121,006	2.650	2.071
172	スズケン	316,159	16,606	213,538	1.481	1.374
173	日本マクドナルドホールディングス	315,115	58,551	141,017	2.235	1.579
174	豊田通商	313,134	16,038	188,785	1.659	1.529
175	ファミリーマート	312,586	280,781	147,524	2.119	0.730
176	日本碍子	304,502	30,385	238,166	1.279	1.134
177	しまむら	303,509	70,637	98,114	3.093	1.799
178	光通信	302,864	6,947	71,748	4.221	3.849
179	沖電気工業	301,825	54,046	110,499	2.731	1.834
180	日立建機	300,922	30,674	91,132	3.302	2.470
181	名古屋鉄道	299,808	158,883	175,675	1.707	0.896
182	協和醗酵工業	299,194	45,974	225,041	1.330	1.104
183	日揮	297,134	834	146,289	2.031	2.020
184	シマノ	296,956	92,500	169,542	1.752	1.133
185	ブラザー工業	294,188	297,102	131,676	2.234	0.686
186	太平洋セメント	292,693	50,739	222,178	1.317	1.072
187	ヤクルト本社	291,483	312,087	182,766	1.595	0.589
188	ダイハツ工業	291,298	187,709	221,644	1.314	0.712
189	三菱マテリアル	288,050	22,540	183,885	1.566	1.395
190	伊藤忠テクノサイエンス	287,205	11,570	104,004	2.761	2.485
191	オンワード樫山	283,937	161,727	196,796	1.443	0.792
192	日本精工	282,801	41,226	188,662	1.499	1.230

順位	銘柄名	時価総額（百万円）	ブランド価値評価額（百万円）	自己資本額（百万円）	PBR	修正PBR
193	田辺製薬	279,640	100,257	193,216	1.447	0.953
194	日本ハム	279,389	120,683	262,096	1.066	0.730
195	アルプス電気	276,512	31,336	160,000	1.728	1.445
196	アマダ	272,311	28,772	358,342	0.760	0.703
197	シチズン電子	271,760	665	40,324	6.739	6.630
198	ウシオ電機	268,785	16,494	117,726	2.283	2.003
199	日本ビクター	267,450	291,571	159,325	1.679	0.593
200	ユー・エス・エス	266,858	81,336	67,497	3.954	1.793
201	古河電気工業	265,534	4,575	166,939	1.591	1.548
202	すかいらーく	264,562	187,187	102,351	2.585	0.914
203	バンダイ	261,676	616,504	121,068	2.161	0.355
204	三井金属鉱業	260,127	12,585	115,398	2.254	2.033
205	西友	258,005	108,431	8,150	31.657	2.213
206	ユニー	257,253	282,484	214,178	1.201	0.518
207	オービック	249,996	33,968	79,421	3.148	2.205
208	東ソー	249,482	29,132	99,237	2.514	1.943
209	グッドウィル・グループ	249,329	39,581	17,539	14.216	4.365
210	ＴＨＫ	245,291	12,872	109,181	2.247	2.010
211	ＮＴＮ	243,568	5,882	142,487	1.709	1.642
212	三菱レイヨン	242,430	20,224	146,476	1.655	1.454
213	川崎重工業	241,047	74,739	190,175	1.268	0.910
214	大丸	237,789	140,078	65,114	3.652	1.159
215	日清製粉グループ本社	237,412	507,528	230,555	1.030	0.322
216	インデックス	235,418	11,087	9,185	25.631	11.613
217	ネットワンシステムズ	234,556	26,899	52,125	4.500	2.968
218	ＮＥＣフィールディング	229,613	95,993	53,650	4.280	1.534
219	上組	228,530	1,573	192,729	1.186	1.176
220	日立ハイテクノロジーズ	228,371	24,167	160,480	1.423	1.237
221	日新製鋼	227,741	1,116	249,415	0.913	0.909
222	レオパレス２１	226,759	93,732	76,458	2.966	1.332
223	日本特殊陶業	223,806	25,714	205,963	1.087	0.966
224	山崎製パン	223,587	340,594	192,514	1.161	0.419

順位	銘柄名	時価総額(百万円)	ブランド価値評価額(百万円)	自己資本額(百万円)	PBR	修正PBR
225	コカ・コーラウエストジャパン	220,510	143,151	165,454	1.333	0.715
226	テレビ朝日	216,290	12,316	220,508	0.981	0.929
227	光洋精工	215,726	5,354	116,464	1.852	1.771
228	ＴＩＳ	214,735	79,517	71,947	2.985	1.418
229	ＡＣＣＥＳＳ	214,183	9,743	8,951	23.928	11.457
230	伊藤園	212,525	168,665	56,680	3.750	0.943
231	西濃運輸	212,337	3,765	272,691	0.779	0.768
232	住友林業	211,925	39,483	146,268	1.449	1.141
233	石川島播磨重工業	211,655	36,006	151,550	1.397	1.128
234	宝ホールディングス	209,863	71,483	88,006	2.385	1.316
235	太陽誘電	209,277	12,751	140,395	1.491	1.367
236	ミネベア	209,164	3,457	93,866	2.228	2.149
237	東京製鐵	209,027	26	127,579	1.638	1.638
238	フジクラ	207,810	3,759	177,852	1.168	1.144
239	富士電機ホールディングス	202,297	35,158	191,774	1.055	0.891
240	ニチイ学館	201,895	62,444	51,791	3.898	1.767
241	安川電機	200,499	13,696	36,715	5.461	3.977
242	大日本インキ化学工業	199,804	84,625	140,226	1.425	0.889
243	アルゼ	198,884	38,535	118,293	1.681	1.268
244	キヤノン販売	198,842	245,387	225,316	0.883	0.422
245	メディセオホールディングス	198,410	1,098,320	128,987	1.538	0.162
246	マキタ	198,181	84,359	193,348	1.025	0.714
247	ダイエー	197,964	239,006	88,525	2.236	0.604
248	ニトリ	197,553	107,486	51,964	3.802	1.239
249	ワールド	197,533	46,077	127,276	1.552	1.139
250	平和	196,185	34,502	189,757	1.034	0.875
251	ライオン	194,066	447,479	112,105	1.731	0.347
252	日本ゼオン	193,903	18,392	71,575	2.709	2.155
253	日立電線	193,741	1,607	176,912	1.095	1.085
254	同和鉱業	193,211	6,385	84,673	2.282	2.122
255	三協精機製作所	193,019	2,931	34,608	5.577	5.142
256	コーセー	190,791	394,576	80,736	2.363	0.401

順位	銘柄名	時価総額 (百万円)	ブランド価値評価額 (百万円)	自己資本額 (百万円)	PBR	修正 PBR
257	いすゞ自動車	190,549	20,185	109,753	1.736	1.466
258	住友ゴム工業	189,669	81,110	110,394	1.718	0.990
259	イビデン	187,911	657	98,259	1.912	1.900
260	三菱倉庫	187,313	671	157,189	1.192	1.187
261	明治製菓	185,442	280,817	154,549	1.200	0.426
262	京阪電気鉄道	185,054	80,463	130,461	1.418	0.877
263	日立ソフトウェアエンジニアリング	185,054	71,152	120,535	1.535	0.965
264	カルソニックカンセイ	184,468	22,089	112,782	1.636	1.368
265	三菱瓦斯化学	184,205	15,426	180,523	1.020	0.940
266	新日鉄ソリューションズ	183,112	56,905	48,144	3.803	1.743
267	阪急百貨店	182,808	54,956	113,350	1.613	1.086
268	栗田工業	182,600	14,131	128,676	1.419	1.279
269	フィールズ	182,495	28,397	14,508	12.579	4.253
270	日本板硝子	181,574	19,344	200,562	0.905	0.826
271	ＵＳＥＮ	180,599	94,252	19,468	9.277	1.588
272	荏原製作所	180,296	4,101	112,578	1.602	1.545
273	電気化学工業	178,735	24,117	114,964	1.555	1.285
274	サンケン電気	178,698	11,528	62,518	2.858	2.413
275	日立金属	178,584	7,243	151,224	1.181	1.127
276	住友重機械工業	178,377	24,390	114,526	1.558	1.284
277	ディスコ	178,325	4,493	51,002	3.496	3.213
278	セントラル硝子	176,631	18,652	97,726	1.807	1.518
279	東洋紡績	175,456	42,292	104,033	1.687	1.199
280	帝国石油	173,576	5,309	156,463	1.109	1.073
281	ナムコ	173,526	140,382	101,810	1.704	0.716
282	ダイセル化学工業	173,348	24,950	160,478	1.080	0.935
283	青山商事	172,866	502,535	203,367	0.850	0.245
284	ニッポン放送	172,200	4,487	176,150	0.978	0.953
285	キッコーマン	170,777	144,634	141,849	1.204	0.596
286	ヨークベニマル	170,638	23,514	111,201	1.535	1.267
287	日産化学工業	170,560	28,570	69,171	2.466	1.745
288	大日本スクリーン製造	170,303	11,430	77,434	2.199	1.916

順位	銘柄名	時価総額（百万円）	ブランド価値評価額（百万円）	自己資本額（百万円）	PBR	修正PBR
289	コクヨ	169,940	14,905	185,141	0.918	0.850
290	トッパン・フォームズ	169,855	65,395	107,964	1.573	0.980
291	アサツー ディ・ケイ	167,880	109,166	119,572	1.404	0.734
292	富士ソフトＡＢＣ	167,081	12,061	76,784	2.176	1.881
293	コスモ石油	164,875	23,149	204,806	0.805	0.723
294	三井造船	164,535	16,549	124,289	1.324	1.168
295	東急不動産	163,699	114,423	81,986	1.997	0.833
296	トヨタ車体	162,563	2,267	148,507	1.095	1.078
297	丸一鋼管	162,337	544	180,290	0.900	0.898
298	住友ベークライト	162,093	12,547	117,433	1.380	1.247
299	島精機製作所	161,304	15,307	87,903	1.835	1.563
300	日立マクセル	160,844	84,151	195,438	0.823	0.575
301	ボッシュ オートモーティブ システム	160,776	12,746	87,907	1.829	1.597
302	関西ペイント	159,212	30,332	116,599	1.365	1.084
303	コメリ	159,147	31,231	72,598	2.192	1.533
304	日本触媒	159,023	29,939	131,685	1.208	0.984
305	きんでん	158,841	1,501	298,644	0.532	0.529
306	ハウス食品	157,448	266,381	175,808	0.896	0.356
307	日清紡績	157,238	6,840	214,132	0.734	0.712
308	東洋水産	156,786	45,518	109,225	1.435	1.013
309	東京建物	156,505	45,092	99,485	1.573	1.083
310	トーメン	156,342	6,672	28,981	5.395	4.385
311	リンナイ	155,926	31,634	118,677	1.314	1.037
312	日本発條	155,470	16,730	83,614	1.859	1.549
313	日本軽金属	154,312	4,747	102,458	1.506	1.439
314	東海ゴム工業	153,983	13,827	99,803	1.543	1.355
315	島忠	153,396	25,608	130,638	1.174	0.982
316	参天製薬	153,056	89,145	103,499	1.479	0.795
317	パソナ	152,939	61,918	8,418	18.168	2.174
318	ワコール	152,658	272,479	170,758	0.894	0.344
319	久光製薬	152,454	350,832	69,453	2.195	0.363
320	マツモトキヨシ	152,454	60,486	82,634	1.845	1.065

順位	銘柄名	時価総額 (百万円)	ブランド価値評価額 (百万円)	自己資本額 (百万円)	PBR	修正PBR
321	宇部興産	151,589	32,561	85,756	1.768	1.281
322	日立情報システムズ	150,928	70,062	66,428	2.272	1.106
323	大日本製薬	148,338	214,541	129,568	1.145	0.431
324	住商情報システム	147,329	3,192	67,052	2.197	2.097
325	サイバーエージェント	146,911	28,686	13,749	10.685	3.462
326	三城	146,310	106,655	53,314	2.744	0.915
327	新光電気工業	145,986	9,522	92,254	1.582	1.434
328	福山通運	145,839	73	193,239	0.755	0.754
329	綜合警備保障	145,686	33,759	119,532	1.219	0.950
330	イオンモール	144,327	18,391	32,247	4.476	2.850
331	相模鉄道	144,060	99,647	44,544	3.234	0.999
332	住友不動産販売	143,000	108,563	31,628	4.521	1.020
333	ミスミ	141,849	46,543	32,189	4.407	1.802
334	ドン・キホーテ	141,759	34,593	32,233	4.398	2.121
335	オービックビジネスコンサルタント	141,434	59,123	50,222	2.816	1.293
336	東芝テック	140,903	49,531	116,218	1.212	0.85
337	プレナス	140,607	38,338	47,743	2.945	1.633
338	大陽日酸	140,588	32,503	94,802	1.483	1.104
339	光栄	140,145	58,191	48,101	2.914	1.318
340	キユーピー	140,074	90,145	120,504	1.162	0.665
341	双葉電子工業	139,317	8,877	172,457	0.808	0.768
342	千代田化工建設	139,257	344	22,766	6.117	6.026
343	メイテック	139,041	3,270	42,686	3.257	3.026
344	不動建設	138,978	85	60	2,316.30	957.682
345	南海電気鉄道	138,973	86,796	132,107	1.052	0.635
346	菱食	138,681	20,965	53,461	2.594	1.863
347	小糸製作所	137,636	4,933	111,707	1.232	1.180
348	ノーリツ鋼機	137,525	39,543	99,075	1.388	0.992
349	三和シヤッター工業	137,044	39,712	99,553	1.377	0.984
350	島津製作所	137,018	45,734	85,676	1.599	1.043
351	奥村組	136,082	537	161,366	0.843	0.841
352	西日本鉄道	135,706	16,287	94,996	1.429	1.219

順位	銘柄名	時価総額(百万円)	ブランド価値評価額(百万円)	自己資本額(百万円)	PBR	修正PBR
353	日清医療食品	135,400	32,223	41,352	3.274	1.840
354	グローリー工業	133,996	27,766	128,504	1.043	0.857
355	戸田建設	133,903	946	198,455	0.675	0.672
356	東洋インキ製造	133,660	19,638	122,060	1.095	0.943
357	有沢製作所	133,548	2,960	35,102	3.805	3.509
358	大塚商会	133,318	62,299	43,978	3.031	1.254
359	サッポロホールディングス	131,786	190,507	87,364	1.508	0.474
360	東京精密	131,553	9,743	29,183	4.508	3.380
361	長瀬産業	131,211	12,229	156,210	0.840	0.779
362	阪神電気鉄道	129,559	96,747	109,030	1.188	0.630
363	イズミ	128,658	35,332	84,354	1.525	1.075
364	キッセイ薬品工業	128,357	66,457	116,265	1.104	0.702
365	エービーシー・マート	128,248	55,612	51,122	2.509	1.202
366	浜松ホトニクス	128,144	19,848	51,009	2.512	1.808
367	良品計画	127,474	52,264	38,865	3.280	1.399
368	アスクル	127,098	7,399	14,338	8.864	5.847
369	キリンビバレッジ	127,055	421,114	78,308	1.623	0.254
370	中電工	126,954	567	184,118	0.690	0.687
371	アーク	126,823	2,601	43,306	2.929	2.763
372	グンゼ	126,504	55,176	112,086	1.129	0.756
373	杏林製薬	125,202	132,232	91,856	1.363	0.559
374	リンテック	123,577	11,694	80,347	1.538	1.343
375	第一興商	123,413	73,151	60,856	2.028	0.921
376	ユニデン	122,428	9,461	58,564	2.090	1.800
377	京成電鉄	122,367	95,185	84,603	1.446	0.681
378	横浜ゴム	122,308	32,465	127,832	0.957	0.763
379	吉野家ディー・アンド・シー	121,220	82,608	63,724	1.902	0.828
380	小森コーポレーション	120,989	23,634	141,643	0.854	0.732
381	小林製薬	120,346	160,037	54,454	2.210	0.561
382	西松建設	119,244	924	184,899	0.645	0.642
383	東京スタイル	119,216	28,823	152,877	0.780	0.656
384	パーク２４	119,134	1,432	20,874	5.707	5.341

順位	銘　柄　名	時価総額 （百万円）	ブランド 価値評価額 （百万円）	自己資本額 （百万円）	PBR	修正 PBR
385	サンリオ	118,950	99,807	21,923	5.426	0.977
386	フタバ産業	118,789	8,489	143,273	0.829	0.783
387	カワチ薬品	118,584	15,156	60,655	1.955	1.564
388	長谷工コーポレーション	117,765	776	44,916	2.622	2.577
389	ニチレイ	117,502	20,097	90,176	1.303	1.066
390	オーエスジー	117,460	8,546	37,028	3.172	2.577
391	ＮＥＣソフト	116,459	25,760	45,767	2.545	1.628
392	飯田産業	116,331	9,049	18,797	6.189	4.178
393	オートバックスセブン	116,319	37,603	147,532	0.788	0.628
394	ゴールドクレスト	116,298	36,449	51,380	2.263	1.324
395	トクヤマ	116,012	22,268	124,451	0.932	0.791
396	大王製紙	114,996	39,345	88,824	1.295	0.897
397	ニッセン	114,043	680,125	28,476	4.005	0.161
398	大平洋金属	113,547	8,627	18,685	6.077	4.157
399	西松屋チェーン	113,299	28,546	18,037	6.281	2.432
400	住友大阪セメント	113,270	15,138	116,472	0.973	0.861
401	ラウンドワン	112,770	6,301	26,194	4.305	3.470
402	江崎グリコ	112,267	227,492	114,809	0.978	0.328
403	レンゴー	112,077	9,707	104,063	1.077	0.985
404	スギ薬局	111,896	23,575	19,766	5.661	2.582
405	日本電産コパル	111,241	8,994	33,254	3.345	2.633
406	フジシールインターナショナル	109,592	5,404	34,234	3.201	2.765
407	ゲオ	108,484	56,279	14,496	7.484	1.533
408	三陽商会	108,302	147,727	50,678	2.137	0.546
409	加ト吉	108,135	5,686	91,225	1.185	1.116
410	東京応化工業	107,525	3,535	111,301	0.966	0.936
411	サンゲツ	107,323	13,064	116,266	0.923	0.830
412	ホシデン	106,738	228	75,147	1.420	1.416
413	日立造船	106,390	9,644	42,530	2.502	2.039
414	アンリツ	106,384	15,498	60,011	1.773	1.409
415	Ｔ・ＺＯＮＥホールディングス	105,733	602	6,113	17.296	15.747
416	北越製紙	105,650	6,277	101,801	1.038	0.978

順位	銘柄名	時価総額(百万円)	ブランド価値評価額(百万円)	自己資本額(百万円)	PBR	修正PBR
417	ニチコン	105,082	1,520	117,883	0.891	0.880
418	日本化薬	104,940	173,344	96,204	1.091	0.389
419	ガリバーインターナショナル	103,999	24,654	15,555	6.686	2.586
420	関電工	103,671	2,248	177,033	0.586	0.578
421	アデランス	102,824	582,018	73,884	1.392	0.157
422	日本航空電子工業	102,456	7,748	41,477	2.470	2.081
423	フォーサイド・ドット・コム	102,442	14,140	2,169	47.230	6.281
424	伊藤ハム	102,295	71,927	122,930	0.832	0.525
425	ナフコ	102,273	52,071	72,240	1.416	0.823
426	パナホーム	101,981	83,405	120,643	0.845	0.500
427	愛知製鋼	101,422	4,593	106,331	0.954	0.914
428	日本ペイント	101,118	77,826	102,046	0.991	0.562
429	アリアケジャパン	101,051	8,629	35,103	2.879	2.311
430	カッパ・クリエイト	100,379	42,984	14,090	7.124	1.759
431	ニプロ	99,842	31,518	94,711	1.054	0.791
432	不二製油	99,742	18,189	74,050	1.347	1.081
433	ユー・エム・シー・ジャパン	99,480	182	63,410	1.569	1.564
434	大同特殊鋼	99,063	10,777	132,880	0.746	0.690
435	日産車体	98,904	5,491	66,726	1.482	1.370
436	松下電工インフォメーションシステムズ	98,035	1,423	6,391	15.340	12.546
437	エア・ウォーター	97,999	28,126	69,720	1.406	1.002
438	大和工業	97,599	77	90,010	1.084	1.083
439	日本ユニシス	96,614	35,940	94,471	1.023	0.741
440	日立物流	96,128	194	117,992	0.815	0.813
441	サンデン	96,127	16,973	72,785	1.321	1.071
442	タカラスタンダード	96,118	97,114	113,797	0.845	0.456
443	ゼビオ	95,662	32,317	66,521	1.438	0.968
444	森永乳業	95,241	94,395	89,834	1.060	0.517
445	ユニオンツール	94,242	2,258	31,756	2.968	2.771
446	ツムラ	93,914	144,741	28,933	3.246	0.541
447	持田製薬	93,830	150,767	70,139	1.338	0.425
448	松坂屋	93,802	41,444	57,249	1.638	0.950

順位	銘柄名	時価総額（百万円）	ブランド価値評価額（百万円）	自己資本額（百万円）	PBR	修正PBR
449	東海理化電機製作所	93,388	14,365	92,330	1.011	0.875
450	森精機製作所	93,354	7,479	86,911	1.074	0.989
451	ニフコ	93,097	10,822	70,152	1.327	1.150
452	豊田工機	92,792	4,584	114,412	0.811	0.780
453	ダイビル	92,429	12,213	96,362	0.959	0.851
454	日本空港ビルデング	92,195	198,567	110,208	0.837	0.299
455	ＮＥＯＭＡＸ	92,062	9,624	52,852	1.742	1.474
456	日立国際電気	91,963	11,544	81,929	1.122	0.984
457	ノーリツ	91,944	29,762	83,387	1.103	0.813
458	三井住友建設	91,861	526	22,668	4.052	3.960
459	ニイウス	91,317	20,345	7,120	12.825	3.325
460	パラマウントベッド	90,770	31,154	66,160	1.372	0.933
461	日本ベリサイン	90,725	8,163	8,899	10.195	5.317
462	石原産業	89,851	8,735	50,254	1.788	1.523
463	エイベックス・グループ・ホールディングス	89,685	221,363	32,713	2.742	0.353
464	呉羽化学工業	89,360	23,645	91,774	0.974	0.774
465	日本シイエムケイ	89,359	9,537	51,024	1.751	1.476
466	日本トイザらス	89,215	52,778	34,026	2.622	1.028
467	角川ホールディングス	88,919	61,587	77,361	1.149	0.640
468	アーネストワン	88,800	4,908	12,144	7.312	5.208
469	ベルーナ	88,780	434,828	42,703	2.079	0.186
470	サイゼリヤ	88,758	8,249	40,586	2.187	1.818
471	カヤバ工業	88,525	16,732	66,819	1.325	1.060
472	アルパイン	88,217	48,832	80,336	1.098	0.683
473	ミツミ電機	88,033	1,884	84,334	1.044	1.021
474	阪和興業	87,840	2,394	57,757	1.521	1.460
475	前田建設工業	87,791	1,577	169,960	0.517	0.512
476	ケーヒン	87,673	11,667	79,925	1.097	0.957
477	アイカ工業	87,573	17,943	47,584	1.840	1.336
478	エスエス製薬	87,539	174,895	60,484	1.447	0.372
479	協和エクシオ	87,535	1,107	63,606	1.376	1.353
480	グローバルメディアオンライン	87,362	120,215	11,096	7.873	0.665

順位	銘柄名	時価総額（百万円）	ブランド価値評価額（百万円）	自己資本額（百万円）	PBR	修正PBR
481	東栄住宅	87,147	8,638	20,314	4.290	3.010
482	サトー	87,043	12,794	31,785	2.738	1.953
483	大塚家具	85,968	121,309	38,372	2.240	0.538
484	サンドラッグ	85,468	12,545	31,120	2.746	1.957
485	トランス・コスモス	85,390	13,623	54,084	1.579	1.261
486	平和堂	85,185	57,853	86,233	0.988	0.591
487	日本油脂	84,434	13,290	72,271	1.168	0.987
488	リョーサン	84,360	7,175	107,610	0.784	0.735
489	三洋化成工業	84,137	8,069	78,871	1.067	0.968
490	日本製粉	83,765	24,253	80,525	1.040	0.799
491	関東自動車工業	83,463	783	78,404	1.065	1.054
492	大和工商リース	83,160	4,801	92,341	0.901	0.856
493	ショーワ	82,634	12,346	65,390	1.264	1.063
494	ファンケル	82,574	353,511	65,613	1.259	0.197
495	岡村製作所	82,046	9,001	59,264	1.384	1.202
496	淀川製鋼所	81,963	4,763	127,998	0.640	0.617
497	ライトオン	81,262	35,640	17,341	4.686	1.534
498	アプリックス	80,943	5,792	6,942	11.660	6.357
499	旭電化工業	80,762	10,509	82,766	0.976	0.866
500	マースエンジニアリング	80,315	19,057	28,988	2.771	1.672
501	山武	80,272	37,212	95,530	0.840	0.605
502	不二越	80,199	10,776	27,932	2.871	2.072
503	ダイヤモンドシティ	80,080	10,117	23,696	3.379	2.368
504	総合医科学研究所	80,037	481	325	246.268	99.262
505	ＮＩＰＰＯコーポレーション	79,999	955	142,320	0.562	0.558
506	新日本科学	79,964	3,478	7,469	10.706	7.305
507	富山化学工業	79,845	42,449	31,030	2.573	1.087
508	カゴメ	79,723	138,702	48,199	1.654	0.427
509	日立工機	79,505	14,075	88,983	0.893	0.771
510	東芝機械	78,269	9,212	42,230	1.853	1.522
511	ワークスアプリケーションズ	77,739	9,167	3,593	21.636	6.092
512	長府製作所	77,718	7,203	95,272	0.816	0.758

順位	銘　柄　名	時価総額（百万円）	ブランド価値評価額（百万円）	自己資本額（百万円）	PBR	修正PBR
513	兼松	77,477	11,149	23,283	3.328	2.250
514	ホギメディカル	77,457	15,058	41,047	1.887	1.381
515	雪印乳業	76,687	4,843	36,830	2.082	1.840
516	椿本チエイン	76,563	7,707	66,872	1.145	1.027
517	前田道路	76,322	38	107,191	0.712	0.712
518	東海カーボン	76,125	3,016	70,815	1.075	1.031
519	日本写真印刷	76,100	21,855	45,582	1.670	1.128
520	ノリタケカンパニーリミテド	76,046	47,154	64,776	1.174	0.679
521	エフ・シー・シー	75,105	7,397	44,946	1.671	1.435
522	エンプラス	75,053	948	42,310	1.774	1.735
523	高松建設	75,038	6,691	45,500	1.649	1.438
524	エクセディ	74,915	19,244	69,613	1.076	0.843
525	ペンタックス	74,897	95,283	31,336	2.390	0.592
526	タムロン	73,345	11,316	14,809	4.953	2.807
527	マルエツ	73,212	9,616	72,041	1.016	0.897
528	日本梱包運輸倉庫	72,978	9,412	94,465	0.773	0.703
529	ワコム	72,960	31,998	5,698	12.804	1.935
530	ツバキ・ナカシマ	72,818	200	51,173	1.423	1.417
531	三菱樹脂	72,363	12,109	48,607	1.489	1.192
532	ＩＴＸ	72,065	15,218	28,154	2.560	1.662
533	日本製鋼所	72,064	2,328	54,540	1.321	1.267
534	三浦工業	72,042	29,260	55,916	1.288	0.846
535	日本水産	71,797	19,716	81,590	0.880	0.709
536	アマノ	71,751	13,026	69,344	1.035	0.871
537	タクマ	71,644	780	72,268	0.991	0.981
538	ライフコーポレーション	71,624	29,473	28,729	2.493	1.231
539	クリナップ	71,505	59,929	56,624	1.263	0.613
540	住商オートリース	71,447	84,294	25,639	2.787	0.650
541	理想科学工業	71,255	54,461	63,732	1.118	0.603
542	デニーズジャパン	71,023	51,826	57,476	1.236	0.650
543	東京ドーム	70,947	44,331	105,688	0.671	0.473
544	ケンウッド	70,924	74,809	20,161	3.518	0.747

順位	銘柄名	時価総額 (百万円)	ブランド価値評価額 (百万円)	自己資本額 (百万円)	PBR	修正PBR
545	フジ	70,247	31,357	49,072	1.432	0.873
546	サカタのタネ	70,206	21,260	82,631	0.850	0.676
547	リョービ	70,205	9,915	50,040	1.403	1.171
548	ナナオ	70,012	10,207	36,645	1.911	1.494
549	日本ケミコン	69,938	4,947	66,742	1.048	0.976
550	日本金銭機械	69,722	21,771	20,809	3.351	1.637
551	セイコー	69,622	210,934	35,415	1.966	0.283
552	井関農機	69,542	16,061	49,576	1.403	1.059
553	東芝セラミックス	69,332	1,507	50,693	1.368	1.328
554	フルキャスト	68,715	18,362	8,719	7.881	2.537
555	日本無線	68,712	4,701	66,700	1.030	0.962
556	リゾートトラスト	68,568	62,912	26,420	2.595	0.768
557	松竹	68,470	137,778	42,544	1.609	0.380
558	チヨダ	68,407	91,253	69,792	0.980	0.425
559	日本電子	68,363	15,266	24,802	2.756	1.706
560	近鉄エクスプレス	68,000	4,454	34,881	1.949	1.729
561	黒田電気	67,813	3,744	30,369	2.233	1.988
562	美津濃	67,775	178,963	72,624	0.933	0.269
563	シスメックス	67,365	44,543	51,095	1.318	0.704
564	郵船航空サービス	67,342	906	29,488	2.284	2.216
565	ツツミ	67,270	22,285	65,488	1.027	0.766
566	ユナイテッドアローズ	67,257	16,913	15,604	4.310	2.068
567	マックス	67,083	31,513	55,714	1.204	0.769
568	エヌ・イー ケムキャット	66,666	4,093	32,561	2.047	1.819
569	富士機械製造	66,569	602	69,961	0.952	0.943
570	ダイフク	66,497	5,728	49,081	1.355	1.213
571	住友倉庫	65,702	516	86,277	0.762	0.757
572	ＮＥＣ トーキン	65,612	3,870	23,153	2.834	2.428
573	東亞合成	65,470	8,186	74,476	0.879	0.792
574	大建工業	65,438	13,642	40,334	1.622	1.212
575	トピー工業	65,349	16,132	55,631	1.175	0.911
576	高砂熱学工業	64,839	1,166	90,361	0.718	0.7C8

順位	銘　柄　名	時価総額（百万円）	ブランド価値評価額（百万円）	自己資本額（百万円）	PBR	修正PBR
577	東邦薬品	64,672	417,205	43,802	1.476	0.140
578	クラリオン	64,466	14,930	20,987	3.072	1.795
579	エイチ・アイ・エス	63,954	85,551	30,255	2.114	0.552
580	東北新社	63,887	10,236	42,559	1.501	1.210
581	ユニチカ	63,780	8,267	25,498	2.501	1.889
582	明電舎	63,533	5,722	47,768	1.330	1.188
583	東映	63,506	38,106	60,823	1.044	0.642
584	三井ハイテック	63,377	2,630	49,274	1.286	1.221
585	タカラ	63,324	126,255	24,116	2.626	0.421
586	第一中央汽船	63,252	2,233	16,969	3.727	3.294
587	イズミヤ	62,850	57,089	103,048	0.610	0.392
588	長谷川香料	62,554	6,981	43,394	1.442	1.242
589	ベスト電器	61,843	26,087	84,172	0.735	0.561
590	岩谷産業	61,584	30,179	44,879	1.372	0.820
591	ロイヤル	61,091	32,489	44,896	1.361	0.789
592	三菱製紙	60,978	4,623	80,888	0.754	0.713
593	森永製菓	60,963	176,539	53,668	1.136	0.265
594	マクニカ	60,895	5,497	47,605	1.279	1.147
595	ネクシィーズ	60,547	2,136	5,344	11.330	8.095
596	住友電装	60,470	29,082	53,947	1.121	0.728
597	牧野フライス製作所	60,458	12,499	46,662	1.296	1.022
598	トヨタ紡織	60,390	2,073	29,396	2.054	1.919
599	カプコン	60,306	125,560	31,854	1.893	0.383
600	キヤノンファインテック	60,270	15,969	46,626	1.293	0.963
601	日清オイリオグループ	60,149	48,746	92,148	0.653	0.427
602	テーオーシー	60,093	11,777	56,275	1.068	0.883
603	武蔵精密工業	60,060	6,389	25,850	2.323	1.863
604	カネボウ	60,002	208,225	-357,594	▲	▲
605	コーセル	59,923	1,845	19,434	3.083	2.816
606	タダノ	59,570	2,654	64,457	0.924	0.888
607	ニチハ	59,495	11,559	46,780	1.272	1.020
608	アシックス	59,482	171,038	54,439	1.093	0.264

順位	銘柄名	時価総額(百万円)	ブランド価値評価額(百万円)	自己資本額(百万円)	PBR	修正PBR
609	ハニーズ	59,421	11,031	1,570	37.848	4.716
610	日信工業	59,343	7,770	48,276	1.229	1.059
611	オークワ	58,808	24,181	60,931	0.965	0.691
612	住友軽金属工業	58,722	5,538	19,058	3.081	2.387
613	トプコン	58,579	24,732	31,078	1.885	1.050
614	大京	58,374	45,869	94,176	0.620	0.417
615	ギガスケーズデンキ	58,369	10,713	31,651	1.844	1.378
616	日本システムディベロップメント	58,336	18,256	31,442	1.855	1.174
617	近畿コカ・コーラ ボトリング	58,022	196,101	72,931	0.796	0.216
618	タイトー	57,720	30,967	53,245	1.084	0.685
619	古河機械金属	57,433	3,216	28,659	2.004	1.802
620	日本ケーブル・システム	57,325	5,736	55,943	1.025	0.929
621	科研製薬	57,278	21,627	43,132	1.328	0.884
622	千趣会	57,156	244,102	47,183	1.211	0.196
623	やすらぎ	57,100	7,506	2,785	20.503	5.549
624	日本電工	57,094	1,338	22,942	2.489	2.352
625	パルコ	57,037	839	54,575	1.045	1.029
626	スミダ コーポレーション	56,936	2,448	18,809	3.027	2.678
627	アオキインターナショナル	56,739	154,318	80,666	0.703	0.241
628	太陽インキ製造	56,501	4,785	31,185	1.812	1.571
629	ゼリア新薬工業	56,113	15,513	29,330	1.913	1.251
630	マンダム	56,113	109,175	36,688	1.529	0.385
631	東建コーポレーション	56,074	30,494	11,273	4.974	1.343
632	日立メディコ	55,949	21,221	73,278	0.764	0.592
633	ミニストップ	55,691	81,358	44,955	1.239	0.441
634	藤田観光	55,300	2,084	27,766	1.992	1.853
635	ＮＥＣモバイリング	55,212	968	21,072	2.620	2.505
636	ダイドードリンコ	55,007	147,404	62,607	0.879	0.262
637	アークス	54,967	7,781	40,971	1.342	1.127
638	伊藤忠エネクス	54,923	9,472	78,959	0.696	0.621
639	日本ケアサプライ	54,809	2,980	2,705	20.262	9.640
640	インボイス	54,674	847	5,369	10.183	8.796

順位	銘柄名	時価総額（百万円）	ブランド価値評価額（百万円）	自己資本額（百万円）	PBR	修正PBR
641	ホクト	54,642	8,248	28,905	1.890	1.471
642	鳥居薬品	54,634	70,816	56,557	0.966	0.429
643	バロー	54,542	31,190	27,057	2.016	0.936
644	大日精化工業	54,443	6,889	27,620	1.971	1.578
645	日本毛織	54,414	5,129	60,696	0.897	0.827
646	東洋ゴム工業	54,414	189	73,930	0.736	0.734
647	サイバー・コミュニケーションズ	54,375	48,006	4,677	11.626	1.032
648	日本ケンタッキー・フライド・チキン	54,355	105,057	27,294	1.991	0.411
649	愛三工業	54,283	5,722	51,683	1.050	0.946
650	五洋建設	54,211	1,090	39,860	1.360	1.324
651	日本トムソン	54,140	5,617	44,266	1.223	1.085
652	いなげや	54,110	24,784	44,948	1.204	0.776
653	パルタック	53,946	4	44,452	1.214	1.213
654	カルチュア・コンビニエンス・クラブ	53,928	98,791	18,002	2.996	0.462
655	コロナ	53,843	19,211	58,011	0.928	0.697
656	インターネット総合研究所	53,765	12,469	4,588	11.719	3.152
657	日本紙パルプ商事	53,725	320	66,074	0.813	0.809
658	日産ディーゼル工業	53,717	61,007	72,984	0.736	0.401
659	新明和工業	53,518	3,531	81,607	0.656	0.629
660	ロート製薬	53,449	496,629	43,676	1.224	0.099
661	新川	53,427	1,382	42,258	1.264	1.224
662	サザビー	53,395	29,866	43,670	1.223	0.726
663	ウッドワン	53,196	37,320	36,628	1.452	0.719
664	ザインエレクトロニクス	52,913	1,118	5,323	9.941	8.215
665	堺化学工業	52,890	6,763	57,244	0.924	0.826
666	信越ポリマー	52,796	8,654	45,592	1.158	0.973
667	フジテック	52,791	9,813	53,866	0.980	0.829
668	ジー・モード	52,785	1,508	2,936	17.979	11.879
669	リソー教育	52,748	15,128	2,665	19.793	2.965
670	沖縄セルラー電話	52,702	4,367	13,606	3.873	2.932
671	三機工業	52,674	1,281	86,491	0.609	0.600

順位	銘柄名	時価総額（百万円）	ブランド価値評価額（百万円）	自己資本額（百万円）	PBR	修正PBR
672	ツルハ	52,517	5,204	22,823	2.301	1.874
673	コナミスポーツ	52,479	11,277	14,111	3.719	2.067
674	ニチアス	52,116	12,525	31,639	1.647	1.180
675	アイネス	52,103	1,589	60,525	0.861	0.839
676	三井倉庫	52,002	481	51,668	1.006	0.997
677	ポイント	51,893	15,357	10,035	5.171	2.044
678	富士通ゼネラル	51,823	13,561	8,978	5.772	2.299
679	三国コカ・コーラボトリング	51,746	104,728	62,888	0.823	0.309
680	立飛企業	51,563	5,237	36,119	1.428	1.247
681	キヤノン電子	51,425	7,481	22,856	2.250	1.695
682	精工技研	51,335	820	22,947	2.237	2.160
683	ＴＫＣ	51,307	37,324	40,116	1.279	0.663
684	フクダ電子	51,227	20,830	66,591	0.769	0.586
685	新和海運	51,192	2,455	14,662	3.491	2.991
686	ＦＤＫ	50,974	4,989	4,202	12.131	5.546
687	因幡電機産業	50,973	690	59,808	0.852	0.843
688	沢井製薬	50,967	30,010	25,850	1.972	0.912
689	天馬	50,733	3,800	76,073	0.667	0.635
690	セコムテクノサービス	50,649	204	20,170	2.511	2.486
691	山九	50,630	7,064	33,129	1.528	1.260
692	帝国ホテル	50,490	20,476	38,576	1.309	0.855
693	テイクアンドギヴ・ニーズ	50,287	10,224	6,886	7.303	2.939
694	セシール	50,276	9,598	32,680	1.538	1.189
695	インパクト二十一	50,242	13,406	25,464	1.973	1.293
696	オークマ	50,214	6,763	38,662	1.299	1.105
697	大氣社	50,174	473	59,877	0.838	0.831
698	トラスコ中山	50,035	4,648	56,240	0.890	0.822
699	ニッタ	50,007	5,699	35,274	1.418	1.220
700	日本精機	49,984	8,364	42,955	1.164	0.974
701	日本光電工業	49,930	20,439	34,459	1.449	0.910
702	平和不動産	49,845	499	39,866	1.250	1.235
703	近鉄百貨店	49,828	150,090	12,520	3.980	0.305

順位	銘　柄　名	時価総額（百万円）	ブランド価値評価額（百万円）	自己資本額（百万円）	PBR	修正PBR
704	加藤産業	49,828	42	48,892	1.019	1.018
705	伊藤忠食品	49,394	4,271	41,066	1.203	1.089
706	東北パイオニア	49,314	3,748	49,676	0.993	0.923
707	カルピス	49,140	89,581	47,259	1.040	0.359
708	エフピコ	49,110	6,442	43,797	1.121	0.978
709	飯野海運	48,953	4,235	30,101	1.626	1.426
710	新日本無線	48,914	1,749	21,082	2.320	2.142
711	日立プラント建設	48,900	968	67,238	0.727	0.717
712	ジョイフル	48,856	11,727	16,071	3.040	1.758
713	日立システムアンドサービス	48,650	43,658	20,125	2.417	0.763
714	大阪製鐵	48,199	156	73,623	0.655	0.653
715	堀場製作所	48,105	25,088	43,348	1.110	0.703
716	ミツウロコ	48,037	1,395	56,592	0.849	0.828
717	日本パーカライジング	47,937	8,236	41,801	1.147	0.958
718	神鋼電機	47,935	1,533	15,433	3.106	2.825
719	加賀電子	47,917	8,955	33,027	1.451	1.141
720	日東紡績	47,802	5,101	61,069	0.783	0.722
721	ノエビア	47,685	75,828	38,942	1.225	0.415
722	理研ビタミン	47,660	17,962	50,172	0.950	0.700
723	東芝プラントシステム	47,657	145	55,444	0.860	0.857
724	アクセル	47,564	1,641	4,220	11.271	8.115
725	日本電気システム建設	47,290	880	50,971	0.928	0.912
726	エスケー化研	47,178	12,798	35,403	1.333	0.979
727	オイレス工業	47,141	3,165	41,053	1.148	1.066
728	カーマ	46,979	22,364	45,112	1.041	0.696
729	センコー	46,933	75	43,160	1.087	1.086
730	ワキタ	46,884	2,513	57,653	0.813	0.779
731	大倉工業	46,804	4,567	35,141	1.332	1.179
732	高砂香料工業	46,754	11,455	38,842	1.204	0.930
733	岡谷鋼機	46,702	4,564	50,918	0.917	0.842
734	旭ダイヤモンド工業	46,662	4,027	40,508	1.152	1.048
735	菱洋エレクトロ	46,633	2,442	68,017	0.686	0.662

付録

順位	銘柄名	時価総額（百万円）	ブランド価値評価額（百万円）	自己資本額（百万円）	PBR	修正PBR
736	デジタル・アドバタイジング・コンソーシアム	46,484	372	6,169	7.535	7.107
737	ストロベリーコーポレーション	46,238	823	2,542	18.190	13.742
738	もしもしホットライン	46,220	1,504	13,602	3.398	3.060
739	神奈川中央交通	45,990	13,527	18,291	2.514	1.445
740	富士急行	45,884	82,434	11,722	3.914	0.487
741	フジミインコーポレーテッド	45,742	781	35,068	1.304	1.276
742	歌舞伎座	45,707	2,739	4,918	9.294	5.970
743	曙ブレーキ工業	45,557	8,812	21,049	2.164	1.526
744	メイコー	45,543	1,880	6,671	6.827	5.326
745	レインズインターナショナル	45,524	4,522	11,270	4.039	2.883
746	シーケーディ	45,404	2,496	24,099	1.884	1.707
747	スターバックス コーヒー ジャパン	45,305	14,700	19,254	2.353	1.334
748	日東工器	45,266	4,404	31,414	1.441	1.264
749	日本曹達	45,145	3,636	59,468	0.759	0.715
750	ジョイント・コーポレーション	45,018	18,703	29,969	1.502	0.925
751	スター精密	45,000	9,052	44,613	1.009	0.839
752	昭和産業	44,982	12,308	45,128	0.997	0.783
753	中国塗料	44,895	8,469	26,644	1.685	1.279
754	日本デジタル研究所	44,851	46,724	53,992	0.831	0.445
755	日本電波工業	44,837	2,238	36,940	1.214	1.144
756	レーサムリサーチ	44,718	4,106	20,554	2.176	1.813
757	松屋フーズ	44,705	27,138	28,371	1.576	0.805
758	稲畑産業	44,691	3,837	50,309	0.888	0.825
759	オプテックス	44,645	4,628	12,290	3.633	2.639
760	日本新薬	44,329	86,018	65,396	0.678	0.293
761	紀文フードケミファ	44,261	6,269	10,164	4.355	2.693
762	エイブル	43,969	21,688	15,021	2.927	1.198
763	日本車輌製造	43,878	3,455	54,188	0.810	0.76*
764	合同製鐵	43,643	167	50,461	0.865	0.862
765	アサヒ飲料	43,540	282,067	20,416	2.133	0.144
766	日本信号	43,526	9,976	36,631	1.188	0.934

319

順位	銘柄名	時価総額（百万円）	ブランド価値評価額（百万円）	自己資本額（百万円）	PBR	修正PBR
767	倉敷紡績	43,461	12,809	79,082	0.550	0.473
768	アキレス	43,429	20,728	37,616	1.155	0.744
769	名糖産業	43,311	2,125	46,798	0.925	0.885
770	トーメンエレクトロニクス	43,104	460	26,362	1.635	1.607
771	日新電機	43,025	7,211	39,169	1.098	0.928
772	ＮＥＣインフロンティア	42,959	3,480	31,040	1.384	1.244
773	電通テック	42,848	27,466	25,001	1.714	0.817
774	コジマ	42,762	53,334	64,804	0.660	0.362
775	ローランド	42,450	84,478	47,868	0.887	0.321
776	東洋エンジニアリング	42,342	391	24,724	1.713	1.686
777	ドウシシャ	42,029	663	22,673	1.854	1.801
778	日東工業	41,806	7,345	49,409	0.846	0.737
779	東陽テクニカ	41,677	9,258	30,560	1.364	1.047
780	ダイコク電機	41,617	9,043	20,875	1.994	1.391
781	東プレ	41,543	1,264	46,239	0.898	0.875
782	ソディック	41,413	8,994	15,568	2.660	1.686
783	サンマルク	41,341	6,960	13,083	3.160	2.063
784	タムラ製作所	41,287	4,227	38,895	1.062	0.957
785	ユーシン精機	41,227	1,261	12,927	3.189	2.906
786	ＫＯＡ	41,132	1,647	41,443	0.992	0.955
787	ネットマークス	41,036	13,497	3,129	13.115	2.468
788	タキロン	41,002	7,619	37,358	1.098	0.912
789	リケン	40,997	527	30,888	1.327	1.305
790	トミー	40,941	120,193	20,837	1.965	0.290
791	東洋鋼鈑	40,925	3,021	70,604	0.580	0.556
792	テレウェイヴ	40,864	1,968	3,009	13.581	8.211
793	セーレン	40,741	3,099	31,813	1.281	1.167
794	キョウデン	40,730	13,748	12,776	3.188	1.536
795	千代田インテグレ	40,551	4,985	16,564	2.448	1.882
796	ＢＭＢ	40,523	11,592	14,636	2.769	1.545
797	東和薬品	40,409	27,535	26,825	1.506	0.743
798	東洋ラジエーター	40,380	127	28,410	1.421	1.415

順位	銘柄名	時価総額（百万円）	ブランド価値評価額（百万円）	自己資本額（百万円）	PBR	修正PBR
799	エステー化学	40,361	70,177	26,693	1.512	0.417
800	文化シヤッター	40,358	16,649	39,101	1.032	0.724
801	日本管財	40,357	1,419	18,156	2.223	2.062
802	コマツ電子金属	40,347	1,059	22,241	1.814	1.732
803	ドトールコーヒー	40,194	12,128	29,697	1.353	0.961
804	サンエー	40,132	10,332	28,112	1.428	1.044
805	日本綜合地所	40,012	31,551	15,709	2.547	0.847
806	東急ストア	39,993	16,134	36,666	1.091	0.757
807	コーナン商事	39,933	39,421	30,613	1.304	0.570
808	芝浦メカトロニクス	39,877	1,332	18,090	2.204	2.053
809	東映アニメーション	39,830	12,916	21,066	1.891	1.172
810	電通国際情報サービス	39,826	35,004	30,982	1.285	0.604
811	バンドー化学	39,814	10,883	32,595	1.221	0.916
812	富士通ビジネスシステム	39,740	61,339	57,709	0.689	0.334
813	片倉工業	39,725	12,854	32,159	1.235	0.883
814	ホーマック	39,626	28,756	45,024	0.880	0.537
815	三井ホーム	39,614	29,130	35,109	1.128	0.617
816	九電工	39,594	900	84,669	0.468	0.463
817	ゼンリン	39,543	24,039	23,782	1.663	0.827
818	東京都競馬	39,408	16,014	47,900	0.823	0.617
819	ドクターシーラボ	39,283	72,744	5,647	6.956	0.501
820	ＳＭＫ	39,105	2,082	26,340	1.485	1.376
821	インテリジェンス	38,979	24,391	6,612	5.895	1.257
822	ナカニシ	38,482	30,327	15,265	2.521	0.844
823	ユアテック	38,419	204	79,979	0.480	0.479
824	アズワン	38,338	7,419	20,292	1.889	1.383
825	兼松エレクトロニクス	38,312	1,002	23,220	1.650	1.582
826	ドッドウエル ビー・エム・エス	38,291	1,484	9,298	4.118	3.551
827	明和地所	38,194	4,057	41,848	0.913	0.832
828	図研	38,116	7,575	26,158	1.457	1.130
829	カスミ	38,069	11,770	28,748	1.324	0.940
830	シナネン	38,028	4,647	48,027	0.792	0.722

順位	銘　柄　名	時価総額 （百万円）	ブランド 価値評価額 （百万円）	自己資本額 （百万円）	PBR	修正 PBR
831	オカモト	37,961	5,590	38,298	0.991	0.865
832	フジッコ	37,907	18,105	46,536	0.815	0.586
833	ネクサス	37,875	1,320	6,370	5.946	4.925
834	アイホン	37,730	6,810	32,943	1.145	0.949
835	パル	37,730	7,840	7,426	5.081	2.472
836	日本トリム	37,599	5,802	7,342	5.121	2.861
837	キムラタン	37,566	1,514	724	51.886	16.788
838	コミューチュア	37,325	370	31,378	1.190	1.176
839	中山製鋼所	37,252	196	45,298	0.822	0.819
840	青木あすなろ建設	37,248	131	10,567	3.525	3.482
841	アルプス物流	37,244	4,097	15,971	2.332	1.856
842	トーエネック	37,114	1,669	58,821	0.631	0.614
843	バイタルネット	36,821	166,250	35,759	1.030	0.182
844	リーバイ・ストラウス　ジャパン	36,769	30,343	12,238	3.004	0.864
845	バンダイネットワークス	36,728	9,473	6,779	5.418	2.260
846	モスフードサービス	36,651	40,385	44,819	0.818	0.430
847	関東天然瓦斯開発	36,598	2,316	48,166	0.760	0.725
848	和泉電気	36,581	3,994	27,849	1.314	1.149
849	アイチ　コーポレーション	36,548	833	22,617	1.616	1.559
850	メルシャン	36,463	18,468	46,166	0.790	0.564
851	東邦テナックス	36,439	889	8,561	4.256	3.856
852	アイダエンジニアリング	36,408	1,409	56,186	0.648	0.632
853	日比谷総合設備	36,400	98	50,222	0.725	0.723
854	トナミ運輸	36,213	253	50,734	0.714	0.710
855	ダイセキ	36,198	251	20,546	1.762	1.741
856	エスペック	36,096	6,664	24,528	1.472	1.157
857	クインランド	36,037	8,006	1,583	22.765	3.758
858	愛知トヨタ自動車	36,025	28,789	77,284	0.466	0.340
859	ＪＵＫＩ	35,988	9,256	3,259	11.043	2.876
860	日鉄鉱業	35,831	3,664	59,190	0.605	0.570
861	ビー・エム・エル	35,674	26,083	32,399	1.101	0.610
862	東急リバブル	35,600	41,658	10,856	3.279	0.678

順位	銘柄名	時価総額 (百万円)	ブランド 価値評価額 (百万円)	自己資本額 (百万円)	PBR	修正 PBR
863	日本電産コパル電子	35,552	1,571	14,681	2.422	2.188
864	ザ・トーカイ	35,300	9,475	14,087	2.506	1.498
865	ヤオコー	35,212	10,915	20,858	1.688	1.108
866	日本フイルコン	35,002	1,088	12,739	2.748	2.531
867	イオン九州	34,838	19,120	19,080	1.826	0.912
868	ワタミフードサービス	34,732	13,712	17,115	2.029	1.127
869	神戸電鉄	34,707	11,702	11,304	3.070	1.509
870	壱番屋	34,678	4,213	13,104	2.646	2.003
871	日本エスリード	34,540	13,587	16,084	2.147	1.164
872	サニックス	34,496	49,061	31,377	1.099	0.429
873	関東電化工業	34,355	3,392	11,921	2.882	2.244
874	Ｏｌｙｍｐｉｃ	34,331	15,870	34,711	0.989	0.679
875	三ツ星ベルト	34,320	3,476	38,076	0.901	0.826
876	リズム時計工業	34,265	4,850	32,554	1.053	0.916
877	よみうりランド	34,161	3,525	21,372	1.598	1.372
878	生化学工業	34,083	16,302	43,596	0.782	0.569
879	扶桑薬品工業	34,024	6,484	41,776	0.814	0.705
880	Ｔ＆Ｋ　ＴＯＫＡ	34,017	3,922	17,900	1.900	1.559
881	愛知機械工業	33,996	2,009	48,292	0.704	0.676
882	ナガイレーベン	33,839	5,671	21,407	1.581	1.250
883	共同印刷	33,825	21,948	53,036	0.638	0.451
884	日本化学工業	33,806	2,798	30,373	1.113	1.019
885	昭和電線電纜	33,785	650	43,646	0.774	0.763
886	サイバネットシステム	33,696	10,557	7,844	4.296	1.831
887	永谷園	33,608	72,321	23,478	1.431	0.351
888	バンダイビジュアル	33,600	44,224	8,333	4.032	0.639
889	キーコーヒー	33,561	48,535	33,363	1.006	0.410
890	ヨコオ	33,527	384	15,504	2.162	2.110
891	オルガノ	33,495	8,560	30,558	1.096	0.856
892	フューチャーシステムコンサルティング	33,484	1,813	6,706	4.993	3.931
893	極東開発工業	33,482	1,243	55,172	0.607	0.594
894	旭テクノグラス	33,479	2,052	16,340	2.049	1.820

順位	銘　柄　名	時価総額（百万円）	ブランド価値評価額（百万円）	自己資本額（百万円）	PBR	修正PBR
895	天辻鋼球製作所	33,473	1,465	43,202	0.775	0.749
896	伯東	33,358	4,781	33,905	0.984	0.862
897	オオゼキ	33,335	1,462	13,862	2.405	2.175
898	木曽路	33,232	36,570	25,299	1.314	0.537
899	旭有機材工業	33,166	3,126	42,467	0.781	0.727
900	東邦亜鉛	33,090	1,343	25,771	1.284	1.220
901	クリード	33,016	845	6,560	5.033	4.459
902	東光	32,871	5,908	36,404	0.903	0.777
903	丸全昭和運輸	32,806	2,514	45,424	0.722	0.684
904	ビーエスエル	32,704	29,025	5,581	5.860	0.945
905	ナイス	32,675	7,245	52,293	0.625	0.549
906	日機装	32,675	3,327	34,171	0.956	0.871
907	応用地質	32,660	15,634	54,722	0.597	0.464
908	月島機械	32,622	772	45,420	0.718	0.706
909	サカタインクス	32,553	7,474	31,181	1.044	0.842
910	キッツ	32,507	9,100	27,023	1.203	0.900
911	ＤＴＳ	32,411	635	22,473	1.442	1.403
912	大黒天物産	32,398	602	1,421	22.799	16.019
913	スタジオアリス	32,371	19,844	4,395	7.365	1.336
914	インテック	32,370	2,277	26,478	1.223	1.126
915	ケーヨー	32,355	24,222	45,254	0.715	0.466
916	吉本興業	32,115	4,408	28,479	1.128	0.977
917	アドヴァン	31,992	4,950	18,464	1.733	1.366
918	中越パルプ工業	31,963	5,180	50,439	0.634	0.575
919	山水電気	31,890	15	1,863	17.118	16.983
920	三益半導体工業	31,634	88	22,564	1.402	1.397
921	カネ美食品	31,546	161	15,055	2.095	2.073
922	ダイヘン	31,440	13,592	29,769	1.056	0.725
923	山陽特殊製鋼	31,419	1,962	60,910	0.516	0.500
924	富士エレクトロニクス	31,401	388	15,220	2.063	2.012
925	システムプロ	31,378	653	1,157	27.120	17.334
926	アークランドサカモト	31,243	14,561	26,644	1.173	0.758

付録

順位	銘柄名	時価総額（百万円）	ブランド価値評価額（百万円）	自己資本額（百万円）	PBR	修正PBR
927	ニッセイ	31,219	2,198	38,171	0.818	0.773
928	栗本鐵工所	31,218	5,029	85,572	0.365	0.345
929	日本甜菜製糖	31,111	7,888	54,144	0.575	0.502
930	東亜建設工業	31,107	543	49,600	0.627	0.620
931	四国コカ・コーラボトリング	31,032	50,990	41,923	0.740	0.334
932	稲葉製作所	31,006	11,182	32,132	0.965	0.716
933	富士通フロンテック	30,859	6,348	26,659	1.158	0.935
934	日本セラミック	30,857	998	27,007	1.143	1.102
935	インフォコム	30,816	14,928	9,853	3.128	1.244
936	東邦チタニウム	30,750	986	18,003	1.708	1.619
937	前澤化成工業	30,677	3,623	33,671	0.911	0.823
938	サンケイビル	30,428	894	45,749	0.665	0.652
939	ユーストア	30,350	24,963	43,461	0.698	0.444
940	ネクストコム	30,334	855	11,316	2.681	2.492
941	イーピーエス	30,276	2,493	4,322	7.005	4.442
942	ダイキ	30,239	11,372	26,717	1.132	0.794
943	住金物産	30,193	11,836	12,720	2.374	1.230
944	タチエス	30,161	3,120	38,941	0.775	0.717
945	クボテック	30,149	2,521	3,928	7.676	4.675
946	ＪＳＰ	30,081	9,897	31,423	0.957	0.728
947	阪神百貨店	30,064	13,406	27,916	1.077	0.728
948	中外炉工業	30,061	205	14,090	2.134	2.103
949	ピジョン	29,947	22,632	18,648	1.606	0.725
950	鉄建建設	29,928	290	37,069	0.807	0.801
951	東洋通信機	29,867	1,191	26,541	1.125	1.077
952	電気興業	29,719	687	32,403	0.917	0.898
953	日本金属工業	29,708	1,916	21,709	1.368	1.257
954	群栄化学工業	29,694	1,092	38,180	0.778	0.756
955	クリエイトエス・ディー	29,685	10,202	7,160	4.146	1.710
956	三愛石油	29,664	7,557	43,378	0.684	0.582
957	コナカ	29,643	108,823	37,502	0.790	0.203
958	ケネディ・ウィルソン・ジャパン	29,566	2,161	5,499	5.377	3.860

順位	銘柄名	時価総額（百万円）	ブランド価値評価額（百万円）	自己資本額（百万円）	PBR	修正PBR
959	横浜冷凍	29,469	2,745	45,574	0.647	0.610
960	中央発條	29,438	3,413	43,208	0.681	0.631
961	アイコム	29,433	14,133	35,399	0.831	0.594
962	日本冶金工業	29,416	4,413	7,286	4.037	2.514
963	上村工業	29,387	4,032	16,291	1.804	1.446
964	JALUX	29,383	13,113	10,477	2.804	1.246
965	エイボン・プロダクツ	29,349	90,797	8,929	3.287	0.294
966	近畿日本ツーリスト	29,323	68,178	16,424	1.785	0.347
967	メガチップス	29,311	234	15,372	1.907	1.878
968	ダイダン	29,233	892	45,646	0.640	0.628
969	シンプレクス・テクノロジー	29,223	1,737	1,631	17.918	8.676
970	日本山村硝子	29,211	296	51,828	0.564	0.560
971	ジオマテック	29,196	116	23,582	1.238	1.232
972	丸大食品	29,125	13,609	67,134	0.434	0.361
973	ダイドーリミテッド	29,115	13,986	35,069	0.830	0.594
974	日本電設工業	29,075	232	60,448	0.481	0.479
975	ヒューネット	29,044	3,234	28,149	1.032	0.925
976	明星工業	29,034	306	15,769	1.841	1.806
977	東京機械製作所	28,980	3,788	24,884	1.165	1.011
978	サイバード	28,972	12,983	6,547	4.425	1.483
979	十字屋	28,924	6,797	16,639	1.738	1.234
980	タカノ	28,911	1,197	23,931	1.208	1.151
981	ベンチャー・リンク	28,903	9,936	9,759	2.962	1.468
982	スターツ	28,833	17,914	7,656	3.766	1.128
983	マックスバリュ西日本	28,812	6,062	21,787	1.322	1.035
984	昭栄	28,728	2,331	28,847	0.996	0.921
985	中部日本放送	28,512	13,889	39,419	0.723	0.535
986	ミルボン	28,486	7,596	9,312	3.059	1.685
987	ユーエスシー	28,474	2,796	18,919	1.505	1.311
988	イオンファンタジー	28,457	29,727	7,521	3.784	0.764
989	日本農産工業	28,448	4,340	19,433	1.464	1.197
990	タイヨー	28,375	10,888	47,469	0.598	0.486

付録

順位	銘柄名	時価総額（百万円）	ブランド価値評価額（百万円）	自己資本額（百万円）	PBR	修正PBR
991	サンコール	28,370	2,143	19,358	1.466	1.319
992	米久	28,349	5,478	30,514	0.929	0.788
993	菱和ライフクリエイト	28,323	13,376	11,541	2.454	1.137
994	東京製綱	28,307	321	38,883	0.728	0.722
995	ユニプレス	28,304	5,852	36,785	0.769	0.664
996	古野電気	28,290	5,796	28,492	0.993	0.825
997	岩崎電気	28,237	6,647	28,275	0.999	0.809
998	富士通デバイス	28,224	3,809	28,714	0.983	0.868
999	山善	28,058	2,161	15,037	1.866	1.632
1000	積水化成品工業	28,043	6,269	43,742	0.641	0.561

〔ひろせ　よしくに〕

広瀬義州

早稲田大学大学院商学研究科博士後期課程修了。早稲田大学教授・商学博士。

『会計基準論』（中央経済社，1995年，平成7年度日本会計研究学会賞）；『ビジネスアカウンティング』（東洋経済新報社，2006年）；『財務会計（第6版）』（中央経済社，2006年）；『ブラッシュアップ財務会計』（中央経済社，2006年）。

『特許権価値評価モデル（PatVM）』（東洋経済新報社，2006年）；『特許価値評価モデル（PatVM）活用ハンドブック』（東洋経済新報社）；『連結会計入門（第3版）』（中央経済社，2004年）；『知的財産会計』（日本経済新聞社，2003年）；『コンメンタール国際会計基準』（税務経理協会，1999－2000年）；『日本発ブランド価値評価モデル』（税務経理協会，2003年）。

『FASB財務会計の諸概念（増補版）』（中央経済社，2004年）；『知的経営と会計』（東洋経済新報社，2002年）。

「会計情報の拡大と変化」『会計』第136巻第1号，1989年（平成2年日本会計研究学会・学会賞受賞）。

著者との契約により検印省略

平成18年5月10日　初版第1刷発行

知的財産会計

著　者	広　瀬　義　州	
発行者	大　坪　嘉　春	
製版所	株式会社　東　美	
印刷所	税経印刷株式会社	
製本所	株式会社　三森製本所	

発行所　東京都新宿区下落合2丁目5番13号　株式会社　税務経理協会

郵便番号 161-0033　振替 00190-2-187408　電話 (03) 3953-3301 (編集部)
FAX (03) 3565-3391　　　　　　　　(03) 3953-3725 (営業部)
URL　http://www.zeikei.co.jp/
乱丁・落丁の場合はお取替えいたします。

© 広瀬義州 2006　　　　　　　Printed in Japan

本書の内容の一部又は全部を無断で複写複製（コピー）することは，法律で認められた場合を除き，著者及び出版社の権利侵害となりますので，コピーの必要がある場合は，予め当社あて許諾を求めて下さい。

ISBN 4－419－04659－7　C2033